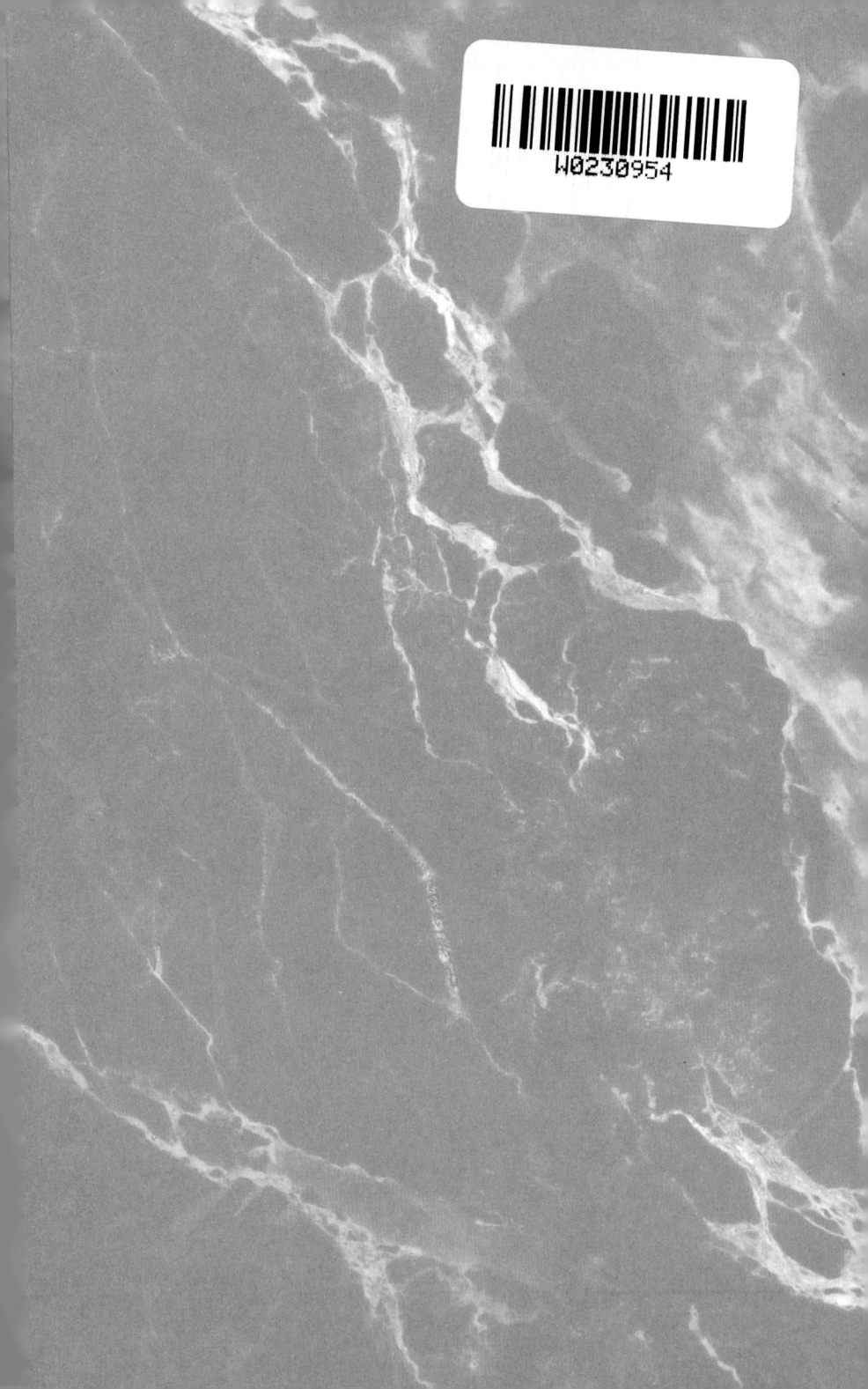
W0230954

Perspektiven
der Freiheit

1. Auflage März 2021

Copyright © 2021 bei
Kopp Verlag, Bertha-Benz-Straße 10, D-72108 Rottenburg

Alle Rechte vorbehalten.

Lektorat: Michael Brückner
Umschlaggestaltung: Stefanie Huber
Satz und Layout: opus verum, München

ISBN: 978-3-86445-806-4

Gerne senden wir Ihnen unser Verlagsverzeichnis
Kopp Verlag
Bertha-Benz-Straße 10
D-72108 Rottenburg
E-Mail: info@kopp-verlag.de
Tel.: (0 74 72) 98 06–10
Fax: (0 74 72) 98 06–11

Unser Buchprogramm finden Sie auch im Internet unter:
www.kopp-verlag.de

Bernhard Pichler (Hrsg.)

Perspektiven der **Freiheit**

Eine Streitschrift brillanter und unbequemer Freigeister

Hayek-Club Salzburg

KOPP VERLAG

Inhalt

Vorbemerkungen

VÁCLAV KLAUS

Geleitwort: Hayek und die Österreichische Schule der Nationalökonomie – aus Prager Perspektive

Es ist mir eine Freude und Ehre, ein paar Worte zu dieser – in den heutigen Zeiten des Denkchaos und des unentschuldbaren Vergessens – sehr wichtigen Sammelschrift beitragen zu dürfen. Friedrich von Hayek war für mich – zusammen mit Ludwig von Mises und anderen Repräsentanten verschiedener Generationen der »Österreichischen Schule der Nationalökonomie« – eine der wichtigsten Persönlichkeiten, die mein Denken (und meine Lebensorientierung) beeinflusst haben.

Ich habe ihn leider nur einmal kurz und passiv gesehen. Die Umstände dessen waren fast unglaublich. Als junger Akademiker nahm ich im August 1968 zum ersten Mal an den Alpbacher Hochschulwochen (heute Europäisches Forum Alpbach) teil. Dort habe ich die Zeit der Okkupation meiner Heimat, der damaligen Tschechoslowakei, durch die Truppen des Warschauer Paktes ungewollt verbracht – ich hatte das Gefühl, etwas Wichtiges verpasst zu haben. Am nächsten Tag hielt mein Idol, Friedrich Hayek, in Alpbach eine Vorlesung. Ich musste dorthin gehen, doch in meinen Gedanken war ich in Prag. Die Vorlesung konnte ich deshalb fast nicht mitverfolgen.

Schon damals war Hayek für mich ein Symbol der Freiheit und des freien Denkens. Nicht nur für mich, sondern auch für meine damaligen Freunde und Kollegen in der kommunistischen Tschechoslowakei. In diesem politischen Umfeld war es für uns nicht einfach, Hayeks Schriften zu bekommen, aber sein Werk *Der Weg zur Knechtschaft* war bei uns in den 1960er-Jahren in vielen inoffiziellen Übersetzungen relativ gut bekannt und verbreitet. Darüber hinaus waren die tschechischen Volkswirte mit Hayeks ökonomischen Büchern und Theorien gut vertraut.

Hayek war in der Geschichte des letzten Jahrhunderts mehrfach relevant – und relevant ist er auch noch heute:

► Seit den 1930er-Jahren hat er den protektionistischen Kapitalismus (und Keynes) bekämpft.

► In den 1930er-Jahren war er – zusammen mit Mises – die Hauptfigur des Streites mit den Sozialisten über die Unmöglichkeit (oder Undurchführbarkeit) des Sozialismus.

► Während des Krieges war sein Werk *Der Weg zur Knechtschaft* ein Symbol des Widerstandes gegen den Nationalsozialismus und den Kommunismus.

► Nach dem Zweiten Weltkrieg war er der schärfste Kritiker des Finanzkapitalismus nach US-amerikanischem Modell und des schuldeninduzierten Wohlfahrtsstaates in Westeuropa.

► Auch nach dem Fall des Kommunismus war er für mich und für uns bei der Vorbereitung unseres Transformationsprojektes sehr wichtig. Wir wollten die Hayek'sche Liberalisierung der ganzen Gesellschaft, aber keinen neuen Dirigismus und Konstruktivismus. Ganz zufällig hatte ich am Vorabend des Falls des Kommunismus bei uns (am 16. November 1989) eine Rede an der Johannes-Kepler-Universität in Linz gehalten. Dort teilten mir die Professoren der ökonomischen Fakultät ganz freundlich mit, Hayek befände sich nicht mehr auf der »Reading List« für die Studenten. In einer vollen Aula der Universität sagte ich daraufhin Folgendes: »Wenn Hayek in Österreich tot ist, werden wir ihn in Prag bald wiedererwecken.« Selbstverständlich konnte ich in diesem Moment nicht wissen, was am nächsten Abend in Prag geschehen würde.

► In der heutigen Ära der massiven Leugnung von Geschichte, Vernunft, Wahrheit (und Kapitalismus), einhergehend mit dem Siegeszug der Ideologien des Environmentalismus (und des Klimasozialismus), des Neomarxismus, des Human-Rightismus und des Genderismus sowie mit den Konsequenzen der Irrationalität der Corona-Krise sollten wir Hayek wieder lesen. Dort steht alles drin.

Hayek wird mit uns bleiben. Wir brauchen ihn (und seine Nachfolger, die die Österreichische Schule der Nationalökonomie weiterentwickeln). Wir werden diese Ideen noch lange Zeit brauchen.

Herbst 2020

Václav Klaus

MARKUS KRALL

Geleitwort: Hayeks Prophezeiungen

Wer von Hayek, von Mises, Baader und andere große sozialphilosophische Denker der Österreichischen Schule liest, ist immer wieder erstaunt über die in der Retrospektive sichtbar werdende Treffsicherheit ihrer Voraussagen. Baaders Beschreibung der Finanzkrise, ihrer Entfaltung, ihrer »Bekämpfung« durch die Druckerpresse und des absehbaren Scheiterns aller Rettungsversuche, geschrieben Jahre vor den Ereignissen, die uns seit 2007 beschäftigen, lässt jedem Kundigen den Atem stocken ob der Treffsicherheit seiner Prognose.

Die Prognosen der keynesianischen Zauberlehrlinge geldsozialistischer Planwirtschaft hingegen scheitern selbst dann mit traumwandlerischer Sicherheit, wenn sie, um der Realität nachzuhelfen, das ihnen zu Gebote stehende Gewaltmittel der »Geldpolitik« auf experimentelle Weise zum Einsatz bringen. Das ist seit Jahrzehnten der Fall. Ihr verzweifeltes Anstrampeln gegen das beschworene Gespenst der Deflation, ihr fortgesetztes Scheitern, mit einer Geldflut die ersehnte Inflation zum Anspringen zu bringen, ihr lernbefreites Verharren in der Wiederholung erfolgloser Experimente macht sie zu traurigen Gestalten ihres trügerischen Dogmas.

Woran liegt das? Warum ist der Unterschied zwischen dem Eintreffen der Prognosen libertärer Denker und dem Mainstream einer von der Politik finanzierten, um nicht zu sagen gekauften akademischen Amtsträgerschaft und ihrer Theorieschule so augenfällig? Das liegt am Wesenskern echter Wissenschaft.

Wissenschaft macht überprüfbare Voraussagen. Das gilt letztlich auch für die Volkswirtschaft. Während die Physik solche nachprüfbaren, empirisch belegbaren oder widerlegbaren Aussagen jedoch in ihren abgegrenzten Systemen in unmittelbarer Ursache-Wirkung-Beziehung darzustellen vermag, kann die Volkswirtschaft dies nicht. Sie kann dies deshalb nicht, weil die Komplexität menschlichen Handelns und die Wechselwirkung des Handelns von Millionen Individuen zu groß ist. Sie schafft ein System, welches in seiner unmittelbaren zeitlichen Wirkung nicht voraussehbar reagiert.

Die sozialphilosophischen Wissenschaften müssen sich daher auf das Verständnis sehr langfristiger Wirkungszusammenhänge beschränken. Man braucht also etwas Geduld, bis man herausfindet, ob man empirisch richtig oder falsch gelegen hat. Dafür ist das Ergebnis dann umso eindeutiger.

Keynes, dem dies durchaus bekannt und bewusst war, ging dem einzigen empirisch wirklich belegbaren Zeithorizont des komplexen Systems »menschliche Gesellschaft« jedoch aus dem Weg mit dem arroganten Satz: »In the long run we are all dead« (langfristig sind wir alle tot). Er und seine Schüler, welche heute auf der ganzen Welt an den Schalthebeln der Politik und der Geldpolitik sitzen und damit absolute Macht ausüben, bringen nicht die erforderliche Geduld auf, um das langfristig Richtige zu tun. Sie müssen kurzfristigen Erfolg haben, und je länger sie mit dem für diesen kurzfristigen Erfolg nötigen Mittel – dem Kaufen von Zeit – die Gesellschaft im Rausch des billigen Geldes einlullen, desto größer werden die Ungleichgewichte, die sich langfristig aufstauen und gegen die sie mit immer größeren Geschützen zu Felde ziehen müssen. Konnte man sich früher mit einem kleinen Konjunkturprogramm ein paar Jahre Zeit erkaufen, so braucht man heute für ein paar Monate Atempause bis zur nächsten Großkrise schon Billionenbeträge.

All das wird am Eintreten von Hayeks Vorhersagen nichts ändern. Denn seine Analyse, seine prophetische wissenschaftliche Gabe reicht viel tiefer in die Substanz, das Gefüge und die Matrix der wirtschaftlichen Realität hinein.

Er stellte nie die Frage: »Was passiert nächste Woche?«

Er stellte viel wichtigere Fragen:

»Was sind die Erfolgsvoraussetzungen einer prosperierenden Gesellschaft?«

»Welche Institutionen müssen wir schaffen, damit diese Erfolgsvoraussetzungen gegeben sind?«

»Welche gesellschaftlichen, politischen Prozesse und Strömungen greifen diese Institutionen an?«

»Wie stehen die Säulen, die diese Institutionen zur Grundlage der freien und wohlhabenden Gesellschaft machen, zueinander in Wechselbeziehung?«

Hayek erkannte, dass angesichts der Antworten auf diese Fragen jede relevante gesellschaftliche Auseinandersetzung auf die Frage »Freiheit oder Sozialismus?« reduziert werden kann. Es ist die Fähigkeit freier Individuen, in einer freien Gesellschaft spontan Ordnung zu erzeugen. Das kybernetische Wesen sozialer Dynamik sorgt für eine inhärente Stabilität, die durch die quasi automatischen Feedbackschleifen auch ein sehr komplexes System langlebig macht. Vor allem aber ist es der Superhyperquantencomputer namens Markt, dessen Rechenkapazität permanent, simultan und ohne Unterlass die für jedes Individuum notwendigen Informationen für die besten Entscheidungen in Form der Preise bereitstellt.

Die Gesellschaft im Hayek'schen Sinne ist so gesehen eine gigantische Maschinerie parallel verlaufender Informationsverarbeitung. Ihre Dezentralität hat Voraussetzungen und Folgen. Die Funktionsvoraussetzungen sind ein schlanker Staat, Gleichheit aller vor dem Gesetz, Rechtsstaatlichkeit, Vertragsfreiheit, Schutz evolutionär entstandener und daher langlebiger Institutionen, Traditionen und Werte (Ehe und Familie, Eigentum, Individualität etc.) sowie die Bereitschaft des Einzelnen, seinen Wünschen die eigene Leistung, den eigenen Fleiß und die eigene Sparsamkeit vorausgehen zu lassen.

Die Folge der daraus erwachsenden Ordnung der Freiheit ist die maximale Realisierung von millionenfachen individuellen Plänen freier Menschen. Diese maximale Realisierung findet ihren ökonomischen Ausdruck in dem abstrakten, daher oft schwer vermittelbaren Begriff der optimalen Faktorallokation beziehungsweise optimalen Ressourcenallokation.

Dank Hayek und anderen Vertretern der Österreichischen Schule wissen wir heute: Nur eine Ordnung der Freiheit erschafft Wohlstand für eine Gesellschaft. Das Entziehen der für sie konstitutiven Erfolgsvoraussetzungen durch die Versuchungen des Sozialismus, seiner Philosophie der Beraubung und der Mühelosigkeit, der Weigerung einzusehen, dass in einer Welt der Knappheit die Redewendung »per aspera ad astra« (Durch Strebsamkeit gelangen wir zu den Sternen) unvermeidlich, zwingend, ja charakterformend ist, bewirkt daher ebenso zwingend das Gegenteil.

Alle Ideen, Maßnahmen und politischen Entscheidungen unserer neosozialistischen Eliten folgen diesem Grundgedanken der Dekonstruktion der Freiheit durch die Zerstörung ihrer institutionellen Voraussetzungen. Ist der abschüssige Pfad erst einmal beschritten, so halten den Sozialismus in seinem Lauf »weder Ochs noch Esel« auf. Hayek hatte erkannt, dass die Freiheit zuerst in kleinen, dann in größeren Schritten und am Ende des Weges mit Siebenmeilenstiefeln erodiert wird. Der beraubende Steuerstaat legt die Fesseln der Gängelei immer enger um seine Opfer. Der Taschendiebstahl der Geldpolitik legt die Maske der ehrenwerten Ziele Vollbeschäftigung und Konjunkturpolitik an und legt sie auf der Zielgeraden der Totalenteignung auch nach Belieben wieder ab.

Die schädlichen Wirkungen dieser Politik sind langfristiger Art. Warum ist das so? Weil der funktionierende Kapitalismus ein Land mit unvorstellbaren Reserven ausstattet, wenn man ihn eine Weile wirken lässt. Erst wenn der Sozialismus, die Planwirtschaft, der Steuerstaat, der Beraubungsfiskus und die Gelddruckerei diese Reserven bis auf den letzten Cent ausgepresst haben, kommt es zur Stunde der Wahrheit.

»Langfristig sind wir alle tot«, konstatierte Keynes. Und langfristig ist unser Gemeinwesen tot, weil unsere Eliten es geschafft haben, der Mehrheit des Volkes einzuimpfen, dass »langfristig« so weit in der Zukunft liegt, dass es für sie nicht mehr relevant sein würde. Eine Versuchung in einer kinderlosen Gesellschaft ohne Bindung und ohne Mut.

Aber langfristig ist jetzt. Die Stunde der Wahrheit ist da. Hayek und seine Mitstreiter in der Österreichischen Schule haben recht behalten.

Ist dies das Ende der Geschichte? Nein, das ist es nicht. Denn die einzig den Namen Wissenschaft verdienende Schule der Volkswirtschaft, die Hayek mitbegründet hat, hat uns auch mit dem Rezept versorgt, wie wir wieder aus dem Schlamassel herauskommen. Erst im totalen Scheitern werden die hungrigen Massen die Propheten des Marktes und der Freiheit zum Zuge kommen lassen.

Wenn es so weit ist, sollte allerdings eines klar sein: Wir müssen die Freiheit in einer neuen Verfassung so tief verankern, dass der nächste Angriff des Sozialismus es nicht mehr so leicht haben wird, egal, ob das Schreckgespenst zu seiner Machtergreifung die irrige sozialistische Verelendungshypothese, das Schreckgespenst des imaginierten Klimawandels, die Bedrohung durch Viren oder eine erfundene kosmische Gefahr sein wird.

Es ist diese Verfassungsdebatte, auf die sich die Schüler und Nachfolger Hayeks nun intensiv vorbereiten müssen. Diese Krise birgt eine enorme Chance. Lassen wir sie nicht verstreichen!

BERNHARD PICHLER

Vorwort: Der Hayek-Club Salzburg stellt sich vor

Der Hayek-Club Salzburg wurde 2014 gegründet – zum 40-jährigen Jubiläum der Verleihung des Alfred-Nobel-Preises für Wirtschaftswissenschaften an Friedrich August von Hayek – den Namenspatron des Clubs. Aus einem gut besuchten Gesprächskreis entwickelte sich der Hayek-Club Salzburg schnell zu einem Verein mit regelmäßigen Vortragsveranstaltungen und Diskussionszirkeln.

Der Hayek-Club hat zum Ziel, zeitaktuelle Themen anzusprechen und diese aus der Perspektive der Österreichischen Schule der Nationalökonomie zu diskutieren. Dadurch sollen freiheitsorientierte Sichtweisen und Alternativen gegenüber den Hauptstrommedien, keynesianischen Wirtschaftstheorien und freiheitsfeindlicher Propaganda geboten werden.

Im Sinne von Hayek und weiterer Denker der *Austrians* wird die freiheitliche Philosophie einer ökonomischen Ordnung vertreten.

Hierzu zählen zum Beispiel: eine Regelgerechtigkeit (also gleiche Regeln und Gesetze für alle – keine Bevorzugung oder Benachteiligung Einzelner), Entscheidungsfreiheit des Einzelnen am Markt, freies Unternehmertum, unantastbares Recht auf persönliches Eigentum (auch auf den Ertrag der persönlichen Arbeitsleistung, insbesondere auf die Unantastbarkeit des eigenen Körpers) sowie ein sich natürlich entwickelndes Preissystem, verbunden mit einem freien oder zumindest wertgedeckten Währungssystem.

Mittlerweile darf der Hayek-Club Salzburg auf eine umfangreiche Anzahl spannender und interessanter Vortragsveranstaltungen zurückblicken, die von großartigen Gastreferenten abgehalten wurden. Um all diese wichtigen Beiträge, Argumente, Positionen und fachwissenschaftliche Standpunkte nicht in Vergessenheit geraten zu lassen, wurde dieser Band zusammengestellt und gefüllt mit verschiedensten *Perspektiven der Freiheit*. Darum sind in diesem Band ausschließlich Beiträge von Referenten des Hayek-Club Salzburg zu finden.

Die hier gesammelten Beiträge wurden teilweise in Form eines Essays, bei dem bewusst auf Zitate, Fußnoten etc. verzichtet wurde, teilweise aber auch in Form eines wissenschaftlichen Fachartikels mit Quellenverzeichnis erstellt. Die Entscheidung über die Form des Artikels wurde den Autoren selbst überlassen. Entscheidend jedoch ist die stringente und logische Argumentation zu den jeweiligen Themengebieten, und diese Anforderung wurde von allen Autoren erfüllt.

Zum Schreibstil sei noch angemerkt, dass fast alle Autoren auf einen Genderschreibstil verzichtet haben – dieser würde den Text verunstalten und den Lesefluss stören. Diesbezüglich gab es ebenso keine Vorgaben, denn es ist selbstverständlich, dass die Verwendung der deutschen Sprache in ihrer korrekten Form keine Geschlechter bevorzugt oder benachteiligt.

Der Hayek-Club sieht sich als Forum unterschiedlicher Sichtweisen von freiheitsorientierten und liberalen Positionen, insbesondere aber, wie bereits erwähnt, von Positionen der Österreichischen Schule. Daraus ergibt es sich, dass die Autoren in diesem Band auch unterschiedliche Perspektiven der Freiheit beschreiben können, die in manchen Punkten vielleicht auch voneinander abweichen. Das ist durchaus so gewollt. Wesentlich bedeutender sind die gemeinsamen Überschneidungen der freiheitlichen Sichtweisen.

Diese freiheitlichen Sichtweisen können unter anderem argumentative Positionen des *Neoliberalismus, Ordoliberalismus, klassischen Liberalismus,* der *Naturrechtslehre,* der *Christlichen Soziallehre* und schließlich auch des *Anarcho-Kapitalismus* (Privatrechtsgesellschaft) vertreten oder auch eigene, davon unabhängige Überlegungen beinhalten. Was alle Referenten des Hayek-Clubs, ebenso wie die Autoren und Positionen in diesem Band, jedoch eng miteinander verbindet, ist ihr aufrichtiges Engagement, ihr Einsatz und Wunsch nach Freiheit. Dieses ehrliche und verbindende Bestreben macht den vorliegenden Band besonders wertvoll, um Freiheit aus unterschiedlichen Perspektiven möglichst objektiv und umfangreich zu erörtern.

Dazu gehört nicht zuletzt, auf die Gefahren eines drohenden Freiheitsverlustes hinzuweisen und vor wirtschaftlichen und gesellschaftlichen Fehlentwicklungen zu warnen. Hierbei sind die Prognosen der *Austrians* besonders treffsicher. Ebenso werden aber auch Auswege aus der Krise aufgezeigt.

Ziel ist es, die unterschiedlichen Stimmen und Perspektiven der Freiheit unter einem gemeinsamen Nenner miteinander zu verbinden. Wir sind der Überzeugung, dass jeder Schritt in Richtung Freiheit allen Menschen zum Nutzen gereicht. So wie in der Entwicklung der Menschheit scheinbar eine andauernde Diskrepanz zwischen Krieg und Frieden, Gut und Böse, Armut und Wohlstand vorherrscht, gibt es insbesondere auch den über allem stehenden Konflikt zwischen Freiheit und Unfreiheit.

Freiheit ist womöglich der positivste wünschenswerte Zustand, vergleichbar mit anderen positiven Begriffen wie Liebe, Friede, Wohlstand oder Selbstverwirklichung.

All diese positiven Zustände sind – zumindest indirekt – miteinander verbunden: In einer Gesellschaft, in der Liebe vorherrscht (gemeint ist Respekt vor dem Menschen und dessen freier Entfaltung – also Freiheitsrechte), herrscht automatisch auch Freiheit vor. Und wo

Freiheit besteht (also auch freie Marktwirtschaft), entwickelt sich automatisch unermesslicher Wohlstand.

Im Umkehrschluss bedeutet das, dass nur dort, wo keine *Liebe* (Respekt, Menschen- und Eigentumsrechte) vorherrscht, eine Beschneidung der Persönlichkeitsrechte (Verlust von Freiheit) möglich ist, woraus auch zwangsläufig eine Verarmung und der Verlust von Wohlstand folgt.

Dieser Indikator lässt sich überall auf der Welt gleich gut anwenden und ist auch leicht zu beobachten: Je mehr Armut in einem Land vorherrscht, umso unfreier sind im Regelfall die Menschen. Und je regelmäßiger oder stärker eine Wirtschaftskrise auftritt, umso unfreier ist das zugrunde liegende System, in dem diese verursacht wird.

Regierungen fällt es leicht, Freiheiten zu beschneiden, wenn dies von der Allgemeinheit akzeptiert wird. Allerdings ist es umgekehrt extrem schwierig, verlorene Freiheiten wieder zurückzugewinnen. Darum ist es entscheidend, sich der Bedeutung des hohen Gutes der Freiheit bewusst zu werden, aber auch ebenso notwendig, deren möglichen kontinuierlichen Verlust zu erkennen.

Ich hoffe, liebe Leser, dass auch für Sie in diesem Band eine oder mehrere Positionen behandelt werden, die für Sie ansprechend und überzeugend sind und Ihnen als Impulsgeber für eine freiheitliche Sichtweise dienen.

Die Freiheit braucht Unterstützung und (friedliche) Verteidiger. Lassen Sie sich von diesem Band inspirieren, der eine schöne Breite und Tiefe von Perspektiven der Freiheit bietet, aber auch auf deren Feinde und Bedrohungen hinweist.

Teil 1

Die Österreichische Schule der Nationalökonomie und Friedrich A. v. Hayek

BERNHARD PICHLER

Freiheit, Eigentum und Selbstverantwortung

1. Die Österreichische Schule der Nationalökonomie: Entstehung und Einführung

Die »Österreichische Schule« war lange Zeit die dominierende wirtschaftswissenschaftliche Lehrmeinung. Die Vordenker der Österreichischen Schule, die in den USA als *Austrians* bezeichnet werden, orientieren sich an den Grundsätzen des klassischen Liberalismus und betonen die ethische Bedeutung von Markt und Wettbewerb – als Voraussetzung für Wohlstand, der wiederum die persönliche Freiheit des Einzelnen sichert.[1]

1.1. Entstehung

Fast schon vergessen, aber dennoch aktueller und bedeutender als jemals zuvor – diese Definition trifft wohl präzise auf die sogenannte »Österreichische Schule der Nationalökonomie«, auch »Wiener Schule« genannt, zu.

Diese philosophische und ökonomische Denkschule hat zahlreiche große und bekannte Denker hervorgebracht, dennoch wird sie heute an Universitäten, in Wirtschaftsstudien oder in öffentlichen Medien kaum gelehrt, bestenfalls am Rande erwähnt – und dies meist mit negativer Konnotation. Selbst den meisten Ökonomieprofessoren der Gegenwart sind die Theorien der Österreichischen Schule kaum geläufig, da in erster Linie die Thesen des »Deficit Spending« und des staatlichen Interventionismus von John Maynard Keynes beziehungsweise von dessen inhaltlichem Vordenker, Silvio Gesell, gelehrt werden. Diesen Theorien stehen die klassisch-liberalen Ansätze der *Austrians*, dessen bekanntester Vertreter wohl Friedrich A. v. Hayek war, fundamental entgegen.

Die Österreichische Schule entstand im späten 19. Jahrhundert. Zu dieser Zeit war Wien ein Zentrum bedeutungsvoller intellektueller Aktivitäten und Figuren, deren wissenschaftliche Erkenntnisse eine prägende Wirkung hatten. Beispiele hierfür sind Sigmund Freud (Psychologie), Gustav Klimt (Kunst), Arnold Schönberg und Gustav Mahler (Musik), Theodor Billroth (Medizin) oder Ludwig Wittgenstein (Philosophie). Aber darüber hinaus wurde zu dieser Zeit in Wien auch die moderne Ökonomie entwickelt. Das einzelne freie Individuum mit seinen konkreten Handlungen auf der mikroökonomischen Ebene steht im Mittelpunkt dieser ökonomischen Theorien.

Eine Gruppe führender Ökonomen, Carl Menger, Eugen Böhm von Bawerk und Friedrich Wieser, definierte die ökonomischen Prinzipien neu. Diese Denker vertraten die Sichtweise einer natürlichen Ordnung durch den Markt, wo die Bedürfnisse und Wünsche der einzelnen Individuen optimal befriedigt würden. Methodisch lehnten sie die damals bei ihren Kollegen vorherrschenden mechanisch-deterministischen Ansätze und Methoden ab und bevorzugten pure Wirtschaftswissenschaft, also die methodische Untersuchung des Handelns von Menschen und deren Vorlieben. Impulsgeber hierzu war Carl Menger mit seinem 1871 erschienenen Werk *Theorien der Volkswirtschaftslehre*[2], in dem er die Theorien des Grenznutzens ausarbeitete.

1.2. Namensgebung

Die damals dominierende ökonomische Lehrmeinung war die »Deutsche Schule« oder »Historische Schule«, als dessen Hauptvertreter Prof. Gustav Schmoller galt. Deren Methodik war rein induktiv, unwissenschaftlich und lehnte jegliche Theorie ab. Nach dieser Lehre konnten Erkenntnisse nur aus der Beobachtung gezogen werden. Um jedoch an »Forschungsgelder« zu gelangen, sprachen Vertreter der Deutschen Schule dem Regenten oft das Wort und versuchten für gute oder schlechte Handlungen der Herrschaft im Nachhinein »wissenschaftliche« Begründungen zu geben. Schlussendlich entwickelten sie sich in eine stark linkslastige Denkrichtung und orientierten sich sogar an Karl Marx. Aus diesen Gründen kam es auch zu einem akademischen Konflikt mit Carl Menger und seinen Nachfolgern, woraus die Bezeichnung »Österreicher«, »österreichisch« oder »Wiener« stammt. Diese Bezeichnung war argwöhnisch und abwertend gemeint. Doch das Blatt drehte sich schnell, als die Deutsche Schule immer mehr an Einfluss verlor und nunmehr die Österreichische Schule wegen ihrer präzisen Voraussagen stark an Zuspruch gewann.

Die Theorien der Österreicher (oder *Austrians*) wurden von zahlreichen nachfolgenden Vertretern weiterentwickelt, überprüft und bewiesen. Vermutlich hat die Österreichische Schule mehr für die Entwicklung von Wohlstand beigetragen als irgendeine andere Denkrichtung jemals zuvor. Die meisten wichtigen Themen heutiger wirtschaftlicher Diskussionen drehen sich rund um Ideen, die von der Österreichischen Schule bekannt gemacht wurden.

1.3. Positionen und wichtige Vertreter

Die Österreichische Schule gilt als die wichtigste philosophisch-ökonomische Lehre, die dem Geld wieder einen festen Wert zuspricht und es nicht deckungslos vermehren möchte, wie es heute der Fall ist. Dieser zentrale Aspekt hinter all unseren Problemen wird immer noch zu wenig in der Öffentlichkeit angesprochen.

Des Weiteren vertritt die Österreichische Schule den Aspekt einer Regelgerechtigkeit in einer freien Wirtschaftsordnung und kritisiert staatliche Regulierungen des Wirtschaftsflusses. Diese führen nachweislich, über den Weg von Bevorzugung oder Benachteiligung einzelner Individuen oder Gruppierungen, zwangsläufig immer zu einer Verarmung der Gesellschaft. Hierzu zählen neben anderen Regulierungsformen insbesondere Zwangsenteignungen durch überbordende Steuer- und Abgabensysteme oder falsche Geldpolitik.

Es wird dargestellt, dass im Gegensatz zur Meinung und Vorgehensweise unseres aktuellen Systems Wirtschaft – und somit Wohlstand – nicht in erster Linie durch Konsumation, sondern zuerst durch Produktion entsteht. Hierfür ist die Freiheit des Unternehmertums und des Warenverkehrs notwendig. Eine Beeinflussung durch staatliche Anreize, wie etwa Zinsmanipulationen (Zinssenkungen, um den Konsum zu fördern), Geldumverteilungen, zum Beispiel von erfolgreichen auf nicht erfolgreiche Sektoren, oder die künstliche Vermehrung des Papiergeldes (»Fiatgeld«), ruiniert die Wurzeln des natürlichen Wohlstandsflusses einer Gesellschaft.

Bekannte Vertreter dieser Schule waren u. a. Carl Menger (1840–1921), Eugen Böhm von Bawerk (1851–1914), Friedrich v. Wieser (1851–1926), Ludwig von Mises (1881–1973), Joseph A. Schumpeter (1883–1950), Leo Schönfeld-Illy (1888–1952), Gottfried Haberler (1900–1995), Oskar Morgenstern (1902–1977) oder Fritz Machlup (1902–1983).

Auch heute gibt es zahlreiche Ökonomen der Österreichischen Schule, die ihre Erkenntnisse weltweit publizieren. Hierzu zählen Gerd Habermann, Peter Boettke, Jörg Guido Hülsmann, Jesús Huerta de Soto, Philipp Bagus, Steven Horwitz, Hans Hermann Hoppe, Thorsten Polleit, Markus Krall und viele mehr.

Der populärste Repräsentant dieser Denkschule war beziehungsweise ist vermutlich Friedrich August von Hayek (1899–1992), nicht zuletzt deshalb, da ihm 1974 der Nobelpreis für Wirtschaftswissenschaften verliehen wurde. Hayek lieferte, neben seinen Vorgängerkollegen, wie zum Beispiel Ludwig von Mises, einen fundamentalen ökonomischen und sozialphilosophischen Beitrag als Wegbereiter einer freien Gesellschaft.

Und so wie Mises der argumentative Gegner von Karl Marx war, so gelten Hayeks Erkenntnisse als Gegenpol zur aktuell praktizierten schuldeninduzierten Wirtschafts- und Währungspolitik und zu deren Vordenker John Maynard Keynes.

Unter Hayeks zahlreichen Büchern und Publikationen gilt *The road to serfdom* (1944), dessen deutsche Übersetzung *Der Weg zur Knechtschaft* 1945 erschien, als sein bekanntestes Werk. Dieses populärwissenschaftliche Werk, das er speziell »den Sozialisten in allen

Parteien« gewidmet hat, ist das Ergebnis von Hayeks Bemühen, seine freiheitsphilosophischen Erkenntnisse der Allgemeinheit zugänglich zu machen und verständlich aufzubereiten. Speziell die Einsicht, dass Freiheit nicht schlagartig, sondern schleichend unterminiert wird und schließlich verloren geht, gepaart mit der durchaus gut gemeinten Absicht, soziale Ziele zu erreichen, ist eine wichtige Aussage dieses Werkes. Die Indikatoren des Freiheitsverlustes werden klar und verständlich definiert. Interessant ist ebenso, dass das Buch wegen seiner anti-sowjetischen Haltung auch 1947 noch im Westen verboten war.

In dieser fundamentalen Analyse bleiben nur zwei Optionen bestehen, entweder:

▶ Markt (also Freiwilligkeit und in der Folge Wohlstand aller Individuen), oder
▶ Befehl (Unterordnung und Knechtschaft, schließlich modernes Sklaventum).

Vermutlich hat aus diesem Grund auch Hayeks Schüler, Roland Baader, eine seiner zahlreichen Buchpublikationen genau mit diesem Titel versehen: *Markt oder Befehl*[3].

Aus unserer Perspektive bieten Hayek und die Vertreter der Österreichischen Schule die richtige Antwort.

1.4. Methodik der Österreichischen Schule

Eine schulische Denkrichtung hat den Anspruch, sich von anderen Denkrichtungen abzugrenzen und sich mit eigenständigen Herangehensweisen zu etablieren.

Die Österreichische Schule sieht ein gesamtwirtschaftliches Resultat als die Summe der kleineren Einzelentscheidungen und Handlungen. Zu deren Ableitung sind rational logische Methoden notwendig. Bei den Untersuchungen stehen die Individuen im Mittelpunkt. Aus Sicht der *Austrians* führen Ableitungen aus höheren mathematischen Gleichungen zu falschen Rückschlüssen in der Ökonomik.

Eine spezielle Methodik der Österreichischen Schule, die insbesondere auch logische Ableitungen mit einbezieht, nennt sich Praxeologie.

Die Methodik der Praxeologie wurde von Ludwig von Mises entwickelt, in seinem Werk *Nationalökonomie*[4] beschreibt er praxisnah die wissenschaftliche Herangehensweise. Praxeologie hat zum Ziel, Erkenntnisse zu gewinnen, die uns helfen, die Welt allgemein besser zu verstehen. Es wird erklärt, wie Menschen handeln und warum sie dies so und nicht anders tun. Hierbei wird jedoch nur absichtliches Handeln berücksichtigt, reflexartiges oder unterbewusstes Handeln bleibt außen vor.

Nach Mises ist Ökonomik die Wissenschaft des menschlichen Handelns. Mises schreibt:»Das Handeln ist des Menschen Wirkung in der Welt in ihrer unendlichen Fülle und Mannigfaltigkeit. Mit dieser Unendlichkeit und Mannigfaltigkeit haben wir uns in unserer Wissenschaft in der Weise zu befassen, daß wir ihre reine Form betrachten, die von allem Materialen entleert ist und doch alles Materiale umschließt. Die reine Form ist aber nichts anderes als die Gesetzmäßigkeit der Erscheinungen.«[5]

Der Sozialphilosoph Hans-Hermann Hoppe erklärt:»Es ist hinreichend bekannt, dass die Österreichische Schule sich von anderen ökonomischen Traditionen – wie etwa der Historischen Schule, den Keynesianern, Monetaristen, Public Choice-Theoretikern, Institutionalisten und Marxisten – grundlegend unterscheidet. Besonders deutlich zeigt sich dieser Unterschied in den ökonomischen Grundsätzen und Methoden. Ungeachtet dessen kommt es zeitweilig zu Allianzen zwischen den ›Österreichern‹ und speziell der Schule von Chicago sowie den Public Choice-Leuten: Ludwig von Mises, Murray N. Rothbard, Milton Friedman und James Buchanan etwa findet man oft als Verbündete, wenn es darum geht, die Ökonomik des freien Marktes gegen seine ›liberalen‹ und sozialistischen Kritiker zu verteidigen.«[6]

2. Ikonen der Österreichischen Schule

Man unterteilt die Vertreter der Österreichischen Schule ab der Gründung in drei Hauptgenerationen, danach folgen die neue oder vierte Generation und deren aktuelle Vertreter bis heute.

2.1. Generationenunterteilung im Überblick:

Gründer:

Carl Menger (1840–1921)

1. Generation (inkl. Carl Menger)

Eugen Böhm von Bawerk (1851–1914)

Friedrich von Wieser (1851–1926)

2. Generation

Ludwig von Mises (1881–1973)

Joseph A. Schumpeter (1883–1950)

Leo Schönfeld-Illy (1888–1952)

3. Generation

Friedrich A. von Hayek (1899–1992)

Gottfried Haberler (1901–1995)

Oskar Morgenstern (1902–1977)

Fritz Machlup (1902–1983)

Neuere Generationen und aktuelle Vertreter:

Murray N. Rothbard (1926–1995)

Roland Baader (1940–2012)

Hans-Hermann Hoppe

Jörg Guido Hülsmann

Thorsten Polleit

Gerd Habermann

u. v. m.

Einige ausgesuchte Vertreter sollen im Folgenden kurz vorgestellt werden.

2.2. Carl Menger

Als Gründervater der Österreichischen Schule der Ökonomie gilt Carl Menger (1840–1921). Im Jahr 1871 schuf er mit seinem Werk *Grundsätze der Volkswirtschaftslehre*[7] das intellektuelle Fundament für das weitere Schaffen der »Österreicher«. Seine Hauptthese darin besagt, dass der Wert eines Gutes nicht durch objektiv bestimmbare Faktoren entsteht, wie etwa Arbeit oder Materialkosten, sondern durch subjektive Wertschätzungen von Individuen gegenüber dem Produkt. Mit anderen Worten: Der objektive Wert eines Gutes wird nach dem Bedürfnis nach selbigem bemessen, nicht jedoch nach dem Wert der Produktions- oder Materialkosten.

Menger wird als Begründer der Grenznutzentheorie gesehen, auf deren Erkenntnis die gesamte moderne Ökonomie aufbaut.

Im Methodenstreit bezog Menger eine Gegenposition zur Deutschen Historischen Schule, die ökonomische Gesetze leugnete – Menger behielt im Methodenstreit recht.

2.3. Eugen Böhm von Bawerk

Als Nachfolger von Carl Menger gilt Eugen Böhm von Bawerk (1851–1914). Mit seinen Publikationen über Kapital- und Zinstheorie etablierte er sich als geistiger Gegner und ökonomischer Widersacher von Karl Marx. Zu seinen bekanntesten Werken zählen *Kapital und Kapitalzins. Erste Abteilung*[8] (1884) und *Kapital und Kapitalzins. Zweite Abteilung*[9] (1889). Er bekleidete Professuren in Wirtschaftswissenschaften an den Universitäten Innsbruck und Wien (WU). Zudem war er dreimaliger österreichischer Finanzminister (1895, 1897–1898, 1900–1904). Sein Hauptziel als Finanzminister war ein ausgeglichener Staatshaushalt. Hierbei achtete er auf eine strikte Einhaltung der Golddeckung der österreichischen Währung.

Böhm von Bawerk war auf der österreichischen 100-Schilling-Banknote abgebildet. Neben Adam Smith ist Böhm von Bawerk somit der einzige Ökonom, der auf einem Geldschein erschien.

2.4. Ludwig von Mises

Der bekannteste Schüler Böhm von Bawerks und Carl Mengers war Ludwig von Mises (1881–1973). Besonders herausstechend an seinem Schaffen war die Erkenntnis, dass Angebot und Nachfrage nicht nur den Preis von Gütern und Dienstleistungen bestimmen, sondern auch den Preis von Zahlungsmitteln. Dank seiner Erkenntnisse und Einflüsse konnte in den 1920er-Jahren eine Hyperinflation in Österreich abgewendet werden.

Im Mittelpunkt der ökonomischen Erkenntnis steht das menschliche Handeln. Ebenso wie seine Vorgänger hat sich auch Mises als Gegenspieler des Sozialismus behauptet. Bereits in den 1920er-Jahren sagte er prophetisch den Zusammenbruch des Sowjetkommunismus in einer Zeitspanne von 50 bis 70 Jahren voraus.

2.5. Friedrich August von Hayek

Der Namensgeber vom Hayek-Club Salzburg, Friedrich August v. Hayek (1899–1992), ist wohl der prominenteste Vertreter der Österreichischen Schule. Insbesondere wohl auch deshalb, da er 1974 den Nobelpreis für Wirtschaftswissenschaften erhielt. Den Preis erhielt er für eines seiner früheren Werke *Preise und Produktion*, in dem er die schädlichen Wirkungen staatlicher Geldpolitik auf die stabile Entwicklung einer Volkswirtschaft darlegte.

Wesentlich bekannter wurde sein Werk *The Road to Serfdom (Der Weg zur Knechtschaft)* [10], das 1944 erschien. Hierbei hat er bewusst auf einen ausgedehnt wissenschaftlichen Schreibstil verzichtet, um zu gewährleisten, dass die vermittelten Informationen auch für »Nichtökonomen« und für die Allgemeinheit verständlich sind. Anhand seiner Erkenntnisse zeigte er auf durch welche Methoden die Freiheit der Menschen untergraben wird, bis sie sich schließlich in einem totalitären Zwangssystem wiederfinden. *Der Weg zur Knechtschaft* wurde in vielen Ländern lange Zeit verboten, da das Buch von Sozialisten und Kommunisten (speziell in der Sowjetunion) zensiert wurde.

Obwohl Hayek als Befürworter eines demokratischen Minimalstaates gilt, warnt er zugleich davor, dass dieser seine Kompetenzen stark ausweiten und somit Freiheitsrechte eindämmen könnte und diese Maßnahmen allgemeine Akzeptanz finden könnten. Im minimalistischen Ansatz einer Demokratie liegt ihm besonders die Gewährung der persönlichen Sicherheit nahe: »Nun kommt es uns ganz gewiss nicht in den Sinn, aus der Demokratie einen Fetisch zu machen. Es kann sehr wohl sein, dass unsere Generation die Demokratie zu viel im Munde führt, ohne genügend die Werte im Auge zu haben, denen sie dienen soll. Von der Demokratie gilt nicht, was Lord Acton mit Recht von der Freiheit gesagt hat, nämlich dass sie kein Mittel zu einem höheren politischen Zweck sei, sondern höchster politischer Selbstzweck, dass sie nicht im Interesse einer guten öffentlichen Verwaltung erforderlich sei, sondern dafür, die Erreichung der höchsten Ziele der bürgerlichen Gesellschaft und des Privatlebens zu sichern.«[11]

Hayeks Werk *Die Verfassung der Freiheit*[12], das 1960 unter dem englischen Originaltitel *The Constitution of Liberty* erschien, ist der Entwurf einer optimalen Funktionsweise einer demokratischen Gesellschaft.

In weiteren Publikationen, wie zum Beispiel *Die Anmaßung von Wissen* oder Hayeks letztem Buch *Die verhängnisvolle Anmaßung*, wird dargelegt, warum nur Individuen für sich selbst die bestmöglichen Entscheidungen treffen können, nicht jedoch Politiker mit ihren Regulierungsinstrumenten wie Marktbeeinflussung oder – in letzter Konsequenz – Planwirtschaft.

Nach dem Studium in Wien lehrte Hayek in London, Chicago, Freiburg und Salzburg. 1947 gründete er die Mont Pèlerin Society.

Friedrich A. von Hayek ist als Ökonom und Sozialphilosoph eine Ausnahmegestalt in der Wirtschaftswissenschaft. Nicht erst seit der Schulden- und Finanzkrise genießen die Arbeiten des Wirtschaftsnobelpreisträgers, die von der Konjunkturtheorie bis zur Theorie der kulturellen Evolution reichen, wieder starkes Interesse.

Hayeks großes, immer wiederkehrendes, von verschiedenen Seiten beleuchtetes Thema war die gesellschaftliche Koordination – und von diesem breiten Spektrum bildet der Markt für den Austausch von Gütern und Leistungen im engeren Sinne nur einen Ausschnitt. Hayek war dementsprechend nicht nur ein Meister der Konjunkturtheorie, der Geldtheorie, der Kapitaltheorie und der Markttheorie, er ersparte sich auch schwierigste psychologische, erkenntnistheoretische und politökonomische Fragen nicht. Eine solche Spannbreite hielt er für unerlässlich.

Hayeks anspruchsvolles, weit gespanntes, aus dem »Mainstream« der Wirtschaftswissenschaften bis heute weit herausfallendes Forschungsprogramm ist wichtiger denn je. Im Gegensatz zu Keynes suchte Hayek nicht kleinteilig und kontextabhängig nach kurzfristig wirksamen Politikoptionen, sondern er rang um ein konsistentes systemisches Verständnis gesellschaftlicher Zusammenhänge.

Von sich selbst sagte Hayek, seine wissenschaftliche Leistung zusammenfassend, er habe in seinem Leben eine Entdeckung und zwei Erfindungen gemacht. Mit den beiden sogenannten Erfindungen meinte er sein Modell eines parlamentarischen Zweikammersystems sowie den Währungswettbewerb. Mit Entdeckung meinte er die Verwertung verstreuten Wissens und damit die entscheidende Rolle des Preismechanismus, der über die Signalwirkung relativer Preise in der Lage ist, ansonsten miteinander unverbundene Entscheidungen und Pläne zu koordinieren und dabei nur dezentral vorhandenes Wissen zusammenzuführen und zu nutzen sowie immer wieder neues Wissen zu generieren.

Aus der Entdeckung der Rolle des Preismechanismus leiten sich alle anderen, auch auf andere Zusammenhänge jenseits der Ökonomie übertragbaren Erkenntnisse ab, die sich wie folgt zusammenfassen lassen:

▶ Konstruktivistische, die Spontaneität gesellschaftlicher Prozesse unterbindende Versuche einer Steuerung lassen bereits vorhandenes

Wissen brachliegen und verzichten ganz auf die Generierung neuen Wissens. Sie kommen einer »Anmaßung von Wissen« gleich.

▶ Angesichts der konstitutionellen Unwissenheit der Menschen ist es nicht zu verantworten, die »spontane Ordnung« der Gesellschaft, also die staunenswerte Selbststeuerungsleistung freier und spontaner Interaktionsprozesse, zu unterdrücken.

▶ Jene gesellschaftlichen Regeln und Institutionen, die sich im Zuge der kulturellen Evolution zur Sicherung der persönlichen Freiheit herauskristallisiert haben, verdienen Respekt und Schutz.

▶ Markt, Privateigentum und Gleichheit vor dem Gesetz sind die wichtigsten Elemente einer freiheitlichen Ordnung.

▶ Gesetze dürfen nicht auf Einzelfälle zielen, sondern müssen dem Anspruch genügen, lediglich in der Gesellschaft bereits vorhandene allgemeine, universalisierbare »Regeln gerechten Verhaltens« festzuschreiben.

Die geistigen Irrtümer der Menschheit, die sie dem Machbarkeitswahn verfallen lassen, sind nach Hayek immer auf den gleichen Prämissen aufgebaut: Man hält es für unvernünftig, Regeln oder Grundsätzen zu folgen, die man nicht versteht, die man nicht wissenschaftlich rechtfertigen oder empirisch beweisen kann; oder man hält es zumindest für unvernünftig, einen Weg zu gehen, dessen Zweck nicht ganz spezifisch und dessen Wirkungen nicht im Vorhinein bekannt, beobachtbar und als vorteilhaft einzustufen sind. All dies fußt auf der Angst vor dem Unbekannten und Unberechenbaren. Doch solches Misstrauen ist im Endergebnis schädlich.

2.6. Heute
Die Österreichische Schule ist heute in der Hochschullandschaft weitgehend von der »Mainstream-Ökonomie« hinausgedrängt worden.

Beispielsweise konnte der Sozialphilosoph Hans-Hermann Hoppe seine Erkenntnisse und folglich seine Karriere als Professor für Soziologie und Ökonomie nur in den USA erzielen. In Deutschland wäre ihm nach eigenen Aussagen die Möglichkeit dazu verwehrt geblieben. Gott sei Dank gibt es eine Vielzahl seiner Werke heute auch auf Deutsch. In den USA hatte er das Vergnügen, Schüler von Murray N. Rothbard zu sein, der ihn von einem überzeugten Sozialisten zu einem überzeugten Anarcho-Kapitalisten umpolte. Murray N. Rothbard wiederum, dessen Schriften hauptsächlich in englischer Originalsprache erhältlich sind, war Schüler von Ludwig von Mises. Abgesehen von Rothbard war noch ein weiterer Vertreter der Österreichischen Schule, der in seiner Jugend (ebenso wie Hoppe) ein Anhänger des Sozialismus war, ein Schüler von Mises: Friedrich A. v. Hayek.

2.7. Freundschafts-Anekdote von Friedrich August von Hayek und Karl Popper

Als Hayek 1974 seinen Nobelpreis für Wirtschaftswissenschaften erhielt, war er als Professor an der Universität Salzburg tätig. Es ist allerdings bekannt, dass er sowohl von seinen Professorenkollegen an der Universität also auch von der Universitätsleitung kaum respektiert und – man könnte schon sagen – sogar missgünstig behandelt wurde. Aus internen Kreisen kann man erfahren, dass Hayek zu dieser Zeit sehr unglücklich war, aber seine Arbeit aus idealistischen Motiven fortsetzte.

Ein guter Vertrauter von Hayek war Sir Karl Popper. Sie vertieften ihre Freundschaft während ihrer gemeinsamen Zeit in London. Hayek war in den 1930er- und 1940er-Jahren an der London School of Economics tätig, wo er sich als starker akademischer Gegenpol von John M. Keynes etablierte. Nicht zuletzt durch Hayeks Fürsprache kam Karl Popper in den 1940er-Jahren ebenso nach London und erhielt einen Vertrag an der London School of Economics. Als jedoch Karl Popper in den 1970er-Jahren gleichfalls ein Angebot der Universität Salzburg erhielt, riet ihm Hayek aufgrund seiner deprimierenden Erfahrungen davon ab, diese Stellung anzunehmen. Demzufolge ist es vermutlich maßgeblich der bitteren Erfahrung Hayeks an der

Universität Salzburg geschuldet, dass diese auf die Präsenz des wohl wichtigsten Wissenschaftstheoretikers[13], Karl Popper, verzichten musste.

Die Nobelpreisverleihung Hayeks kam dem Ansehen der Universität bestimmt zugute, obgleich Hayek diese Ehrung zu Beginn gar nicht annehmen wollte – er legte keinen Wert auf öffentliche Ehrungen. Es ist bekannt, dass Hayek durch das Argument überzeugt werden konnte, durch die Verleihung des Nobelpreises würde seinen Forschungen, Philosophien und Erkenntnissen in Zukunft mehr Aufmerksamkeit entgegengebracht werden. Diese Einschätzung hat sich auch bewahrheitet.

3. Botschaft und Merkmale der Österreichischen Schule

3.1. Wichtige Erkenntnisse und Positionen

Im folgenden Abschnitt wird ein Auszug der wichtigsten Grunderkenntnisse und Positionen im Zusammenhang mit Freiheit, Eigentum und Selbstverantwortung in komprimierter Form veranschaulicht. (Dieser Überblick ist teilweise angelehnt an Gerd Habermann.[14])

▶ **Geld ist nicht neutral,** sondern unterliegt den Gesetzen von Angebot und Nachfrage.

▶ **Inflation ist eine schädliche Politik und verursacht eine Vermögensumverteilung zugunsten der Reichen** (Cantillon-Effekt). Der sogenannte Cantillon-Effekt geht auf den irisch-französischen Ökonomen Richard Cantillon zurück und wurde von den Österreichern aufgegriffen.

▶ **Privateigentum und Eigentumsrechte sind wesentlich.** Das grundlegendste Eigentum, das man besitzt, ist der eigene Körper, aber auch die Früchte der Arbeit, die er erbringt. Jeder soll selbst entscheiden, was er mit seinem Eigentum macht und wie er damit umgeht, solange man keine Dritten damit schädigt. Daher sind

Enteignungen (Steuern und Abgaben) abzulehnen. Drogenge-
setze entziehen Menschen das Recht, selbst zu bestimmen, wie sie
mit ihrem Eigentum umgehen. Umgekehrt wird durch Impfzwang ebenso in das persönlichste Eigentumsrecht massiv einge-
griffen, und daher ist dieser ebenso abzulehnen.

► **In der Ökonomie geht es um Individuen (Subjektivismus,
methodischer Individualismus).** Im Gegensatz zum sozialistischen Kollektivismus.

► **Aktionen haben Konsequenzen – gute und schlechte.** Auch das
Scheitern wird ökonomisch betrachtet, es gibt unterschiedliche
Varianten des Scheiterns, das dient auch als Lernprozess.

► **Aktuell: Rettungsmaßnahmen führen zu moralischen Gefahren.**
Als aktuelles Beispiel kann man die Bankenrettung betrachten.
Ökonomische Selbstverantwortung wird dadurch ausgehebelt,
eine Motivation zur kaufmännischen Sorgfalt geht verloren,
im Gegenzug steigt die Risikofreudigkeit bei Geschäften, da die
öffentliche Hand (Steuerzahler) für eine Rettung aufkommt.

► **Preise signalisieren Knappheitsgrade und sind für die effiziente
Zuweisung von Ressourcen unerlässlich.** Das ist eines der wichtigsten Instrumente für richtigen Umweltschutz. Daher ist zu erkennen, dass in westlichen Ländern (relativ freie Marktwirtschaft)
die Umwelt immer besser intakt war als in sozialistischen Ländern, in denen die Wirtschaft vom Staat gelenkt wurde. Abgesehen davon kann ein planwirtschaftliches Zentralkomitee niemals
die unendlich vielen Faktoren und Bedürfnisse des Marktes erkennen, und daher scheitert Sozialismus immer. Alle Staatsein-
griffe führen in diese Richtung.

► **Freies Preissystem:** Nach Ansicht der Österreichischen Schule
entsteht ein realistisches Preissystem, wenn freie Märkte die
Möglichkeit haben zu agieren. Nur im Wettbewerb(-smarkt)
kann man optimale Preise für Ressourcen herausfinden und
anbieten. Das ist jener Preis, der der beste für beide Seiten ist, für
Produzenten und Konsumenten. Eingriffe in den Markt (zum

Beispiel Mindestlohn, Förderungen etc.) haben eine Wettbewerbsverzerrung zur Folge.

▶ **Fehlerhafte Preissignale von Zentralbanken sind die Ursache für Boom-Bust-Zyklen.** Einer der Autoren, die dieses Phänomen allgemein verständlich und punktgenau erklärten, ist Roland Baader mit seinem Werk *Geld, Gold und Gottspieler*[15]. Aktuell kann das Vorgehen der EZB als sehr gefährlich eingestuft werden.

▶ **Eine Senkung der Zinssätze führt zu Verzerrungen in der Wirtschaft durch Veränderung der relativen Preise, was eine künstlichen Boom zur Folge hat.** Irgendwann können Fehlverteilung und Fehlinvestitionen nicht mehr unterstützt werden, und es kommt zu einem »Bust«, in der diese Fehlallokationen bereinigt werden.

▶ **Eine Rückkehr zum gesunden Geld ist notwendig und wird befürwortet.** Das heißt entweder eine gedeckte Währung – im Laufe der Geschichte hat sich Gold als geeignetste Deckung für Geld herauskristallisiert – oder, noch besser, freier Währungswettbewerb.

▶ **Inflation ist die Zunahme des Angebots an Geld und Kredit. Die »Konjunkturtheorie« besagt:** Durch die Manipulation der Geldmenge über künstlich verbilligte oder verteuerte Kredite vonseiten der Zentralbanken entstehen Konjunkturen. Das muss nicht zwangsläufig so sein, zu Zeiten der Goldwährungen waren Zentralbanken oft private Einrichtungen. Die US-FED ist zwar privat, aber trotzdem staatsmonopolistisch, da sie durch den Staat protegiert wird. Der Zins sollte nicht durch staatliches Eingreifen manipuliert werden, er wird als Marktpreis für Zeit definiert.

▶ **Grenznutzen und Preis:** Diese Erkenntnis wurde von Carl Menger entwickelt. Beispielsweise würde ein verdurstender Mensch in der Wüste wohl alles, was er hat, für ein Glas Wasser bezahlen. Das zweite Glas wäre ihm womöglich schon etwas weniger wert und so weiter. Was ist er schließlich bereit für das hundertste Glas Wasser zu bezahlen? Vermutlich nichts mehr.

▶ **Konsumentensouveränität:** Nach Wilhelm Röpke erfolgt die Lenkung des Marktes und der Produktionsfaktoren (auch konsumferne Güter zweiter und dritter Ordnung) nicht durch den Produzenten, sondern durch den Letztkonsumenten. Dadurch ergibt sich seine Souveränität.

▶ **Wettbewerb** (F. A. v. Hayek): Durch den Wettbewerb wird eine Spezialisierung und Arbeitsteilung vorangetrieben, wodurch sich folglich unsere »Gratifikationsbilanz« ebenso kontinuierlich verbessert. Das wiederum erlaubt fortlaufend mehr Menschen, nicht nur zu überleben, sondern auch ihre Lebenssituation zu verbessern.

▶ **Unternehmer:** Durch sein alltägliches Handeln agiert jeder Mensch als Unternehmer. Der Unternehmer ist professioneller Knappheitsüberwinder und stetig bemüht, Optimierung zu erzielen. Hierzu werden notwendige Informationen gesammelt, ausgewertet und in Ergebnisse umgesetzt.

▶ **Subjektive Wertelehre, Opportunitätskosten, eine individuelle Wertigkeit als Wahl:** Unterschiedliche Individuen können Gegenständen eine unterschiedliche Wertigkeit beimessen, dieses Prinzip bestätigt sich bei jeder Auktion. Die Österreichische Schule war die erste Lehrrichtung, die Individuen und ihre Präferenzen als aktive Teilnehmer im wirtschaftlichen Prozess beleuchtete. Tatsächlich werden aufgrund der »Österreicher« Märkte anhand dieser Einflüsse bestimmt. Letztendlich läuft es darauf hinaus, dass man den Wert eines Gutes nur mit dem Verlangen danach bestimmen kann.

▶ **Sozialismus ist ein »intellektueller Irrtum« und kann niemals funktionieren.** Wie bereits erwähnt, ist es unmöglich, eine rationale Kalkulation für alle Marktbedürfnisse und Ressourcen des Marktes zu planen und dann noch den richtigen Preis zu geben (Hayek: *Die Anmaßung von Wissen*).

▶ **Kritik am Wohlfahrtsstaat:** Dieser basiert auf Umverteilung durch den Staat, dem zwingend eine gewaltsame Enteignung von Individuen vorausgeht, und entspricht somit einer sozialistischen

Ethik. Die Kennzeichen eines Wohlfahrtsstaates sind bürokratische Regulierungen und soziale Umverteilung, dadurch werden unternehmerische Initiativen gehemmt. Das führt irgendwann in den Sozialismus, wie dies auch von Hayek in *Der Weg zur Knechtschaft* beschrieben wurde. Roland Baader bezeichnet den Wohlfahrtsstaat auch als »Samtpfoten-Sozialismus«, der aber gar nicht so samten beziehungsweise sanft ist.

▶ **Kleingruppenethik ist ungeeignet für eine komplexe Gesellschaft.** In einer Familie *müssen* andere Regeln gelten als in der Gesellschaft. Hierarchien und soziale Unterstützung innerhalb der Familie sind überlebensnotwendig. Es ist aber ein Irrtum, diese Verhältnisse auf eine gesamte Gesellschaft zu übertragen.

▶ **Regelgerechtigkeit** als Gegenpol zum Phantom der »sozialen Gerechtigkeit«, die willkürlich bestimmt wird. Es gibt nur eine Form von Gerechtigkeit: eine Regelgerechtigkeit, das heißt gleiche Regeln für alle, ohne Bevorzugung oder Benachteiligung einzelner. Quotenregelungen, Regulierungen durch Steuern und die Förderung gewisser Gruppen sind das Gegenteil von Regelgerechtigkeit.

▶ **Staatsbild:** Als Staatsbild wird – wenn überhaupt – ein minimalistisches bevorzugt. Im Kern heißt das: Die Aufgaben des Staates sind herunterzubrechen auf die Gewährleistung von innerer und äußerer Sicherheit. Manche Vertreter der Österreicher würden aber auch diesen Bereich privatisieren, wodurch der Staat per se obsolet wäre. Diese Vertreter werden als »Anarchokapitalisten« oder Vertreter einer »Privatrechtsordnung« genannt. F. A. v. Hayek gehörte nicht zu dieser Gruppe, sondern befürwortete einen Minimalstaat, der sogar kleine soziale Aufgaben übernehmen sollte – allerdings weit entfernt von unserem heutigen Umverteilungs- und Wohlfahrtsstaat.

3.2. Sichtweisen zu aktuellen Themen

Hier ist nur eine kleine Auswahl von Sichtweisen zu aktuellen Themen beschrieben. Im weiteren Verlauf dieses Bandes werden aber wesentlich mehr Themen viel tiefgreifender behandelt.

▶ **Recht auf Sezession:** Es muss legitim sein, freiwillig aus Großstaaten wieder kleine, übersichtliche provinzielle oder regionale Gebilde zu machen oder aus einem Staatenbund freiwillig auszutreten. Als Beispiele können genannt werden Brexit, die Bayernpartei (hat als Ziel den Austritt Bayerns aus der BRD), Öxit. Oder am Beispiel der Schweiz: ein Wettbewerb zwischen den Kantonen durch Föderalismus. Als bekannter Vertreter des Rechts auf Sezession gilt Leopold Kohr mit seinem Buch: *Das Ende der Großen* [16].

▶ **Gleichbehandlungs- und Antidiskriminierungsdiskussion:** Diskriminierung ist ein natürlicher Teil des Handelns. Jede Entscheidung ist immer eine Diskriminierung. Entscheidet man sich beim Kauf eines Autos für ein gewisses Modell, so hat man alle anderen Automodelle »diskriminiert«. Stellt man einen Mitarbeiter mit gewissen Eigenschaften ein, so ist das eine freie Entscheidung, bei der man automatisch alle anderen Bewerber »diskriminiert«. Durch »Antidiskriminierungsgesetze« wird die Entscheidungsfreiheit des Menschen, und somit sein freies Handeln, eingeschränkt.

▶ **Flüchtlingsproblematik:** Insbesondere in Deutschland hat das Staatsmonopol bei der Zuwanderungs- und Grenzkontrolle versagt beziehungsweise fördert eine Massenzuwanderung sogar auf Steuerkosten. Mehr Staat heißt also nicht automatisch mehr Sicherheit, das Gegenteil kann der Fall sein. Ein »Asylrecht« kann aber nur ein »Gastrecht« sein, bis die Gefahr im eigenen Land vorüber ist. Jeder, der eine Aufnahme fordert, muss selbst dafür sorgen, allgemeinen Bestimmungen einer Migration zu entsprechen. Der mögliche Verlust eines »Gastrechts« bei Missachtung allgemein anerkannter gesellschaftlicher Richtlinien und Werte sollte klar sein.

4. Freiheit, Eigentum und Selbstverantwortung

Diese drei Punkte zählen wohl zu den wichtigsten philosophischen Prinzipien der Österreichischen Schule.

4.1. Freiheit

Der Mensch hat die Freiheit, alles zu tun, was er will. Es gibt nur eine einzige Beschränkung: Niemand anderem einen Schaden zuzufügen, das heißt Mensch und Natur zu respektieren.

4.2. Eigentum

Mein Körper ist mein Eigentum. Mit meinem Körper kann ich machen, was ich will (auch giftige Substanzen konsumieren, wenn das mein Wunsch ist). Eine Verabreichung von Substanzen gegen meinen Willen ist Körperverletzung (beispielsweise bei Impfpflicht).

Alles, was ich mit meiner Arbeit erwirtschafte, geschenkt bekomme oder sonst redlich erwerbe (also nicht stehle), gehört mir. Jeder Eingriff in mein Eigentum ist Diebstahl.

Nur ich darf bestimmen, wem ich mein Eigentum gebe (im Vertrag, als Geschenk oder Erbschaft), sonst niemand.

4.3. Selbstverantwortung

Jeder ist Unternehmer seines Lebens. Jeder Mensch kann für sich immer am besten entscheiden, da er die persönlichen Wünsche und Bedürfnisse am besten kennt. Fiktiv könnte nur Gott besser entscheiden, aber auch nur dann, falls Gott die persönlichen Bedürfnisse noch besser kennen würde als der einzelne Mensch selbst, keinesfalls aber andere Menschen.

Auch Fehlentscheidungen sind ein Lern- und Entwicklungsprozess. Verantwortung an einen Monopolisten abzugeben ist teuer, ineffizient und hemmt Menschen in der Entwicklung. Zudem ist es unethisch, Menschen die Möglichkeit zu nehmen, eigene Entscheidungen zu treffen, und ein starker Eingriff in deren persönliche Freiheit.

Menschen dazu zu zwingen, Masken zu tragen, wie es derzeit der Fall ist, verstößt gegen alle drei dieser Prinzipien.

5. Literaturverzeichnis

5.1. Literatur

Baader, Roland: *Geld, Gold und Gottspieler. Am Vorabend der nächsten Weltwirtschaftskrise*, Resch-Verlag, Gräfelfing 2005.

Baader, Roland: *Markt oder Befehl – 55 Streitschriften für die Freiheit*, Lichtschlag, Berlin 2007.

Böhm von Bawerk, Eugen: *Kapital und Kapitalzins. Erste Abteilung – Geschichte und Kritik der Kapitalzins Theorien*, Wagner, Innsbruck 1884.

Böhm von Bawerk, Eugen: *Kapital und Kapitalzins. Zweite Abteilung – Positive Theorie des Kapitales*, Wagner, Innsbruck 1889.

Habermann, Gerd: *Was verdanken wir der Österreichischen Schule?*, 5. aktualisierte Auflage, Friedrich A. von Hayek-Gesellschaft, Berlin 2015.

Hayek, Friedrich August v.: *Der Weg zur Knechtschaft*, 1. Neuauflage, OLZOG edition, zum 70-jährigen Erscheinen der englischen Originalausgabe *The road to serfdom* im Jahr 1944. Lau-Verlag, Reinbek/München 2014.

Hayek, Friedrich August v.: *Die Verfassung der Freiheit*, 3. Auflage, gesammelte Schriften in deutscher Sprache, Mohr/Siebeck, Tübingen 2005.

Hoppe, Hans-Hermann: *Ökonomik als Wissenschaft und die Methode der Österreichischen Schule*, 2. Auflage, Creative Commons Attributions License 4.0, Wien 2016.

Kohr, Leopold: *Das Ende der Großen: Zurück zum menschlichen Maß*, 3. Auflage, Otto Müller Verlag, Salzburg 2011.

Mises, Ludwig von: *Nationalökonomie. Theorie des Handelns und des Wirtschaftens*, Editions Union, Genf 1940.

5.2. Onlinequellen

Hayek-Club Salzburg: »Friedrich August v. Hayek und die Österreichische Schule der Nationalökonomie«, *https://hayek.de*.

Menger, Carl: *Grundsätze der Volkswirtschaftslehre*, Wilhelm Braumüller, Wien 1871) PDF-Version von Gerhard Grasruck für *www.mises.de*, *http://docs.mises.de/Menger/Menger_Grundsaetze.pdf*.

Wikipedia: »Der Weg zur Knechtschaft«, *https://de.wikipedia.org/wiki/Der_Weg_zur_Knechtschaft*.

Alle Internetadressen wurden am 5. Januar 2021 aufgerufen.

Anmerkungen

1. Der folgende Abschnitt ist teilweise angelehnt an den Hayek-Club Salzburg, *http://hayek.club*.
2. Ausführlicher: Carl Menger (1871), *http://docs.mises.de/Menger/Menger_Grundsaetze.pdf*.
3. Ausführlicher: Roland Baader(2007).
4. Ausführlicher: Ludwig v. Mises (1940).
5. Ludwig v. Mises (1940), S. 16.
6. Hans-Hermann Hoppe (2016), S. 11.
7. Carl Menger (1871), *http://docs.mises.de/Menger/Menger_Grundsaetze.pdf*.
8. Eugen Böhm von Bawerk (1884).
9. Eugen Böhm von Bawerk (1889).
10. Ausführlicher: Friedrich August v. Hayek (2014).
11. Friedrich August v. Hayek (2014), S. 99.
12. Ausführlicher: Friedrich August v. Hayek (2005).
13. Anmerkung: Allerdings gilt in der Österreichischen Schule nicht nur die Empirik (nach Karl Popper) als einzig mögliche Wissenschaftsmethode, auch die Praxeologie ist von Bedeutung.
14. Vgl. Gerd Habermann (2015).
15. Ausführlicher: Roland Baader: (2005).
16. Ausführlicher: Leopold Kohr (2011).

MICHAEL ASANGER

Der Weg zur Knechtschaft – eine Streitschrift für die Freiheit

1. Zur Person Friedrich August v. Hayek

Friedrich August v. Hayek, der große Universalgelehrte europäischer Tradition, Nobelpreisträger für Wirtschaftswissenschaften von 1974, gilt als der bedeutendste Sozialphilosoph und Ökonom des 20. Jahrhunderts. Er hat in seinem Lebenswerk, das auf einer Kenntnis vieler Disziplinen beruht, mit Beharrlichkeit den Gedanken verfolgt, dass allein individuelle Freiheit die Bewahrung und Fortentwicklung der Zivilisation sicherstellen kann.

Über 6 Jahrzehnte führte er die sogenannte »Österreichische Schule der Nationalökonomie« an. Er war ein kompromissloser Verfechter einer klassisch-liberalen Wirtschafts- und Gesellschaftsordnung und verfasste fast fünfzig Bücher, knapp dreißig Broschüren und rund 270 wissenschaftliche Aufsätze. Seine Werke wurden in zwanzig Sprachen übersetzt. Die ungeheure Spannbreite seiner Werke umfasste Ökonomie, Biologie, Soziologie, Psychologie, Rechtswissenschaft, Geschichte, politische Wissenschaft, Sozialphilosophie und Methodologie.

Hayeks wissenschaftliche Verdienste reichen von seinen Forschungen zur Kapital- und Konjunkturtheorie, wo er als großer Gegenspieler von Keynes galt, über die Theorie des Sozialismus und Wettbewerbskapitalismus bis hin zu zentralen Fragen der Rechts- und Politikphilosophie sowie der Ideengeschichte.

Aufbauend auf diesen Erkenntnissen und unter dem Eindruck totalitärer Gesellschaftssysteme, untersuchte Hayek die verschiedenen Ausprägungen des Sozialismus. Sein Gesamtwerk lässt keinen Zweifel daran, dass jede Spielart des Sozialismus – vom Marxismus/Kommunismus über den demokratischen Sozialismus bis hin zum Nationalsozialismus – die Tendenz besitzt, zur letztendlichen Verwirklichung einer sozialen Gerechtigkeit die Menschen in immer zentralere und totalitärere Fesseln zu treiben.

Die Sehnsucht nach einer sogenannten »sozialen Gerechtigkeit« und dem »Freisein« von jeglicher Not übt auf viele Menschen eine große Faszination aus. Der Sozialismus verspricht, solche Träume zu erfüllen. »Es unterliegt keinem Zweifel«, warnte Hayek, »dass das Versprechen einer größeren Freiheit eine der wirksamsten Waffen der sozialistischen Propaganda ist und dass der Glaube, der Sozialismus werde die Freiheit bringen, echt und aufrichtig ist.« Dies sei umso tragischer, wenn der Weg, der als Weg in die Freiheit gepriesen werde, sich »in Wahrheit als die breite Heerstraße in die Knechtschaft erweisen sollte«.

2. Streitschrift: *Der Weg zur Knechtschaft*

Seine diesbezüglich an das breite Publikum gerichtete populärwissenschaftliche Streitschrift, die freilich mehr bewirkte, als es ein gediegenes ideenhistorisches Werk je vermocht hätte, begründete über Nacht seinen ideologischen Ruhm: *Der Weg zur Knechtschaft* (englischer Originaltitel: *The Road to Serfdom*), wie er das Buch in Anlehnung an eine berühmte Stelle bei Alexis de Tocqueville betitelte, war bei seinem Erscheinen 1944 ein höchst unkorrektes Werk.

In Großbritannien, das mit der Sowjetunion verbündet war und sich soeben mit dem Beveridge-Plan in eine wohlfahrtsstaatliche Zukunft aufmachte, musste Hayeks Buch weiten Teilen der Öffentlichkeit wegen seiner radikalen Kritik an der Zentralplanwirtschaft geradezu als Sakrileg erscheinen. *Der Weg zur Knechtschaft* provozierte in England 1944 einen entrüsteten Aufschrei der Intellektuellen und verhinderte beinahe die Wahl Hayeks zum Mitglied der englischen Akademie der Wissenschaften – als erstem Ausländer in der Geschichte dieser Institution.

Es ging Hayek inzwischen weniger um den bereits früher erbrachten Nachweis, dass jede Zentralplanwirtschaft ohne ein freies Preissystem in der Wirtschaftsrechnung kläglich versagen und somit zu Armut, Not und Hunger führen müsse, sondern um eine brisantere These: Zentralplanwirtschaft sei mit Freiheit und Demokratie unvereinbar und müsse unvermeidlich in den Totalitarismus führen. Den sozialistischen Bewegungen – »kultivierten Eltern, die barbarische Nachkommen gezeugt haben« – warf Hayek vor, »die meisten Instrumente zur geistigen Abrichtung« geschaffen zu haben, »von denen auch die Nationalsozialisten und Faschisten so wirksam Gebrauch gemacht haben. Der Gedanke einer politischen Partei, die alle Tätigkeiten des Individuums von der Wiege bis zur Bahre umspannt, die den Anspruch erhebt, die Ansichten des einzelnen über alles und jedes zu bestimmen, und die darin schwelgt, alle Probleme zu Fragen der Weltanschauung der Partei zu machen, wurde zuerst von den Sozialisten umgesetzt.«

Kein Wunder, dass für Marxisten und Nationalsozialisten/Faschisten der wahre Feind derjenige war, mit dem sie nichts gemein hatten und den zu überzeugen aussichtslos war – der Liberale alter Schule. So genießt der klassische Liberalismus die Auszeichnung, die von Hitler bestgehasste Lehre zu sein. Und kein Wunder übrigens auch, dass der Sozialismus eine Erfindung der Intellektuellen ist, keineswegs der Arbeiterklasse.

Trotzdem hatte sein Werk, das Hayek »den Sozialisten in allen Parteien« widmete, einen durchschlagenden Erfolg. Innerhalb von nur 15 Monaten kam es bereits zu fünf Neuauflagen. Für die Anfang 1945 veröffentlichte US-amerikanische Ausgabe konnten wegen Papierknappheit nicht genügend Exemplare produziert werden, um die Nachfrage am Markt abzudecken.

3. Kernaussagen

Zu Hayeks Kernaussagen in diesem Werk zählt, dass die verschiedensten Formen des Totalitarismus, also auch der Kommunismus und der Nationalsozialismus, miteinander verwandt sind, wie er dies auch explizit in dem Kapitel »Die sozialistischen Wurzeln des Nationalsozialismus« darstellt. Das Buch ist eine aufrüttelnde Warnung, dass ein auch nur geringes Abweichen von den Prinzipien der freien Marktwirtschaft ein Abgleiten in die Unfreiheit, also Knechtschaft, zur Folge hat. Ordnungspolitische Mischformen sind nach Hayek zwar nicht gänzlich auszuschließen, führen jedoch mit hoher Wahrscheinlichkeit fast zwangsläufig zu freiheitseinschränkenden Resultaten.

Hayek widerlegt die sozialistischen Mythen, die bis heute unverhüllt gepredigt werden, von »gerechter Verteilung«, von »gerechtem Preis« und »gerechtem Lohn«. All dies sind zwanghafte Einschnitte in den Markt und in die Freiheit, die immer zu mehr Unfreiheit und einer Minderung des Wohlstands führen. Er hebt die Bedeutung von Privateigentum hervor, erklärt Einkommensschwankungen als unvermeidbar und stellt sich gegen die damals wie heute weit verbreitete Kritik an der freien Marktwirtschaft. Zudem zeigt er die Vorteile eines föderativen Prinzips auf und betont, dass es dabei in erster Linie um Freiheit und nicht um eine Demokratie als Selbstzweck geht.

Hayek bemühte sich in seinem Schaffen, speziell aber auch in *Der Weg zur Knechtschaft,* einerseits darum, eine neue freiheitlich-sozialtheoretische Perspektive und deren ordnungspolitische Konsequenzen darzulegen, andererseits wollte er Liberalismus wieder als ein Programm der Politikbegrenzung präsentieren. Zudem plädiert Hayek dafür, das Geldausgabemonopol des Staates durch eine freie Konkurrenz zu ersetzen. Staatliches Monopolgeld ist eines der stärksten Instrumente, persönliche Freiheit zu beschränken.

4. Erfolg und Auswirkungen

Mit *Der Weg zur Knechtschaft* gelang Hayek ein schwungvolles, kraftvolles Buch mit publizistischer Durchschlagskraft und politischer Fernwirkung. Zahllose Auflagen und die Übersetzung in über dreißig Sprachen belegen dies. Die Grundlagen zu diesem Buch, das quasi als Abfallprodukt seiner wissenschaftlichen Arbeit entstand und zu dessen Erfolg eine hervorragende Zusammenfassung im *Reader's Digest* beitrug, hatte Hayek in den 1930er-Jahren gelegt, als er in der

Tradition seines Lehrers und Freundes Ludwig von Mises und zusammen mit ihm an der großen Debatte um den Sozialismus teilnahm – im Disput mit den großen Gegenspielern Oskar Lange und Henry Douglas Dickinson.

Orientierend wirkte sein Buch in erster Linie auf die akademische und politische Jugend, die – wie die Oxforder Chemiestudentin Margaret Roberts, später verheiratete Thatcher – erst in den 1970er-Jahren in einflussreiche Positionen gelangen sollte. Kurzfristig war ihm jedoch kein politischer Erfolg beschieden: Zwar machte sich Winston Churchill im Wahlkampf 1945 in seinen berüchtigten »Gestapo-Reden« Hayeks Thesen zu eigen, erlitt aber damit gegen den wohlfahrtsstaatlichen Zeitgeist kläglich Schiffbruch, sodass er noch während der Potsdamer Konferenz die Downing Street für den Labour-Führer Clement Attlee räumen musste.

Einige prominente Zeitgenossen lobten jedoch seinerzeit Hayeks Buch: George Orwell, selbst gemäßigter Sozialist, schrieb, dass der Kollektivismus »einer tyrannischen Minderheit solche Machtmittel verleiht, von denen die spanische Inquisition nicht einmal geträumt hat«. Der bekannte Ökonom John Maynard Keynes schrieb in einem persönlichen Brief, er stimme mit Hayek, wenn auch nicht ökonomisch, so doch »moralisch und philosophisch« fast überall überein. Alexander Solschenizyn gratulierte Hayek fast euphorisch zu dieser Aufklärungsschrift.

Seit Hayeks Buch *Der Weg zur Knechtschaft* erschien, hat sich die Welt gewandelt. An eine sozialistische Lenkungswirtschaft glauben selbst die Kubaner nicht mehr – und schon gar nicht die Chinesische Kommunistische Partei.

Für Hayek galt: »Ungleichheit ist nicht nur unvermeidbar, sondern notwendig.« Er sah den Wohlstand als das Ergebnis eines Prozesses, bei dem gerade die Unterschiede der Entlohnung dem Einzelnen zeigen, wo dieser am meisten zum Sozialprodukt beitragen kann. Durch hoheitliche Umverteilung wird dieser Signalapparat aber gelähmt. Die Ideen einer sozialen Gerechtigkeit und eines Wohlfahrtsstaates konnten sich deshalb so weit ausbreiten, weil seit Ende des Zweiten Weltkrieges keynesianische Thesen die Wirtschaftspolitik prägten. Die staatliche Verschuldung war nicht mehr tabu. Die Politiker hatten damit ein Alibi, um bedenkenlos soziale Wahlgeschenke zu verteilen. Mittlerweile aber ist das westliche Model des überschuldeten Wohlfahrts- und Umverteilungsstaates immer mehr ins Wanken geraten. Es wird schließlich enden wie einst der Sozialismus: in der Pleite! Kern des Problems ist die sogenannte »Wählerbestechungsdemokratie«. Dabei geht es um die kollektive Unvernunft von Wählern und Politikern, die sich in verhängnisvoller Weise voneinander abhängig zeigen. Für die Politiker ist das Verteilen auf Pump, die Verschuldung zulasten kommender Generationen, wegen der sofort greifenden Auswirkungen (Wählerstimmen!) über die Maßen verführerisch. Der Wähler, der einerseits die Politiker verachtet, hält andererseits mit seinem Anspruchsverhalten ihnen gegenüber genau jenen Teufelskreis der *Wählerbestechungsdemokratie* in Gang. Der heutige »sozial-sozialistische Wohlfahrtsstaat« (Roland Baader) erzeugt ständig neue »Nester« der Bevormundung und Unfreiheit. Darüber hinaus erheben laufend neue und alte Formen staatlicher Interventionen ihr Haupt – Industriepolitik, Protektionismus, Harmonisierung und Überwachung (wegen angeblicher Terrorbekämpfung), und das oft im Namen von Freiheit, Gerechtigkeit und Fairness. Hayeks Warnungen sind deshalb so aktuell wie einst.

Teil 2

Aktuelle Herausforderungen

GERD HABERMANN

Ein Programm sozialer Destruktion – Vom Marxismus zum Kulturmarxismus

1. Vom Marxismus zum Kulturmarxismus

Der orthodoxe, »wissenschaftliche« Marxismus des Karl Marx und seiner Interpreten ist durch jahrzehntelange theoretische Kritik seit Langem erledigt, er ist so eindeutig wie nur möglich auch durch praktische Erfahrung widerlegt. Jedes marxistisch-sozialistische Experiment ist – unter furchtbaren Opfern an Mensch und Gütern – gescheitert und musste scheitern (Mises, Hayek), zuletzt eindrucksvoll bewiesen durch den Zusammenbruch der Sowjetunion und ihrer Satellitenregime sowie durch den marktwirtschaftlichen Revisionismus Chinas und dessen Erfolge. Kein Hahn kräht mehr ernsthaft nach der Arbeitswertlehre, der Mehrwerttheorie, der Geschichtsmetaphysik (»historischer Materialismus«), nach der Verelendungs- oder Konzentrations- und Krisentheorie. Und auch die kollektivistische »Hordenethik« ist seit Langem theoretisch und praktisch widerlegt (Popper, Österreichische Schule), selbst der philosophische »Materialismus«. Es blieb da kein Stein auf dem anderen.

Geblieben ist die diffuse Sehnsucht nach einer egalitären Harmoniegesellschaft unter dem trügerischen Leitbild einer »sozialen Gerechtigkeit«, getrieben zweifellos auch von Ressentiment und Neid.

Die Arbeiterklasse (Proletarier) schied – bestochen durch die Wohltaten des Kapitalismus – als Träger des Heils aus. Indessen blieb das Bemühen konstruktivistischer Intellektueller, eine egalitäre Utopie neu zu begründen, ungebrochen. Nachdem die ökonomische Basis ihre Schuldigkeit nicht getan hatte, sollen es im Kulturmarxismus – dem kulturellen »Überbau«, dessen Vertreter sich in Schlüsselinstitutionen wie beispielsweise in Wissenschaft, Bildung und Medien verankert haben – die sogenannten »Intellektuellen«

tun, heute oft auch »Experten« genannt. Von dorther soll über den Marsch durch die Institutionen und den »Marsch durch die Begriffe« (Roland Baader), die schöne neue Welt – ohne Wettbewerb, ohne konkurrierende Völker, Kulturen und Religionen, selbst ohne Geschlechtsdifferenzierung (im Neusprech nennt sich das: »Sozialisierung der Familie« und »Gender-Gleichstellung«) – geschaffen werden. Niemand soll durch differenzierende Merkmale »benachteiligt« sein, alle die »gleiche soziale Wertschätzung« genießen, der Obdachlose unter den Brücken wie der erfolgreiche Unternehmer oder Olympiasieger.

Neue Hoffnungsträger sind die angeblichen Opfergruppen wie beispielsweise Frauen, Behinderte, Minderheiten aller Art, selbst sexuelle (wenn auch noch so seltene) Minoritäten. Um dieses Ziel zu erreichen, bedarf es einer Umdeutung der Begriffe und Wertvorstellungen. Es ist diesen Kulturmarxisten nicht nur in Deutschland, sondern im ganzen Westen bereits gelungen, eine große Verwirrung und große Spaltungen herbeizuführen, fast schon eine »kulturelle Hegemonie« (Gramsci) aufzurichten, besonders im Bildungswesen und in den Universitäten. Theoretisch wurde der Kulturmarxismus durch ein Ideengebräu aus französischer Soziologie (Foucault, Derrida), Frankfurter Schule, Psychoanalyse der Freud-Schule und verwegenen sexuellen Theorien (Judith Butler usw.) untermauert. Schauen wir uns die im Sinne von Orwells »Neusprech« umgedeutete Begriffswelt einmal an:

2. Begrifflichkeiten im Neusprech

»Dekonstruktion«: Althergebrachte Begriffe und Institutionen, ja die Sprache selbst wird kritisch hinterfragt nach dahinterstehenden Machtinteressen herrschender Gruppen, zum Beispiel alter weißer Männer. Es gibt keine objektive Wissenschaft mehr, nur interessierte Machtbehauptung auf Kosten von diskriminierten Minoritäten.

»Antidiskriminierung«: Diskriminieren heißt auswählen und unterscheiden und hat seinen liberalen Sinn im öffentlichen Recht: Alle sind unabhängig von Rasse, Geschlecht, Religion usw. vor dem Gesetz gleich und von den Beamten *sine ira et studio* entsprechend gleich zu behandeln. (Gegenteil: gesetzliche Privilegien, positive wie negative.) Dieser Begriff wird nun in die Privatsphäre getragen. Hier indessen ist alles Handeln, also das, was individuelle Freiheit ausmacht, ja ein Auswählen. Jede Handlung ist ein Wahlakt nach persönlichen Präferenzen, der in – wenn auch nur latent vorhandenen – Verträgen zum Ausdruck kommt (Ehepartner, Mitgliedschaften in Religionsgemeinschaften, Vereinen und Verbänden aller Art, Arbeits- oder Mietverhältnisse usw.). Der Zwang, von persönlichen Wertungen abzusehen, hat bereits zu einer großen Verwirrung und allerlei Umgehungen geführt, etwa bei Stellenbesetzungen. Außerdem hat sich das soziale Klima feindselig aufgeheizt, denn in der Privatsphäre ist Wahlhandeln, wie gesagt, immer auch »Diskriminierung«. Die versuchte Unterdrückung von Meinungs- und Vertragsfreiheit ist die unvermeidliche Folge, Heuchelei wird zum Alltag.

»Inklusion«, »Exklusion«, »Ausgrenzung«: Es darf niemand aus der einen großen Gemeinschaft ausgeschlossen werden, alle gehören zu dem einen Kollektiv der Menschheit, und namentlich auch die »sozial benachteiligten« Minoritäten. Indessen ist jede Gruppenbildung mit »Exklusion« verbunden (Staat, Nation, Partei, Religion, Firma, Familie, Fußballclub, selbst jeder Kaninchenzüchterverein »exkludiert« doch die Taubenzüchter). Die Gesellschaft ist in eine Fülle von Gruppen gegliedert, nach dem Prinzip: *wir* und *ihr*. Dagegen anzugehen zerstört das soziale Gewebe einer Gesellschaft, ihren inneren Zusammenhang und Aufbau.

»Political Correctness«: Sprachreinigung nach egalitären Prinzipien, Beseitigung von vermuteten werthaltigen Bezeichnungen zugunsten neutraler Benennungen (beispielsweise Zigeuner, Neger, Indianer, Eskimo, bis hin zu selbst Vater und Mutter [= Elternteil I und II]). Besser auch keine Unterscheidung wie »Volk«, allenfalls »Bevölkerung«.

»Rassismus«: jedes Bekenntnis zu einer Gruppenzugehörigkeit, vollständige Entleerung des Rassebegriffs, entsprechend sexueller, religiöser, nationaler, kultureller Rassismus usw.

»Diversity«: Auflösung von Gruppenidentitäten durch »Buntheit« der Zugehörigkeiten. Keine »Diversity« hinsichtlich der Meinungsvielfalt in diesen Fragen, hier sind vielmehr Intoleranz und Verfolgung angesagt. Toleranz nur gegen Gleichgesinnte.

»Multikulturalismus«: Ablehnung von kulturellen Einheiten mit gemeinsamen Merkmalen (»Westen«, »christliches Abendland«, Kulturkreis ...). Das Ideal der egalisierenden Vermischung.

»Genderideologie«: Das Geschlecht ist nicht biologisch vorgegeben, sondern wird sozial bestimmt, man kann sein Geschlecht frei wählen. Eine Extremform der alten marxistischen Milieutheorie und des Konstruktivismus mit fließendem Übergang zum Lächerlichen.

»Hass«, »Hetze«, »Phobien«: Kritik an fremden Meinungen, Religionen usw. oder Festhalten an gruppenmäßigen Unterscheidungen überhaupt werden als feindseliger Akt aufgefasst, wenn nicht gar als »Krankheit«. Beispielsweise werden Meinungen und Handlungen mit »Fremdenfeindlichkeit« tituliert, wenn es nur um die Achtung oder Bewahrung des Eigenen geht. Dies kann mit Wertschätzung auch des Fremden verbunden sein, zum Beispiel, wenn man gern Deutscher ist und deutsche Traditionen in Sprache, Sitten usw. hochhält, aber dabei doch auch andere Nationen hochschätzen kann. Patriotismus ist bei Liberalen sogar oft mit Kosmopolitismus verbunden, so meinte schon Johann Gottfried Herder: die Wertschätzung des Eigenen wie des Fremden.

»Antifaschismus«, »rechts«: Stalin hatte seinerzeit den präzisen Ausdruck »Nationalsozialismus« durch den eher verharmlosenden Ausdruck »Faschismus« ersetzt, der die übergreifenden totalitären Gemeinsamkeiten aller Sozialismen verbirgt. Für die bürgerlichen Gesellschaften wurde der Ausdruck »Präfaschismus« geprägt. Die Strukturen einer bürgerlichen Gesellschaft sind allemal »rechts«, was zum Zwecke ihrer Diffamierung mit rechtsextrem (also nazistisch) gleichgesetzt wird.

3. Abschließende Gedanken

Der neue Kulturmarxismus ist nicht weniger nihilistisch und kulturzerstörend als sein Vorgänger. Es ist klar, dass mit alldem auch die Gesellschaftsformation des »Kapitalismus« mit seinem Wettbewerb, seinen differenzierten Eigentumsverhältnissen und seiner Arbeitsteilung ein Hauptgegner bleibt, dem man neuerdings auch eine sogenannte Klimakatastrophe und vielleicht auch die Corona-Krise aufs Konto setzen möchte. Das ist ein mächtiger Hebel zum totalitären Ökosozialismus und zum »Seuchensozialismus«.

Ohne Klarheit über die Natur dieses Angriffs auf alle unsere kulturellen Institutionen und im Letzten deren Zerstörung, wird man ihn kaum abwehren können. Er wird zwar so oder so an der Realität scheitern – aber der Preis sollte nicht zu hoch werden.

BERNHARD PICHLER

Warum die EU
dem Freiheitsgeist Europas widerspricht

1. Vorbemerkung

Die Europäische Union will ein historisch einzigartiges und vorbildliches System der Regierungsherrschaft darstellen. Doch mit ihrer Geld-, Steuer- und Subventionspolitik entsteht eine gigantische staatliche Zentralwirtschaft, die sämtliche Lebensbereiche des Bürgers kleinteiligst erfasst und sich bei alledem auch noch zunehmend außerhalb rechtsstaatlicher Maßstäbe bewegt. Der edelste Gedanke Europas, Freiheit und Eigentum des einzelnen Menschen unverbrüchlich zu respektieren, droht verloren zu gehen.

2. Staatenbund oder Bundesstaat

Während eines Vortrags beim Liberalen Club München erklärte Carlos Gebauer:»Die Europäische Union kann als juristische Person auf Dauer keinen Spaß machen, da sie nicht in einem guten Sinne funktionsfähig ist.«[1] Demnach steht seit dem Vertrag von Lissabon, der am 13. Dezember 2007 unterzeichnet wurde und seit dem 1. Dezember 2009 in Kraft getreten ist, die Europäische Union normenhierarchisch über der Verfassung – also über den Grundgesetzen der Mitgliedstaaten.

Dieser Schritt in eine zentralgesteuerte EU, deren Beschlüsse über jenen der Mitglieder stehen, bildet die Basis für die »Vereinigten Staaten von Europa«. Das Ziel, die Europäische Union in die »Vereinigten Staaten von Europa« zu transformieren, wurde von den meisten führenden EU-Politikern bekundet, darunter auch Angela Merkel. Der Journalist und Autor Oliver Janich hat in einer tiefgründigen Recherche zahlreiche Belege dokumentiert, dass dieses Ziel bereits von den Nationalsozialisten angestrebt wurde. Ebenso stellt er anhand zahlreicher Belege dar, dass auch die Kommunisten Pläne für ein vergleichbares Modell mit der Bezeichnung EUdSSR hatten.[2]

Kurzer Einwurf: Dass Nationalsozialisten und Internationalsozialisten (beziehungsweise Kommunisten) ähnliche Ziele verfolgten, ist weder neu noch verwunderlich, schließlich hat ja bereits Hayek die enge Verwandtschaft der beiden Systeme nachgewiesen und die sozialistischen Wurzeln des Nationalsozialismus beschrieben.[3] Eine Tatsache, die für Sozialisten unangenehm ist und von ihnen bis heute gerne verdrängt wird. Womöglich ist das Buch *Der Weg zur Knechtschaft* auch deshalb lange Zeit verboten gewesen.

In der aktuellen Konstellation der EU stellt sich die Frage: Ist die EU nun ein »Staatenbund« oder ein »Bundesstaat«? Beide Begriffe klingen zwar ähnlich, ihre Bedeutung aber ist grundverschieden.

Hier eine sachliche Erklärung der Unterschiede: Ein »Staatenbund ist eine völkerrechtliche Verbindung von Staaten mit einer einheitlichen Verfassung. Im Vergleich zum Bundesstaat handelt es sich um eine eher lose Form eines Zusammenschlusses, bei dem die Mitgliedstaaten sehr selbständig sind.«[4]

Eine etwas verständlichere Beschreibung liefert Carlos Gebauer:

► Ein Staatenbund ist vergleichbar mit einer »nichtehelichen Lebensgemeinschaft«, wo man ein Stück weit miteinander geht, aber jederzeit weiterziehen kann.

► Ein Bundesstaat, insbesondere jener ohne Sezessionsmöglichkeit, schweißt alle zusammen und schiebt alle in ein gemeinsam verknüpftes Schicksal.[5]

Ein Vergleich, der sich ebenso anbietet, ist der Unterschied, ob man in einer Eigentümergemeinschaft oder in einer Kommune wohnt. Beim Wohnen in einer Eigentümergemeinschaft hat jeder seinen eigenen Kühlschrank, im Gegensatz dazu steht in einer Kommune ein Kühlschrank für alle zur Verfügung – hier stellt sich automatisch die Frage: Wer füllt den Kühlschrank, wer leert ihn und wer putzt ihn?[6]

Das Prinzip vom Bundesstaat ist deshalb gefährlich, weil man als Teilstaat schnell überstimmt werden kann. Umso größer der Bundesstaat ist, umso gefährlicher wird es, denn bei knapp 450 Millionen Menschen (Bevölkerungsanzahl in der EU)[7] kann es ganz unterschiedliche Bedürfnisse, Traditionen, Sichtweisen etc. geben. Ein Einheitsprinzip mit einem Vielfaltsprinzip zu vereinbaren, führt aber automatisch zu Konflikten.[8]

3. Solidaritätsprinzip vs. Zentralismus

In der EU hätte eigentlich das Subsidiaritätsprinzip herrschen sollen, oder es war zumindest versprochen worden – auf dieses Versprechen kann man sich aber anscheinend nicht mehr rückbesinnen. Das Subsidiaritätsprinzip bedeutet, dass auf höchster Ebene nur das geregelt wird, was man auf niedrigerer Ebene nicht regeln kann.[9] Juristisch formuliert: »Nach dem Subsidiaritätsprinzip soll eine (staatliche) Aufgabe soweit wie möglich von der unteren Ebene beziehungsweise kleineren Einheit wahrgenommen werden. Die Europäische Gemeinschaft darf nur tätig werden, wenn die Maßnahmen der Mitgliedstaaten nicht ausreichen und wenn die politischen Ziele besser auf der Gemeinschaftsebene erreicht werden können.«[10]

Gebauer beschreibt: »Ihrer ursprünglichen Konzeption gemäß war die EU als dasjenige überstaatliche Konstrukt gedacht, das nur und ausschließlich diejenigen Angelegenheiten besorgen sollte, die sich auf anderer ›niedrigerer‹ organisationshierarchischer Ebene nicht einfacher, sachnäher und besser erledigen ließen.«[11] Mittlerweile dreht sich dieses Prinzip aber, und man will von oben alles nach unten regulieren – es droht der Zentralismus. Die Spitze der Brüsseler Zentralmacht beziehungsweise Herrschaft wird möglicherweise durch CO_2-Strafsteuern und Umverteilung von Sozialsystem-Migranten erzielt.

Der Wunsch nach mehr Zentralismus in der EU wird von Politikern oft mit dem Ruf nach »mehr Europa« zum Ausdruck gebracht. Allerdings wird hierbei übersehen, dass sich Europa nicht auf die EU beschränkt und die EU nicht Europa umfasst. Zum Vergleich: Europa hat 47 Länder,[12] die EU zählt derzeit 27 Mitgliedstaaten. Europa ist eine Fläche die geografisch begrenzt ist –»mehr Europa« würde also im Umkehrschluss zwangsläufig»weniger Afrika« oder »weniger Asien« bedeuten.

4. Was ist Herrschaft?

In seinem Buch untersucht Gebauer die Prinzipien und Elemente von Herrschaft. Er schreibt:»Nur aus dem Kontext dieser Zusammenhänge lässt sich zuletzt erfassen, welches die wesentlichen Funktionsweisen von Herrschaft sind und warum sie im aktuellen Zustand der EU Kritik verdienen.«[13] Nach seiner Definition bedeutet Herrschaft, dass ein Mensch von einem anderen Menschen ein Verhalten, Handeln, Dulden oder Unterlassen verlangen und durchsetzen kann, zu dem dieser, ohne das Verlangen des anderen, nicht bereit wäre.[14]

Diese Definition beschreibt trefflich das System, in dem wir leben, also beispielsweise mit der Androhung von Gewalt Steuern zu erheben. Um eine Herrschaft möglichst gut auszuüben, bedarf es aber der allgemeinen Akzeptanz der Beherrschten. Daher bemühen sich die Herrscher, die Beherrschten durch»Geschenke« zu motivieren. Freilich handelt es sich hierbei nur um Umverteilungen von dem Geld, das man den Menschen zuvor mit Gewalt weggenommen hat. Dieses System kann man auch»Wählerbestechungsdemokratie« nennen.[15]

Es gibt unterschiedliche Mittel der Herrschaft, die sich im Laufe der Geschichte gut bewährt haben:»Herrschaft durch Steuern«, »Herrschaft durch Geldpolitik«,»Herrschaft durch Lenkung des (Akzeptanz-)Denkens« und»Verwirren statt Überzeugen«. Eine entscheidende Rolle spielen auch die Polizei und das Militär als Herrschaftsinstrumente der Gewaltausübung.[16] »Polizisten, die mit Absperrungen, Tränengas, Wasserwerfern, Gummiknüppeln, Handschellen, Schusswaffen oder sonstigem Gerät gegen Bürger vorgehen, haben – gegen unbewaffnete Gegner – alle Chancen, den ihnen aufgetragenen Herrscherwillen faktisch durchzusetzen. Gleiches gilt für Einsätze mit militärischem Gerät. Wer sich solcher Gewalt ausgesetzt sieht und nicht mit entsprechenden Gegenwaffen versehen ist, dessen Wille wird gebrochen. Er wird beherrscht.«[17]

4.1. Herrschaft durch Steuern

Zwar versuchen Herrscher die Beherrschten durch Umverteilung zu bestechen, allerdings verliert irgendwann selbst der letzte Beherrschte die Geduld und wird nervös, und zwar wenn die mit Gewalt durchgesetzten Steuern und Abgaben zu hoch werden. Aber auch in diesen Fällen gibt es bewährte Tricks: die Aufteilung der Abgaben in unterschiedliche Bereiche (beispielsweise Mehrwertsteuer, Einkommensteuer, KFZ-Steuer, CO_2-Abgabe, Tabaksteuer, Vergnügungssteuer, Kapitalertragsteuer (KESt), GEZ-Beitrag usw.). Dadurch verlieren die Beherrschten den Überblick.

Derzeit werden die Steuer- und Abgabenquoten auf mindestens 50–75 Prozent geschätzt. Auch wenn man diese Abgaben zu verschleiern versucht, fällt es den Menschen dann doch hin und wieder auf, dass ihnen das Geld weggenommen wird. Ein noch effizienteres Mittel der Ausübung von Herrschaftsmacht ist ein Zwangsgeldsystem, da die Enteignung dabei noch viel weniger erkennbar ist.

4.2. Herrschaft durch Zwangsgeld

Eines der bekanntesten Zitate über das Geldsystem wird Henry Ford zugeschrieben: »Würden die Menschen verstehen, wie unser Geldsystem funktioniert, hätten wir eine Revolution – und zwar schon morgen früh.«

Ein weiterer, ebenso bekannter Ausspruch soll von Mayer Amschel Rothschild kommen: »Gebt mir die Kontrolle über die Währung einer Nation, und es ist mir gleichgültig, wer die Gesetze macht.«

Es gäbe noch unzählige weitere Zitate über das Geldsystem, die alle darstellen, wie machtvoll eine Herrschaft durch zwangsmonopolisiertes Geld sein kann.

Geld zu drucken ist ein übliches Herrschaftsinstrument, also die Herstellung von »Fiatgeld« aus dem Nichts. Damit kann man Menschen – das heißt Wähler – bestechen, damit sie Dinge tun, die man von ihnen möchte. Durch das selbsterzeugte Geld haben Herrscher den Vorteil, mehr Geld zu haben als alle anderen. Diese Methode geht in der Menschheitsgeschichte weit zurück. Sklaverei und die zentralistische Usurpation der Geldherstellung konnten bereits für die babylonische Epoche nachgewiesen werden.[18]

Was die Menschen nicht verstehen, ist, dass willkürlich gedrucktes Geld wertlos ist. Ursprünglich war ein Geldschein in Wirklichkeit ein Lagerschein für Edelmetalle und konnte dagegen jederzeit eingetauscht werden – das Geld war also wertgedeckt, es hatte einen realen Wert, den man einlösen konnte. Im Gegensatz dazu muss man Geld heute nicht einmal mehr drucken, man kann Buchgeld automatisiert per Mausklick erzeugen, ohne jedwede Werthinterlegung. Und darin sind insbesondere die Notenbanker der Europäischen Zentralbank (EZB) besonders »gut«.

Waren es beim ehemaligen EZB-Chef Mario Draghi noch 60 Milliarden Euro pro Monat[19], so sind es bei seiner Nachfolgerin Christine Lagarde – die 2010 in ihrer Funktion als französische Finanzministerin zugegeben hat, die Europäischen Verträge gebrochen zu haben[20] – bereits 45 Milliarden Euro pro Woche.[21] Das macht bei einer Einwohnerzahl von 450 Millionen Menschen in der EU eine (zusätzliche) Verschuldung von genau 100 Euro aus – wohlgemerkt pro Kopf und pro Woche. Auf einen Monat hochgerechnet ergibt das ca. 436 Euro. Für eine vierköpfige Familie summiert sich der Betrag auf ca. 1743 Euro – und hier sind die Großeltern nicht mitberücksichtigt. Die konkreten Folgen sind, dass die Kaufkraft erodiert – man verliert das Geld, als hätte es jemand einem aus der Tasche gezogen.

Seit dem Vertrag von Lissabon hat die EZB das alleinige Recht, die Ausgabe (Herausgabe) von Geld zu genehmigen.[22] Banknoten werden also von der EZB ausgegeben und (nur) mit deren Genehmigung auch von Nationalbanken. Beispielsweise hat die EZB der griechischen Zentralbank keine Genehmigung erteilt, bei deren Bankenkrise beliebig Geld zu drucken.

Selbiges Ziel strebten auch Karl Marx und Friedrich Engels in ihrem Manifest der Kommunistischen Partei (1848) an: »Zentralisation des Kredits in den Händen des Staats durch eine Nationalbank mit Staatskapital und ausschließlichem Monopol.«[23]

4.3. Herrschaft durch Lenkung des (Akzeptanz-)Denkens

Treffliche Beispiele für Herrschaft durch Lenkung des (Akzeptanz-) Denkens sind politische Maßnahmen zur Bekämpfung des CO_2-Ausstoßes und Zwangsmaßnahmen aufgrund der angeblichen »Corona-Pandemie«. Beide Themen werden in diesem Band in anderen Kapiteln ausführlich behandelt, weshalb eine weiterführende Diskussion an dieser Stelle nicht notwendig ist.

Das Muster hierfür ist jedoch immer gleich und altbewährt: Ein künstliches Problem schüren und so lange in den Medien und durch »Experten« breittreten, bis eine allgemeine Akzeptanz dafür geschaffen wurde. Danach bietet der Herrscher die Lösung an, die immer mit noch mehr Beherrschung verbunden ist. Dementsprechend kann man durch einen Corona-Shutdown eine Zerstörung der Wirtschaft viel effizienter erzielen als durch eine viel langsamere Umsetzung von CO_2-Maßnahmen. In jedem Fall jedoch ist ein Verlust von Freiheit und Wohlstand die Folge.

5. Widersprüchlich formulierte Verträge

In der EU werden die ökonomischen Fliehkräfte immer stärker, da unterschiedliche Volkswirtschaften auch unterschiedliche Energien und somit Ergebnisse freisetzen. Gebauer zieht zum Vergleich das Beispiel eines Wettrennens zwischen einem Pferd und einem Kaninchen heran, zur Verdeutlichung kann man sich auch noch eine Schnecke hinzudenken: Um ein gleiches Ergebnis zu erzielen, kann man nicht die Schnecke oder das Kaninchen beschleunigen, sondern man müsste das Pferd und das Kaninchen bremsen, damit alle gleichzeitig zum Ziel kommen.[24]

Ähnlich ist es bei den Volkswirtschaften in der EU, diese sind von unterschiedlicher Stärke und Geschwindigkeit und streben daher ständig auseinander. Damit sichergestellt wird, dass es hierbei nicht zu gegenseitigen Schulden- und Haftungsansprüchen kommt, heißt es im Vertrag der Arbeitsweise der Europäischen Union (AEUV) Artikel 123 Abs. 1:

»Überziehungs- oder Kreditfazilitäten bei der Europäischen Zentralbank oder den Zentralbanken der Mitgliedstaaten [...] sind ebenso verboten wie der unmittelbare Erwerb von Schuldtiteln von diesen durch die Europäische Zentralbank oder die nationalen Zentralbanken.«[25]

Artikel 125 Abs. 1 AEUV wird noch deutlicher:

»Die Union haftet nicht für die Verbindlichkeiten der Zentralregierungen, der regionalen oder lokalen Gebietskörperschaften oder anderen öffentlich-rechtlichen Körperschaften, sonstiger Einrichtungen des öffentlichen Rechts oder öffentlicher Unternehmen von Mitgliedstaaten und tritt nicht für derartige Verbindlichkeiten ein; dies gilt unbeschadet der gegenseitigen finanziellen Garantien für die gemeinsame Durchführung eines bestimmten Vorhabens. Ein Mitgliedstaat haftet nicht für die Verbindlichkeiten der Zentralregierungen, der regionalen oder lokalen Gebietskörperschaften oder anderen öffentlich-rechtlichen Körperschaften, sonstiger Einrichtungen des öffentlichen Rechts oder öffentlicher Unternehmen eines anderen Mitgliedstaats und tritt nicht für derartige Verbindlichkeiten ein; dies gilt unbeschadet der gegenseitigen finanziellen Garantien für die gemeinsame Durchführung eines bestimmten Vorhabens.«[26]

Doch durch Art. 122 AEUV werden diese Regelungen quasi ausgehebelt, denn gemäß Abs. 1 kann der Rat angemessene solidarische Maßnahmen zwischen den Mitgliedstaaten beschließen oder gemäß Abs. 2 bei Naturkatastrophen und anderen außergewöhnlichen Umständen beschließen, einen finanziellen Beitrag der Union zu gewähren.

So heißt es in Art 122 AEUV Abs. 2:»Ist ein Mitgliedstaat aufgrund von Naturkatastrophen oder außergewöhnlichen Ereignissen, die sich seiner Kontrolle entziehen, von Schwierigkeiten betroffen oder von gravierenden Schwierigkeiten ernstlich bedroht, so kann der Rat auf Vorschlag der Kommission beschließen, dem betreffenden Mitgliedstaat unter bestimmten Bedingungen einen finanziellen Beistand der Union zu gewähren. Der Präsident des Rates unterrichtet das Europäische Parlament über den Beschluss.«[27]

Durch diese unklaren und widersprüchlichen Formulierungen ist einer Rechts- und Umverteilungswillkür Tür und Tor geöffnet, und es können nach Belieben Rettungsschirme beschlossen werden!

Möchte man eine Diktatur errichten, so benötigt man aus juristischer Perspektive im Wesentlichen nur eine einzige Kernvorschrift, die etwa so lauten kann:»Die zuständige Stelle ergreift die erforderlichen Maßnahmen, sofern sie es für geboten hält.«[28]

Eine ähnliche Willkür ist auch in der EU durch Art. 352 AEUV zumindest vorgesehen, hier steht in Abs 1:»Erscheint ein Tätigwerden der Union im Rahmen der in den Verträgen festgelegten Politikbereiche erforderlich, um eines der Ziele der Verträge zu verwirklichen, und sind in den Verträgen die hierfür erforderlichen Befugnisse nicht vorgesehen, so erlässt der Rat einstimmig auf Vorschlag der Kommission und nach Zustimmung des Europäischen Parlaments die geeigneten Vorschriften.«[29]

Obgleich es der EU also nicht möglich ist, Rechtsvorschriften von Mitgliedstaaten zu harmonisieren, eröffnet der genannte Artikel 352 AEUV ihr zumindest die Möglichkeit, sich jede anderweitige Befugnis zu verschaffen, sofern ihr dies – weit über bloße Harmonisierung hinaus – nur irgendwie erforderlich erscheint.[30] Oder anders ausgedrückt, wenn der EU eine Befugnis fehlt, um in Geschehnisse einzugreifen, darf sie sich selbst die Befugnis dazu erteilen.

6. Die EU will sich selbst, ganz Europa und die Welt »retten«

Martin Schulz, ehemaliger Präsident des Europäischen Parlaments und dessen langjähriges Mitglied sowie ehemaliger SPD-Parteivorsitzender, hatte in seiner Amtszeit klar bekundet, wohin es mit der EU (er sagt »Europa«) gehen soll: »Es geht nicht um die Frage, ob wir »mehr Europa« wollen – das ist zu simpel. Wir müssen uns schon die Mühe machen, genauer zu definieren, an welcher Stelle wir mehr Europa wollen. Aus meiner Sicht brauchen wir mehr Europa bei Handels- und Währungsfragen, bei der Wirtschafts- und Finanzpolitik und bei der Umwelt- und Migrationspolitik. Wir werden uns auch Gedanken machen müssen, wie wir die außer Rand und Band geratenen Finanzmärkte wieder bändigen und unsere sozialen Sicherungssysteme im 21. Jahrhundert bewahren können. Auch in der Außenpolitik brauchen wir mehr Europa, wenn unsere Vorstellungen von einer gerechten und friedlichen Welt in der globalen Diskussion gehört werden sollen.«[31]

Noch deutlicher äußern sich der Grünenpolitiker Daniel Cohn-Bendit und der Liberale Guy Verhofstadt in ihrem Manifest für Europa: »Mehr Europa ist nicht nur notwendig, um eine Chance zu haben, den planetaren Problemen auf den Leib zu rücken, sondern auch, um, koste es, was es wolle, unsere Position in der Welt sicherzustellen, unsere Lebensweise zu bewahren, wie unterschiedlich voneinander sie auch sein mögen.«[32]

Abgesehen von dem fatalen und überheblichen Fehler, dass die hier zitierten Politiker – Gleiches trifft aber auf die meisten anderen führenden Politiker zu – die Europäische Union mit Europa verwechseln oder gleichsetzen, wollen sie offensichtlich nicht nur die EU oder Europa (man weiß ja nicht so genau, was gemeint ist), sondern gleich die ganze Welt retten!

Die Bedeutung dieser Zitate muss man sich klar vor Augen führen. Um mit diesem Größenwahn im Gepäck einen zentralistischen Bundesstaat zu errichten – so geben sie es ja selbst zu –, ist ihnen jeder

Preis recht. Fragt sich nur, ob die Welt von solchen Leuten auch gerettet werden möchte.

7. Schlussfolgerung

Rechtsstaatliche Maßstäbe, wie wir sie in einem freien Europa gewohnt sind, sind in der EU außer Kraft gesetzt. Besonders kritisch zu bewerten ist Artikel 352 im Vertrag über die Arbeitsweise der Europäischen Union (AEUV). Dieser besagt, dass die Europäische Union prinzipiell nur das tun darf, was ihr als Kompetenz übertragen ist. Wenn sie aber feststellt, dass es Bereiche gibt, für die sie gerne auch tätig werden würde, um sonstigen Aufgaben aus den Verträgen irgendwie gerecht zu werden, dann kann sie bei den Mitgliedstaaten verbliebene Kompetenzen selbst an sich heranziehen. Eine weitere Befürwortung der Mitgliedstaaten ist nicht mehr notwendig.[33]

Solch eine Heranziehung von Kompetenzen kann nur in eine Richtung gehen und nicht mehr zurück, so wie bei einem Schwarzen Loch: Umso größer es wird, umso gefräßiger wird es. Das ist eine bedenkliche und gefährliche Entwicklung.

Allerdings schließe ich diesen Artikel lieber mit jenen optimistischen Worten, mit denen auch Carlos Gebauer seinen Vortrag am 17. Oktober 2014 beim Hayek-Club Salzburg beendet hat: »Alles wird gut!«

8. Anhang: Kommentierter Auszug aus dem Kommunistischen Manifest

Als Anhang zu diesem Artikel erhalten Sie noch einen kommentierten Auszug aus dem *Manifest der Kommunistischen Partei* nach Marx und Engels. Die 10-Punkte-Maßregeln der Kommunisten werden dabei mit unserer Politik verglichen.

Die Kommentare sind als Kursivtext in eckigen Klammern eingefügt.

Karl Marx und Friedrich Engels schreiben in ihrem *Kommunistischen Manifest* über Maßregeln, die bei Ländern anzuwenden seien:

»Für die fortgeschrittensten Länder werden jedoch die folgenden ziemlich allgemein in Anwendung kommen können:

1. Expropriation des Grundeigentums und Verwendung der Grundrente zu Staatsausgaben. *[Eine direkte Enteignung von Grundeigentum durch den Staat ist in Deutschland oder Österreich derzeit zwar unwahrscheinlich, aber nicht ausgeschlossen. Beispielsweise kann dies wegen Bauvorhaben zur Energiegewinnung oder Schaffung von Transportwege geschehen. Mit Sicherheit gibt es aber Teilenteignungen, etwa durch Steuern wie Liegenschaftssteuer, Grundsteuer, Erbschaftssteuer oder sonstige Gebühren für z. B. die Gemeinde. Zudem kann es zu einer Zwangshypothek an den Staat kommen, also der Staat trägt sich in das Grundbuch von abbezahlten Immobilien ein. Die letzte wurde in Deutschland im Jahr 1948 durchgesetzt und hatte eine Laufzeit von 30 Jahren. Dabei handelte es sich aber nur um die dritte Zwangshypothek innerhalb der letzten 100 Jahre.]*

2. Starke Progressivsteuer. *[Das heißt: Produktive zahlen mehr Steuern, weniger Produktive (Geringverdiener) zahlen weniger Steuern. Diese marxistische Idee ist bei uns Alltag. Allerdings lassen Steuerabzüge und diverse Sonderregelungen hier Tricksereien zu. Diesem Ansatz hält Friedrich A. v. Hayek eine Regelgerechtigkeit entgegen, also Regeln (auch steuerliche Regeln), die für alle gleich sind und keine Bevorzugung oder Benachteiligung Einzelner zulassen.]*

3. Abschaffung des Erbrechts. *[Bei uns immer wieder in Diskussion. Eine Erbschaftssteuer ist in vielen Ländern vorhanden und kann das Erbe wesentlich mindern beziehungsweise den Erbnehmer stark belasten. Hinzu kommen gesetzliche Richtlinien für Erbschaftspflichtanteile etc.]*

4. Konfiskation des Eigentums aller Emigranten und Rebellen. *[»Rebellen« (also von einem Gericht verurteilte Personen) kann das Vermögen und Eigentum auch bei uns entzogen werden. Auswanderung hat*

bisher zwar noch keine Enteignung als Konsequenz, aber es kann bei uns zu Ausreisesperren kommen (Beispiel Corona-Krise) – eine klassische Methode in kommunistischen Ländern.]

5. Zentralisation des Kredits in den Händen des Staats durch eine Nationalbank mit Staatskapital und ausschließlichem Monopol. *[Bei uns gibt es ausschließlich Zentralbanken, diese sind entweder in Staatsbesitz oder ausgelagert an private oder bundesstaatliche Betreiber (beispielsweise FED oder EZB). Früher gab es noch Währungskonkurrenz zwischen den Staaten, und Wechselkursschwankungen konnten die unterschiedlichen volkswirtschaftlichen Leistungen von Ländern ausgleichen. Daraus ergab sich ein Vorteil für »harte« (unverwässerte) Währungen wie die D-Mark. Weiche Währungen konnten Staatshaushalte nicht bedienen. Die betreffenden Länder haben dann in Relation mehr Geld gedruckt als »harte Währungen«. Die sich daraus ergebenden Schwankungen konnte man durch Veränderung der Wechselkurse auffangen. Eine endgültige Fixierung von Währungen verschiedener Volkswirtschaften untereinander und eine Zusammenfassung zu einer Währung muss jetzt durch Transferzahlungen (also Umverteilung von den erfolgreicheren zu den weniger erfolgreichen) gewährleistet werden. Das ist das Gegenteil vom ursprünglichen Ziel der EU, durch Vertragsfreiheit mehr Wohlstand zu gewährleisten.]*

6. Zentralisation des Transportwesens in den Händen des Staats. *[Die meisten, zumindest die wichtigsten Straßen- und Eisenbahnnetze sind in der Hand des Staates (oder Landes). Flughäfen können teilweise privat sein. Durch die Corona-Zwangsverordnungen kann es zu Verstaatlichungen oder Teilverstaatlichungen von Fluglinien kommen.]*

7. Vermehrung der Nationalfabriken, Produktionsinstrumente, Urbarmachung und Verbesserung der Ländereien nach einem gemeinschaftlichen Plan. *[Auch bei uns haben die Staaten die Möglichkeit*

dazu, Raumplanung ist staatliche Kompetenz. Durch zahlreiche Pleiten nach dem »Shutdown« finden Verstaatlichungen vermehrt statt.]

8. Gleicher Arbeitszwang für alle, Errichtung industrieller Armeen, besonders für den Ackerbau. *[In Deutschland hat man vereinzelt Studenten zur Spargelernte herangezogen. Ähnliche Diskussionen sind für Pflegehelfer im Gange. In Österreich gibt es neben dem Wehrdienst auch den Zivildienst.]*

9. Vereinigung des Betriebs von Ackerbau und Industrie, Hinwirken auf die allmähliche Beseitigung des Unterschieds von Stadt und Land. *[In der Landwirtschaft verschwinden auch bei uns immer mehr kleine Betriebe und verlieren ihre Überlebensfähigkeit.]*

10. Öffentliche und unentgeltliche Erziehung aller Kinder. Beseitigung der Fabrikarbeit der Kinder in ihrer heutigen Form. Vereinigung der Erziehung mit der materiellen Produktion usw. *[Die staatliche Erziehung dominiert, Eltern haben immer weniger Zeit für ihre Kinder und geben diese schon im jüngsten Alter in die Kita ab. Privatschulen und -universitäten sind für Normalverdiener kaum noch erschwinglich.]*«[34]

9. Quellenverzeichnis
9.1. Literatur

Cohn-Bendit, Daniel / Verhofstadt, Guy: *Für Europa! Ein Manifest,*
2. Auflage, Carl Hanser Verlag, München 2012.

Escherle, Hans-Jürgen / Kaplaner, Klaus, / Neuburger, Rahild:
Großes Wörterbuch Wirtschaft. Grundwissen von A-Z, Silver Line Compact,
Compact Verlag, München 2005.

Farrell, Joseph P.: *Babylon's Banksters. The Alchemy of deep physics, high finance and ancient religion,* Feral House, Port Townsend WA 2010.

Gebauer, Carlos A.: *Rettet Europa vor der EU. Wie ein Traum an der Gier nach Macht zerbricht,* 1. Auflage, Finanzbuchverlag, München 2015.

Hayek, Friedrich A.: *Der Weg zur Knechtschaft*, 1. Neuauflage, Olzog edition, Lau Verlag, München 2014.

Janich, Oliver: *Die Vereinigten Staaten von Europa. Geheimdokumente enthüllen: Die dunklen Pläne der Elite*, 3. Auflage, Finanzbuchverlag, München 2014.

Pichler, Bernhard / Braunschweig, Christoph / Asanger, Michael: *Wie wir unsere Zukunft verspielen. Die fatalen Illusionen unserer Wohlfahrtsgesellschaft*, ZurZeit-Edition, Band 26, Wien 2017.

Schulz, Martin: *Der gefesselte Riese – Europas letzte Chance*, 3. Auflage, Rowohlt, Berlin 2013.

9.2. Online-Quellen

Bundeszentrale für Politische Bildung: *»Subsidiaritätsprinzip«, https://www.bpb. de/nachschlagen/lexika/pocket-europa/16951/subsidiaritaetsprinzip.*

Gebauer, Carlos A. auf *youtube.com*: »Rettet Europa vor der EU« (Teil 1) Vortrag von Carlos A. Gebauer, Audiomitschnitt der Buchpräsentation und Diskussionsveranstaltung mit Carlos A. Gebauer – Liberaler Club München am 19. Februar 2015. URL: *https://www.youtube.com/watch?v=WyOWIdSMT1c.*

Marx, Karl / Engels, Friedrich: *Manifest der Kommunistischen Partei.* London (1848), online abgerufen in Deutsches Textarchiv, *http://www.deutschestextarchiv.de/book/view/marx_manifestws_1848?p=16.*

Mussler, Werner in *Frankfurter Allgemeine* (FAZ): »Frankreich gesteht Vertragsbruch ein« (23. Dezember 2010), *https://www.faz.net/aktuell/ wirtschaft/konjunktur/euro-rettungsschirm-frankreich-gesteht-vertrags-bruch-ein-1573187.html.*

Siedenbiedel, Christian in *Frankfurter Allgemeine* (FAZ): »Rekord-Anleihekäufe der EZB« (12. Mai 2020), *https://www.faz.net/aktuell/finanzen/nach-urteil-des-bundesverfassungsgerichts-rekordkaeufe-der-ezb-16766533.html.*

Spiegel: »EZB flutet Märkte mit 60 Milliarden Euro pro Monat« (22. Januar 2015), *https://www.spiegel.de/wirtschaft/soziales/europaeische-zentralbank-ezb-rat-beschliesst-kauf-von-staatsanleihen-a-1014387.html.*

Statistisches Bundesamt: Bevölkerung, *https://www.destatis.de/Europa/DE/ Thema/Bevoelkerung-Arbeit-Soziales/Bevoelkerung/_inhalt.html.*

Vertrag über die Arbeitsweise der Europäischen Union (AEUV) Artikel 122, *https://dejure.org/gesetze/AEUV/122.html.*

Vertrag über die Arbeitsweise der Europäischen Union (AEUV) Artikel 352, *https://dejure.org/gesetze/AEUV/352.html.*

Wikipedia: »Liste der Länder Europas«,
https://de.wikipedia.org/wiki/Liste_der_L%C3%A4nder_Europas.
Alle angegebenen Internetadressen wurden am 5. Januar 2021 aufgerufen.

Anmerkungen

1. Carlos A. Gebauer, *https://www.youtube.com/watch?v=WyOWIdSMT1c.*
2. Ausführlicher: Oliver Janich (2014).
3. Vgl. Friedrich A. v. Hayek (2014), S. 210 ff.
4. Hans-Jürgen Escherle, / Klaus Kaplaner / Rahild Neuburger (2005), S. 349.
5. Vgl. Carlos A. Gebauer,
   https://www.youtube.com/watch?v= WyOWIdSMT1c.
6. Ebd.
7. Vgl. Statistisches Bundesamt, *https://www.destatis.de/Europa/DE/Thema/*
   Bevoelkerung-Arbeit-Soziales/Bevoelkerung/_inhalt.html.
8. Vgl. Carlos A. Gebauer, *https://www.youtube.com/watch?v=*
   WyOWIdSMT1c.
9. Vgl. Carlos A. Gebauer (2015), S. 201 ff.
10. Bundeszentrale für Politische Bildung, *https://www.bpb.de/nachschlagen/*
    lexika/pocket-europa/16951/subsidiaritaetsprinzip.
11. Carlos A. Gebauer (2015), S. 201.
12. *Wikipedia:*
    https://de.wikipedia.org/wiki/Liste_der_L%C3%A4nder_Europas.
13. Carlos A. Gebauer (2015), S. 15.
14. Vgl. Carlos A. Gebauer,
    https://www.youtube.com/watch?v= WyOWIdSMT1c.
15. Vgl. Bernhard Pichler / Christoph Braunschweig /
    Michael Asanger (2017), S. 58 ff.
16. Ausführlicher: Carlos A. Gebauer (2015).
17. Carlos A. Gebauer (2015), S. 55.
18. Ausführlicher: Joseph P. Farrell (2010).
19. Vgl. Spiegel, *https://www.spiegel.de/wirtschaft/soziales/europaeische-*
    zentralbank-ezb-rat-beschliesst-kauf-von-staatsanleihen-a-1014387.html.
20. Vgl. Werner Mussler in der FAZ, *https://www.faz.net/aktuell/wirtschaft/*
    konjunktur/euro-rettungsschirm-frankreich-gesteht-vertragsbruch-
    ein-1573187.html.
21. Christian Siedenbiedel in der FAZ, *https://www.faz.net/aktuell/*
    finanzen/nach-urteil-des-bundesverfassungsgerichts-rekordkaeufe-
    der-ezb-16766533.html.
22. vgl. Gebauer, Carlos A. auf youtube.com URL:
    https://www.youtube.com/watch?v=WyOWIdSMT1c

23. Karl Marx / Friedrich Engels (1848), S. 16, online abgerufen in *Deutsches Textarchiv, http://www.deutschestextarchiv.de/book/view/ marx_manifestws_1848?p=16.*

24. Vgl. Carlos A. Gebauer, *https://www.youtube.com/watch?v= WyOWIdSMT1c.*

25. AEUV Artikel 123 Abs. 1 zitiert in Carlos A. Gebauer (2015), S. 143.

26. AEUV Artikel 125 Abs. 1 zitiert in Carlos A. Gebauer (2015), S. 143.

27. Vertrag über die Arbeitsweise der Europäischen Union (AEUV) Artikel 122 Abs. 2, *https://dejure.org/gesetze/AEUV/122.html.*

28. Carlos A. Gebauer (2015), S. 145.

29. Vertrag über die Arbeitsweise der Europäischen Union (AEUV) Artikel 352 Abs. 1, *https://dejure.org/gesetze/AEUV/352.html.*

30. Vgl. Carlos A. Gebauer (2015), S. 140.

31. Martin Schulz (2013), S. 255 ff., zitiert in Carlos A. Gebauer (2015), S. 209 f.

32. Daniel Cohn-Bendit / Guy Verhofstadt (2012), S. 18 f., zitiert in Carlos A. Gebauer (2015), S. 211 f.

33. Vgl. Carlos A. Gebauer, *https://www.youtube.com/watch?v= WyOWIdSMT1c.*

34. Karl Marx / Friedrich Engels: *Manifest der Kommunistischen Partei,* (1848), S. 16, in: Deutsches Textarchiv, *http://www.deutschestextarchiv.de/ book/view/marx_manifestws_1848?p=16.*

GÜNTER DEDIÉ

Public Money – das ultimative Fiatgeld?

1. Vorbemerkung

Geld ist von seiner Entstehung her ein neutrales, konvertibles Tauschmittel für Waren und Dienstleistungen, das den überregionalen Handel möglich gemacht und die Arbeitsteilung gefördert hat. Es war deshalb vor allem ein integraler Bestandteil der Realwirtschaft. Vertrauen in seine Werthaltigkeit und Stabilität waren und sind dafür unabdingbar. Das wurde beispielsweise erreicht durch die Verwendung von Stoffen, die selten und im Gegensatz zu Papiergeld nicht beliebig vermehrbar sind, vor allem Gold beziehungsweise die Deckung der Währung durch Gold. Dadurch sollte das Geld auf »natürliche« Weise in seiner Menge begrenzt und so vor Betrug und Missbrauch geschützt werden.

Die Golddeckung wurde bis 1973 schrittweise aufgegeben. In der Folge diskutieren die Ökonomen anhaltend und kontrovers darüber, wie viel Geld von wem auf welche Weise erzeugt werden sollte beziehungsweise darf. Diese Frage wird uns auch auf den folgenden Seiten beschäftigen. Ein vernünftiger Richtwert stammt beispielsweise von Hans-Werner Sinn: »Zusätzliches Geld nur im Verhältnis zur nominal wachsenden Wirtschaftsleistung.« Die Realität der Geldvermehrung sieht aber ganz anders aus: In den letzten Jahren hat sich das weltweite Geldvolumen enorm aufgebläht, vor allem durch Kredite und die hochfrequenten Spekulationsgeschäfte des internationalen »Finanzkasinos«. Der Geldschöpfungsprozess ist in der EU besonders dramatisch und geht von den Zentralbanken auf Anweisung der EZB aus. Auch die Geschäftsbanken sind daran wesentlich beteiligt.

Seit einiger Zeit wird ein extremer Ansatz zur Geldschöpfung durch autonome Staaten diskutiert: Das *Public Money System* (PMS), auch *Modern Monetary Theory* (MMT) genannt.

Anmerkung: Public Money hat nichts mit *Bitcoins* und wenig mit *Vollgeld* zu tun:

► Bitcoins sind eine bis jetzt »private« digitale Währung, deren Exklusivität durch die digitale *Blockchain-Technik* gewährleistet wird.

► Vollgeld bedeutet: Es gibt keine Geldschöpfung durch die Geschäftsbanken, sondern nur durch die Staatsbank. Geschäftsbanken dürfen dabei auch nicht auf die Einlagen ihrer Kunden zugreifen.

2. Zur Geldschöpfung

Ein autonomer Staat hat die Hoheit über seine Währung und kann sich in unserer Zeit des ungedeckten Geldes, das nur aus bedrucktem Papier oder einer Zahl in einem Computer besteht, die einen Kredit beschreibt, mit zwei unterschiedlichen Methoden Geld beschaffen: Geld erzeugen oder Staatsanleihen verkaufen. Ersteres nennt man auch Fiatgeld, weil es »aus dem Nichts« entsteht, indem die Staatsbank formal Kredite auf Anweisung ihres Staates »erzeugt«. Das so erzeugte Geld wird *Public Money* genannt, es kann im Prinzip ohne Verzinsung und Rückzahlverpflichtung des Staates ausgegeben werden. Die Ausgabe von Public Money hat aber, wie alle größeren Geldmengen, eine Auswirkung auf die Wirtschaft und die Gesellschaft. Staatsanleihen werden dagegen mit einem Zinssatz versehen, damit sie einen Anreiz zum Kauf bieten, und mit der Verpflichtung zur Rückzahlung durch den Staat. Das so beschaffte Geld wird auch *Debt Money* genannt, mit (Staats-)Schulden verbundenes Geld.

Bisher haben sich die Staaten überwiegend Debt Money beschafft. Seit etwa 25 Jahren gewinnen aber die Befürworter des Public Money an Boden, besonders in sozialistisch orientierten Kreisen der Gesellschaft. In Japan soll MMT bereits angewandt werden.[1] Worin besteht der Unterschied zwischen den beiden Geldbeschaffungssystemen, und welche Folgen haben sie für das Finanzsystem, die Realwirtschaft und die Gesellschaft insgesamt?

Public-Money-Staatsschulden sind etwas ganz anderes als private Schulden, denn Public-Money-Staatsschulden sind keine Schulden, sondern nur eine Art Buchführung über das verfügbare Geldvolumen. Für das Public Money gelten im Rahmen des Geldsystems wenige, sehr einfache Regeln:

1. Ein autonomer Staat, der seine eigene Währung hat, kann Fiatgeld erzeugen, um zu investieren, zu kaufen oder Schulden zu bezahlen. Er hat dafür keine Rückzahlungsverpflichtung.

2. Er benötigt dann weder Steuern noch Anleihen oder andere Einkünfte, um seine Ausgaben zu finanzieren.

3. Er beziehungsweise seine Staatsbank muss nur dafür sorgen, dass die Leitzinsen unter der Wachstumsrate des Bruttoinlandsprodukts (BIP) bleiben und die Inflation nicht zu groß wird. Der international übliche »Zielwert« der Inflation beträgt gegenwärtig 2 Prozent, und nicht 0 Prozent, wie man vernünftigerweise erwarten würde.

Es wird behauptet, dass sich die Public-Money-Staatsausgaben selbst finanzieren, da jedem Defizit im Staatssektor automatisch ein Finanzüberschuss im privaten Sektor gegenübersteht. Dabei geht die MMT davon aus, dass die Arbeitnehmer ihr gesamtes Einkommen für den Konsum verbrauchen und nicht sparen. Der Staat soll bei einer Wirtschaftsflaute selbst Public Money in Projekte und staatliche Arbeitsplätze investieren, beispielsweise zur Finanzierung von Infrastrukturprojekten, Umweltprojekten, Sozialkosten und Kriegen. Steuern und verzinste Staatsanleihen sind nur noch Mittel zur Abschöpfung von überschüssigem Geld aus dem Finanzsystem, um eine Inflation zu vermeiden.

Es kommen noch folgende Argumente im Hinblick auf das bisherige Debt Money System hinzu:

▶ Auch im heutigen sogenannten *Teilreservesystem* der Banken werden Kredite allein aufgrund von Sicherheiten und Bonität der Schuldner vergeben – also überwiegend als Fiatgeld, weil die Eigenkapitalquote der Banken sehr gering ist.[2]

▶ Der Interbankenmarkt dient deshalb dazu, einen Zahlungs-
ausgleich zwischen den Banken zu ermöglichen, um die Risiken
des Teilreservesystems abzumildern. Er führt aber zu einer
hochgradigen, ebenfalls riskanten Verflechtung der Banken mit
dem Ergebnis »too big to fail«.[2]

▶ Eine staatliche Haushaltspolitik, die einen ausgeglichenen Staatshaushalt und eine Verringerung der Staatsschulden anstrebt, ist
kein geeignetes Mittel zur Bekämpfung einer Wirtschaftsflaute.

▶ Durch vergleichende Simulationen mit der System-Dynamics-
Methode wurde festgestellt, dass ein Public-Money-Finanzsystem
stabiler ist als ein Debt-Money-Finanzsystem, das heißt weniger
anfällig für Schwankungen des Kreditbedarfs der Banken.[3] Diese
Untersuchungen betreffen aber *allein* das Finanzsystem und berücksichtigen *nicht* die Kopplungen mit der Realwirtschaft und
der Gesellschaft.

3. Beispiele für die Verwendung von Public Money

Eine Geldschöpfung im Sinne des Public Money war während der
Weltkriege in mehreren Staaten üblich, wurde aber danach meist
durch eine Währungsreform rückgängig gemacht. Es gibt aber auch
Beispiele dafür außerhalb von Kriegszeiten.

3.1. Beispiel UdSSR

Die *Gosbank* (Volksbank) war die Staatsbank der Sowjetunion, und
ihre einzige Bank. Sie war ein zentrales Instrument der Finanz- und
Wirtschaftspolitik. In ihren Entscheidungen war die Gosbank beschränkt: Preise und Löhne wurden zentral von der Regierung festgelegt. Die Geldmenge ergab sich als Public Money direkt aus den Vorgaben der staatlichen Planungskommission. Emittent des Geldes war
der Staat. Da in der UdSSR kein unabhängiger Bankensektor existier-
te, gab es keine Gegensteuerung durch Zinsen.

Schon 1922 förderte Lenin dem Parteiprogramm entsprechend
eine *Hyperinflation*. Er verfolgte damit das Ziel der kommunistischen

Lehre, das Geld schrittweise abzuschaffen, indem er alles umlaufende Finanzkapital entwertete. Bis 1961 wurden fünf Währungsreformen durchgeführt und der Rubel jedes Mal um 1:10 oder mehr abgewertet. Es gab zwar bis 1991 eine Golddeckung des Rubel, sie war aber nur von theoretischer Bedeutung.

3.2. Beispiel Japan

Die Staatsschulden von Japan betragen rund 250 Prozent des BIP; mehr als 90 Prozent Staatsschulden gelten volkswirtschaftlich als großes Risiko. Die Inflation bleibt aber beharrlich unter 2 Prozent. Japan lebt seit Jahrzehnten mit den großen Staatsschulden. Es gehört nach wie vor zu den reichsten Ländern der Welt. Die Gründe dafür sind die gute Wettbewerbsfähigkeit seiner Industrie seit den 1960er-Jahren und die hohe industrielle Wertschöpfung, die immer noch knapp 30 Prozent vom BIP beträgt (BRD und Schweiz etwa 26 Prozent, Frankreich 13 Prozent, USA 11 Prozent). Japans Staatsschulden sind zu etwa zwei Dritteln nationale Schulden und nur zu einem Drittel Schulden im Ausland, und Japan hat erhebliche Goldreserven. Im Unterschied zu Deutschland ist Japan weitgehend autonom und selbstbestimmt.

Negativ ist, dass durch die niedrigen Zinsen das Geschäft mit Unternehmensanleihen fragwürdiger Bonität in Japan stark zugenommen hat, denn auch Unternehmen mit schlechter Bonität können Kredite aufnehmen. Dadurch wird mittelfristig die internationale Wettbewerbsfähigkeit Japans beschädigt. Die Finanzinstitute Japans leiden seit Jahren unter den niedrigen Zinsen.

Mit der sogenannten Quantitativen Lockerung (QE; englisch: *Quantitative Easing*) wird die Geldbasis mehrerer Staaten vergrößert. In Japan wurde diese Methode ab März 2001 von der Zentralbank angewandt, in größerem Umfang dann seit der Finanzkrise 2007. Trotz des Ankaufs japanischer Staatsanleihen im Rahmen des QE befindet sich Japan weiterhin am Rande einer Deflation und hat dabei seit Jahrzehnten unter allen OECD-Ländern die höchste Staatsschuldenquote.

3.3. Beispiel Eurozone

Auch in der Eurozone wurde von Januar 2015 bis Ende Dezember 2018 von der EZB in großem Stil eine Quantitative Lockerung eingesetzt. Dabei hat die EZB öffentliche oder auch private Wertpapiere von den Geschäftsbanken als Sicherheiten aufgekauft. Durch diese Käufe wird die Geldbasis der Banken ausgeweitet. Zentralbanken wie die EZB greifen zu dieser Notmaßnahme, wenn die (Leit-)Zinsen bereits bei null Prozent sind und die konventionelle Geldpolitik des Debt Money nicht mehr greift, weil zinslose Anleihen unattraktiv sind. Die Anforderungen an die Bonität der Sicherheiten wurden dabei ständig gesenkt, und die EZB wurde damit zu einer »Bad Bank«. Das Volumen der aufgekauften Staatspapiere inklusive Hypothekenpapiere, Pfandbriefe, Regional- und Firmenbonds hat inzwischen einen Umfang von insgesamt 2600 Milliarden Euro.

Die Quantitative Lockerung ist wegen der ständig reduzierten Bonität der Sicherheiten ein Verfahren auf dem Weg zum Public Money. Im Unterschied zum Public Money müssen die Anleihen jedoch zu den geplanten Fälligkeiten zurückgezahlt werden, außer im Fall eines Schuldenschnitts zulasten der Steuerzahler.

Das *Target2*-Verfahren ist ein weiterer großer Schritt in Richtung Public Money, denn es ermöglicht unbegrenzte, derzeit zinslose Überziehungskredite ohne Rückzahlungsverpflichtung zwischen den Staatsbanken der Euroländer. Target2 erlaubt eine prinzipiell unbegrenzte Finanzierung von Leistungsbilanzdefiziten. Die Target2-Salden dokumentieren die wirtschaftlichen Ungleichgewichte zwischen den Staaten der Eurozone: Wo wird produziert und verkauft? Wo wird konsumiert und gekauft? Der mit Target2 verbundene Verlust realer Vermögenswerte der BRD an das Ausland entspricht der Höhe der Target2-Forderungen der BRD von ca. 950 Milliarden Euro an das Eurosystem (Stand 2018). Im Gegensatz zur Quantitativen Lockerung sind die Target2-Guthaben aber *nicht* mit einer Rückzahlungsverpflichtung verbunden.

4. Debt Money und das Teilreservesystem

Im gegenwärtigen Debt Money System wird die Geldmenge durch die Kreditschöpfung der Staatsbank und der (Geschäfts-)Banken erweitert. Im Euroraum beispielsweise haben die Staatsbanken bisher ca. 2000 Milliarden Euro per Kredit erzeugt, und die Geschäftsbanken ca. 3600 Milliarden (nach Hülsmann [4], Stand 2014). Die Instabilitäten des gegenwärtigen Geldsystems haben ihre Ursache überwiegend in der extrem schwachen Eigenkapitaldecke der Geschäftsbanken: Deutsche Banken hatten bis 2012 nur eine Eigenkapitalquote von 2 Prozent. Das wird als sogenanntes *Teilreservesystem* beschönigt. Bis 2019 sollte die Eigenkapitalquote auf 7 Prozent steigen, bei systemrelevanten Banken wie der Deutschen Bank auf 10,5 Prozent. Das ist immer noch viel zu wenig. Zum Vergleich: In der Realwirtschaft beträgt die Eigenkapitalquote 20–40 Prozent. Die äußerst geringe Eigenkapitalquote ist ein extremes Risiko für die Banken. Sie versuchen das Risiko zwar durch eine Vernetzung untereinander mit Hilfe von sogenannten *Derivaten* zu reduzieren, die aber zur sogenannten Systemrelevanz der vernetzten Banken führt. Letztlich können drohende Insolvenzen nur wegen der »Vollkaskoversicherung« der Banken zulasten des Staats beziehungsweise der Steuerzahler vermieden werden. Das Gute für die Banken ist: Diese Versicherung wird für die Banken gebührenfrei von den Regierungen zur Verfügung gestellt, ohne offiziellen Versicherungsvertrag, aber zu vollen Lasten der Bürger also – unvorteilhafte Zwangsverträge für die Allgemeinheit.

Warum wird gerade durch die Banken eine derart unverantwortliche Schuldenwirtschaft betrieben? Und warum werden sie dabei noch staatlich gefördert und abgesichert? Weil der finanzielle Vorteil für die Banken dabei in der sogenannten »Hebelwirkung« besteht: 90 Prozent ihrer Kreditschöpfung – und damit ihres finanziellen Ergebnisses – werden durch Kredite finanziert, und sie rechnen mit einer Entwertung dieser Kredite durch eine dauerhafte Inflation von 2 Prozent. Das ist ein Grund, warum die EZB ständig eine Inflation von 2 Prozent als Zielwert predigt. Der andere Grund besteht darin, dass auch die Staatsschulden dadurch mit 2 Prozent pro Jahr schrump-fen. (Dass die tatsächliche Inflation, unter der die Bürger leiden, eher bei 6 Prozent liegt, wird durch ständige Veränderungen des *Waren-korbs* vertuscht.)

Eine Alternative zum inhärent instabilen Teilreservesystem wäre, dass die Staatsbank selbst unbegrenzte Mengen an Geld schöpft und die Geschäftsbanken damit als Kreditschöpfer aus dem Verkehr nimmt. Eine Staatsbank ist nicht darauf angewiesen, Gewinne zu er-wirtschaften. Sie kann also zinsfreie Kredite erteilen, und sie kann das Geld sogar verschenken. Haushalte, Unternehmen und Staat könnten sich somit zinsfrei und sogar schuldenfrei finanzieren.[4]

5. Public Money und seine Auswirkungen auf Staat und Gesellschaft

Im folgenden Abschnitt wird die Handhabung von Public Money dargestellt, und es werden dessen Auswirkungen beschrieben.

5.1. Argumente gegen Public Money

Wenn ein Staat im Public Money System Geld braucht, wird dieses durch die Staatsbank »mit ein paar Mausklicks« beschafft. Die Partei-en und die von ihnen bestimmte Regierung haben dadurch das un-eingeschränkte Verfügungsrecht über das Geld: Der Staat – und nicht der Markt – bestimmt, wie viel Geld erzeugt und wofür es ausgege-ben wird. Derartige Gelder sind keine Staatsschulden mit Fälligkeits-terminen, und in der Regel entfällt der Zins. Damit können im Prin-zip staatliche beziehungsweise parteipolitisch motivierte Projekte beliebiger Größe finanziert werden.

Liberale Ökonomen warnen deshalb: Die MMT (Modern Moneta-ry Theory) »dient als akademisches Alibi für eine utopische Politik […] aber je mehr der Staat ausgibt und sich in der Wirtschaft breit-macht, desto geringer wird die volkswirtschaftliche Leistungsfähig-keit«[6] und damit die internationale Wettbewerbsfähigkeit. Denn: »Die Befürworter der modernen Geldtheorie unterschätzen die

Komplexität der modernen Volkswirtschaft. Ihre Anhänger leiden unter dem Übel, das Friedrich A. Hayek die Anmaßung von Wissen nannte.« Die Koordinierung der individuellen Maßnahmen zwischen Verbrauchern und Herstellern in den komplexen Netzwerken der Gesellschaft erfordert offene Märkte, für die die Planung durch Politiker kein adäquater Ersatz ist.[6] Die MMT ist »[...] eine der gefährlichsten wirtschaftlichen Ideen der Gegenwart und möglicherweise noch mehr in der Zukunft«. Sehr interessant ist dabei, dass sogar der linksliberale Ökonom Paul Krugman den Prognosen der MMT nicht traut; er warnt vor der Inflation und dem Wertverlust der Währung. »Anhänger der MMT glauben, der natürliche Zinssatz in einer Welt des Fiatgeldes liege bei null und eine höhere Zinsbindung sei ein Werbegeschenk an die Anlegerklasse.«[5] Die MMT sei »eine perfekte Geldtheorie für Sozialisten« und »ein sehr gutes Instrument für politische Propaganda«, mit dem attraktiven Motto »Wohlstand für alle«[6].

»Massive schuldenfinanzierte Staatsausgabenprogramme funktionieren nur so lange, wie das Vertrauen in den Wert der Währung nicht erschüttert ist. Sobald die Wirtschaftssubjekte auch nur einen leisen Zweifel daran haben, ob ihre Finanzmittel noch werthaltig sind, bricht ein auf Schulden aufgebautes System rasch zusammen. Mit den bekannten Nebenwirkungen: Entwertung des Volksvermögens, Arbeitslosigkeit, Verarmung, Vernichtung von Wohlstand.«[7]

Der »Wohlstand für alle« kann natürlich durch eine Umverteilung per Gesetz vermeintlich erzwungen werden. Die Wirkung ist aber nicht von Dauer: Was langfristig aus einem Staat wird, der diese Möglichkeit missbraucht, haben die Älteren von uns schon am Beispiel der UdSSR (und der übrigen Staaten des Ostblocks) erlebt. Dort haben die Kommunistische Partei und ihr zentral gelenkter Staat ab den 1920er-Jahren das Public Money als Papiergeld erzwungen. Der Preis dafür war eine dauerhaft unzureichende Wettbewerbsfähigkeit, ständiger »Devisenmangel« und »Armut für alle« (mit Ausnahme der Parteikader).

Wenn Public Money in beliebiger Menge zur Verfügung steht, sind Zinsen als Anreiz für Staatsanleihen unnötig. Da der Staat mit seinem Public Money selbst Aufträge vergeben oder selbst Aufgaben übernehmen kann, wenn die Unternehmen keinen Kreditbedarf mehr haben, hat er kein Interesse an Zinsen. In der EU beobachtet man seit Jahren auch den umgekehrten Effekt: Weil die Schulden aller Art in der EU so immens hoch sind, müssen die Zinsen dauerhaft bei null bleiben, weil sie sonst nicht bezahlt werden können. »Inflation [der Verbrauchsgüter], so wie wir sie heute messen, entsteht aktuell nur deshalb nicht, weil alle zusätzlichen Finanzmittel, denen keine realen Güter gegenüberstehen, in den Finanzmarkt fließen. Die Inflation passiert auf der Vermögensseite [Aktien, Immobilien/Mieten], und nicht bei den Gütern des täglichen Bedarfs.«[7]

Je mehr die Regierung selbst investiert, desto weniger tun es die Unternehmen, unter anderem auch deshalb, weil der Staat begrenzte Ressourcen wie Know-how, Arbeitskräfte und Rohstoffe selbst verbraucht oder verteuert. Wie die Erfahrung mit staatlichen Großprojekten und der Qualität ihrer Ergebnisse zeigt, sind Fehlinvestitionen beim Staat häufiger als bei Unternehmen der privaten Wirtschaft. Beispiele: Deutsche Rentenversicherung, Flughafen Berlin-Brandenburg, Pkw-Maut und vieles mehr. Außerdem erlauben unbegrenzte zinsfreie Kredite, dass sogenannte *Zombie-Unternehmen* Ressourcen binden, obwohl sie nicht mehr wettbewerbsfähig sind. Dadurch wird die Wettbewerbsfähigkeit eines Staates insgesamt untergraben.

5.2. Wechselwirkungen mit der Realwirtschaft und der Gesellschaft

Das Finanzsystem allein ist schon ziemlich komplex, sowohl das Debt Money System als auch das Public Money System.[3] Durch die Wechselwirkungen und Rückkopplungen des Finanzsystems mit der Realwirtschaft und der Gesellschaft ist die Komplexität einer Volkswirtschaft nochmals erheblich größer. Das gilt schon für einen einzelnen Staat, erst recht aber im Rahmen der heute üblichen internationalen Verflechtungen.

Bei der Kontrolle des Public Money System, vor allem der Menge des neu erzeugten Public Money, werden *Kenngrößen* benötigt wie die *Inflationsrate*, die *Arbeitslosenquote*, die relative *Armutsquote* usw. Da die Politiker bei uns primär von diversen Ideologien und ihrem Kampf um die Plätze an den parlamentarischen Futtertrögen angetrieben werden, schrecken sie schon jetzt nicht davor zurück, diese und andere Kenngrößen zu manipulieren. Derzeit »nur« wegen ihrer eigenen guten Presse, mit dem Public Money System zusätzlich, um mehr und mehr Geld ausgeben zu können.

Neben ideologisch motivierten Großprojekten, um irgendetwas medienwirksam zu »retten«, könnte man mit Public Money beispielsweise ein *bedingungsloses Grundeinkommen* finanzieren. Das wäre sehr attraktiv für alle, die ihre Zeit nicht mit Arbeit vergeuden wollen oder das falsche Fach studiert haben. Im Kommunismus war Arbeit noch ein positiv besetzter Wert, und die UdSSR konnte als Diktatur Arbeitsverweigerung sanktionieren. In der BRD wird die Arbeitsverweigerung aber allmählich schon wie ein Menschenrecht behandelt. Nirgendwo haben die rot-grünen Sozialromantiker einen so fatalen Einfluss wie in der BRD. Ihre Diskussion um das bedingungslose Grundeinkommen schwächt schon jetzt die Verantwortung vieler Bürger, sich um den eigenen Lebensunterhalt oder um eine angemessene Ausbildung zu bemühen. Sie stärkt das *Anspruchsdenken* gegenüber dem Staat und den Mitbürgern. Warum es uns bisher relativ gut geht und dass sich das auch rasch ändern kann, wird verdrängt.

5.3. Wert der Währung

Die Geldschöpfung eines Staates hat großen Einfluss auf den *Wechselkurs* und damit den Wert und die Kaufkraft einer Währung. Der Wechselkurs ist der Preis einer Währung aus Sicht einer anderen Währung. Der Markt, auf dem sich dieser Preis bildet, ist der *Devisenmarkt*. Dort ergibt sich das Währungsangebot aus der Summe von

Warenexporten, Dienstleistungsexporten und Kapitalimporten. Wenn ein Staat mehr Waren importiert als exportiert, dann erhöht sich die Nachfrage nach ausländischen Währungen (Devisen). Dies führt bei flexiblen Wechselkursen zu einem Preisanstieg für ausländische Währungen, also zu einer Abwertung der heimischen Währung.

Der geänderte Wechselkurs verbessert in einer Rückkopplung die Wettbewerbsfähigkeit des Staates: Seine Produkte können im Ausland billiger werden. Die importierten Waren werden innerhalb des Staates aber teurer. Dadurch sinkt die Kaufkraft der Währung für importierte Waren und damit tendenziell der Wohlstand des Staates. Wenn der Kaufkraftverlust durch Public Money kompensiert wird, sinkt der Preis der Währung und der Zyklus geht weiter, siehe oben.

Entscheidend für den langfristigen Verlauf dieser Entwicklung ist das Verhältnis von *Wertschöpfung* zu Konsum in einem Staat. Public Money kann nur so lange positiv wirken, wie es direkt oder indirekt die Wertschöpfung verbessert. Die wird aber letztlich von den Absatzmöglichkeiten der Produkte begrenzt. Eine Verbesserung der Wertschöpfung erfordert nicht nur kurzfristig Geld als Vorleistung für Investitionen, sondern auch langfristig und geplant als Vorleistung für Innovationen, das richtige Know-how der Bürger, eine geeignete Infrastruktur des Staates sowie die Verfügbarkeit von Rohstoffen für wettbewerbsfähige Produkte und Dienstleistungen. An dieser Stelle entscheidet sich, was der Staat erreichen kann oder auch nicht. Die Gesellschaft lebt nicht vom Geld allein.

5.4. Weitere Auswirkungen eines Public Money System

Das Erfolgsrezept moderner Staaten ist – wie die internationalen Erfahrungen der letzten Jahrzehnte zeigen – nicht die Demokratie, sondern die Unabhängigkeit wertschöpfender mittelständischer und kapitalistischer Unternehmen von staatlichem Dirigismus und den Schmarotzern des spekulativen Finanzsystems. Das Debt Money System sorgt dabei – trotz des heute völlig unzureichenden Eigenkapitals der Banken – für ein gewisses Gleichgewicht zwischen Nachfrage und Angebot aufgrund des mit den Staatsanleihen verbundenen Zinssatzes. Das gilt aber nur dann, wenn der Staat dieses Gleichgewicht nicht durch dirigistische Eingriffe zerstört. Ein extrem negatives Beispiel dafür sind die staatlichen Eingriffe durch die EZB im Euroraum.

Wenn es aufgrund des Public Money System keine Staats-»Schulden« mehr gibt, können die Politiker bedenkenlos noch mehr Geld als bisher für populistische Projekte ausgeben und als Wahlgeschenke verteilen, denn es gibt bereits innerhalb des Finanzmarktes keine kurzfristig wirksame Gegensteuerung mehr. Für die Gesellschaft als Ganze bedeutet das aber die Gefahr eines wachsenden staatlichen Zentralismus, verbunden mit einer neokommunistischen Kultur und der mittelfristigen Entmündigung der Bürger aufgrund ihres – vom Staat geförderten – wachsenden Anspruchsdenkens.

Die anonyme staatliche Solidargemeinschaft ist aber höchst anfällig für Missbrauch, Gesinnungsethik und Korruption. Viele Gründe für Arbeitsunfähigkeit wie Rückenschmerzen und Burn-out-Syndrom sind medizinisch nicht nachweisbar. Deshalb sind die Verantwortlichkeit jedes einzelnen Menschen und die generationenübergreifende Verantwortung der Familie als fundamentale, selbstorganisierte, persönlich haftende Basis einer funktionierenden Solidargemeinschaft unverzichtbar: Die Verantwortung für den Lebensunterhalt der Menschen beginnt mit den Bemühungen der Eltern für einen guten Start und eine gute Erziehung ihrer Kinder und setzt sich fort in der Grundschule, bei der Wahl der am besten geeigneten Fächer in der höheren Schule und an der Uni oder auch mit der Entscheidung für eine handwerkliche Ausbildung. Die BRD hat schon jetzt sehr große Defizite in den MINT-Fächern, was die Anzahl der Absolventen und ihre Qualifikation betrifft, und verliert auch ihre historisch gewachsenen Stärken im Handwerk und im Mittelstand. Sehr stark besuchte Studienfächer wie Sprachen, Politologie, Soziologie, Jura usw. tragen im Beruf wenig zur Wertschöpfung bei, aber umso mehr zum Wuchern von Ideologien und Bürokratie.

6. Zusammenfassung

Ideen wie das Public Money können auch dann sehr wirksam sein, wenn sie zwar falsch sind, aber von einflussreichen Kreisen mit Hilfe der Massenmedien propagiert werden. Dafür gibt es in unserer Zeit mehr als genug Beispiele. Solange sich das nicht ändert, ist das Public Money System eine viel zu große und durch keinerlei Antagonisten[8] beschränkte Versuchung für die Politiker. Public Money würde zu einer weiteren Aufblähung des Finanzvolumens und des Zentralstaats führen, und als Folge davon zu einer weiter abnehmenden Verantwortung der Bürger und einem zunehmenden Anspruchsdenken.

Die Schaffung einer politisch kontrollierten Staatsbank war schon eine zentrale Forderung von Marx und Engels im *Kommunistischen Manifest* von 1848. »Die moderne Geldtheorie ist alter Wein in neuen Schläuchen. Ohne Produktion, Arbeit und Anstrengung reich zu werden, ist ein schöner Traum. Allein durch Geldschöpfung Wohlstand schaffen zu wollen, eine Illusion.«[9]

7. Quellenangaben

1. A. Tashiro: »Japan und die Verlockung die horrenden Schulden einfach wegzudrucken«; *https://www.welt.de/wirtschaft/bilanz/article190846425/Japanischer-Haushalt-Staatsschulden-und-andere-Kleinigkeiten.html.*
2. N. Freitag: »Modern Monetary Theory«, *https://www.exploring-economics.org/de/entdecken/modern-monetary-theory/.*
3. K. Yamaguchi: »On the Monetary and Financial Stability under A Public Money System« *http://www.muratopia.org/Yamaguchi/doc/Monetary%20Stability(AMI).pdf.*
4. J. G. Hülsmann: »Vollgeld?«, *http://www.misesde.org/?p=8863.*
5. P. Coy et al.: »A Beginner's Guide to MMT«, *https://www.bloomberg.com/new-economy-forum.*
6. A. P. Mueller: »Die wirren Versprechen einer ›neuen‹ Geldtheorie«, *https://www.misesde.org/?p=21792.*
7. Chr. Erdmenger, persönliche Mitteilung.
8. G. Dedié: *Gesellschaft ohne Ideologie – eine Utopie?*, tradition, Hamburg 2019.
9. A. Tögel: »Moderne Geldtheorie – Alter Wein in neuen Schläuchen«, *https://www.misesde.org/?p=21950.*

Alle angegebenen Internetadressen wurden am 8. Januar 2021 aufgerufen.

Teil 3

Christliche
Freiheitsperspektiven

JOSEF SPINDELBÖCK

Der Kern des Naturrechts in der Perspektive der katholischen Soziallehre

Dieser Beitrag geht zurück auf einen Vortrag des Autors beim Sommertreffen des Hayek-Clubs Salzburg am 21. Juli 2017. Vgl. mit teilweisen Überschneidungen: Spindelböck (2017).

1. Einführung ins Thema

Aus philosophischer und theologischer Sicht geht es in diesen Ausführungen darum, in grundsätzlicher Weise darüber Klarheit zu vermitteln, welche Bedeutung dem Naturrecht in seinem unveräußerlichen Kern in der Perspektive der katholischen Soziallehre zukommt.

Vorweg ist eine wichtige Unterscheidung angebracht: Nicht dem Begriff »Naturrecht« gilt die primäre Aufmerksamkeit, sondern der damit bezeichneten Wirklichkeit. Nicht einem speziellen Naturrechtskonzept wollen wir uns zuwenden, sondern einem gemeinsamen, geistig-sittlichen Erbe der Menschheit, das auch die katholische Kirche hoch schätzt und in einem unauflöslichen Zusammenhang mit ihrer auf das Evangelium Christi gründenden Lehrverkündigung hervorhebt.

Worum geht es, sozusagen auf den Punkt gebracht? Was ist der Kern des Naturrechts? Für das menschliche Zusammenleben, aber auch für die Sicherung der Rechte der menschlichen Person braucht es ein sittliches und rechtliches Fundament, welches jeglicher Willkür entzogen ist.

Säkulare Konzeptionen berufen sich auf den kategorischen Imperativ im Sinne Kants[1] oder heben die Bedeutung unveräußerlicher Menschenrechte hervor[2]; es gibt auch Bestrebungen, in einer Ethik des Diskurses gewisse Voraussetzungen herauszustellen, die für jeden Teilnehmer dieses Diskurses kraft seiner Befähigung zum Vernunftgebrauch gelten.[3] Ob man sich nun in der Art einer solchen Diskurs-ethik auf ein transzendentalpragmatisches Apriori beruft oder in der Weise Hans Küngs auf ein Weltethos[4]: Das dahinterstehende Anlie-gen einer Sicherung jener Fundamente des Menschseins und des menschlichen Zusammenlebens in universal gültigen sittlichen und rechtlichen Prinzipien entspricht auch dem, was mit der Berufung auf das Naturrecht beziehungsweise in einem weiteren Sinn auf das natürliche Sittengesetz gemeint ist.[5]

Im Kontext sittlicher Verantwortung der menschlichen Personen – und dies in sozialen und institutionellen Zusammenhängen, wozu auch Politik und Wirtschaft zählen – wird auf der Basis des gemein-samen Menschseins, also der gemeinsamen menschlichen »Natur«, in einem vernunftgeleiteten Dialog nach dem gefragt, was alle ver-bindet und worauf alle – gleichsam vorgängig zu positiven menschli-chen Gesetzen – verpflichtet sind. Interessanterweise entspricht die-ser »Kern des Naturrechts« inhaltlich ziemlich genau dem, was dem Volk des Alten Bundes – Israel – in den zehn Geboten durch Mose von Gott mitgeteilt worden war:

> »Die zehn Gebote sind Teil der Offenbarung Gottes. Zugleich leh-ren sie uns die wahre Natur des Menschen. Sie heben seine wesent-lichen Pflichten hervor und damit indirekt auch die Grundrechte, die der Natur der menschlichen Person innewohnen. Der Dekalog enthält einen hervorragenden Ausdruck des natürlichen Sittenge-setzes: ›Von Anfang an hatte Gott die natürlichen Gebote in die Herzen der Menschen gepflanzt. Er begnügte sich zunächst damit, an sie zu erinnern. Das war der Dekalog‹« (Irenäus, hær. 4,15,1).[6]

Dieses Zitat aus dem *Katechismus der Katholischen Kirche* weist hin auf den wesentlichen Zusammenhang zwischen der Erkenntnisord-nung der Vernunft und jener des Glaubens an die göttliche Offenba-rung. Die sittlichen Grundforderungen, die für jeden Menschen und für die Menschheit insgesamt gelten, sind prinzipiell der Vernunft des Menschen einsichtig. Sie gelten deshalb, weil sie der »Natur«, also dem Wesen der menschlichen Person entsprechen. Prinzipiell sind alle Menschen durch den rechten Gebrauch ihrer Vernunft dazu fähig, diese elementaren sittlichen und zugleich rechtlichen Prinzipien zu erkennen. Es handelt sich um kein spezifisch christliches Ethos oder gar um eine katholische Sondermoral[7], sondern es geht um die grundlegende Sicherung dessen, was menschlich ist und der Entfaltung des Menschen dient: um ein Ethos der Humanität!

Freilich wird dies durch die jüdisch-christliche Offenbarung noch vollständiger und sicherer dargelegt und in den Zusammenhang des christlichen Liebesgebotes gestellt. Gerade dort, wo die Pluralität der Weltanschauungen sowie die Inhalte und Ausdrucksformen der verschiedenen Religionen öffentlich zutage treten, geht es um die Ermöglichung und Förderung universaler menschlicher Kommunikation auf der Basis dessen, was alle verbindet: eben der menschlichen Natur.

Ein notgedrungen kurzer und schematischer Durchlauf durch wichtige Etappen der geschichtlichen Erkenntnis des natürlichen Sittengesetzes beziehungsweise des Naturrechts kann dies aufzeigen. Der Überblick führt uns schließlich dorthin, wo wir stehen: in die Gegenwart mit ihren spezifischen Herausforderungen, die einer nicht nur situationsbedingten, sondern im Kern auch universal gültigen Antwort bedürfen.

2. Philosophische Wurzeln der Naturrechtslehre: Aristoteles und die Stoa

Schon Aristoteles (384–322 v. Chr.) hatte ein besonderes oder individuelles Gesetz von einem allgemeinen Gesetz unterschieden, das sich als Gesetz gemäß der Natur präsentiere.[8] Er hielt fest:

»Natürlich ist jenes, das überall die nämliche Geltung hat, unabhängig davon, ob es den Menschen gut scheint oder nicht [...]«[9]

Die Theorie des einen praktischen Naturgesetzes wurde in ihrer Struktur und ihren Elementen wesentlich von Chrysippos (280–207

v. Chr.) geprägt, der mit Zenon von Kition (334–262 v. Chr.) als Begründer der Stoa gilt.

Als tragende Prämissen dieser Theorie gelten: Die Welt besitzt eine vernünftige Ordnung; sie ist auf ein Ziel hin, also teleologisch strukturiert; darin manifestiere sich die göttliche Vernunft. Was uneingeschränkt gut genannt werden kann, sei eben diese göttliche Ordnung. Das Gute für den Menschen bestehe darin, diese Ordnung zu erkennen und sich ihr strebend und handelnd einzufügen. So finde sein Geist die ihm wesenseigene Erfüllung als ein dem Ganzen gleichförmig gewordener Teil; der Mensch als Mikrokosmos entspricht dem Ganzen des Alls, dem Makrokosmos.[10]

Dabei stehen Tugend, Gesetzesgehorsam und Lebensglück in einem unverbrüchlichen Zusammenhang. Die Stoa sieht das Sein und das Sollen – also die faktische und die ideale Ordnung – nicht durch einen unüberbrückbaren Graben getrennt. In dem, was in der Natur vorgängig am Werk ist, bekundet sich ein göttlicher Ordnungswille, dem sich der Mensch zu seinem Glück einfügen soll. Der (kosmische) »Himmel« (das heißt das Universum) wird als Polis (Stadt) im eigentlichen Sinn angesehen, in dem ein einziges, gemeinsames Gesetz herrscht. Das Gesetz der heimischen Polis – also des griechischen Stadtstaates – wird dadurch relativiert und hat nur insofern Legitimität, als es sich am Gesetz jener »Megapolis« der Ordnung des Kosmos orientiert und daran partizipiert.

Durch den römischen Rhetor und Philosophen Marcus Tullius Cicero (106–43 v. Chr.) hat das stoische Prinzip des »gemeinsamen Gesetzes« *(koinós nómos)* Eingang in die politische Theorie und Rechtsphilosophie des Abendlandes gefunden. So hält er fest:

»Das Gesetz ist die höchste Vernunft, die der Natur eingepflanzt ist; es gebietet das, was zu tun ist, und verbietet das Entgegengesetzte.«[11]

In den *Institutiones* des Gaius (2. Jahrhundert n. Chr.) wird diese Einsicht in Beziehung gesetzt zum gemeinsamen Recht aller Völker und zum besonderen Recht des römischen Gemeinwesens, der *»res publica«*:

> »Was aber die natürliche Vernunft unter allen Menschen festlegt, das wird bei allen Völkern in gleicher Weise beobachtet und ›Recht der Völker‹ genannt, da sich dieses Recht alle Völker zunutze machen. Daher macht sich das römische Volk teilweise sein eigenes Recht zunutze, teilweise das gemeinsame Recht aller Menschen.« [12]

Die Stoa vertritt ein Konzept der personalen Würde *(dignitas)*, die sich nicht einer sozialen Rolle und der Anerkennung aufgrund persönlicher Leistungen verdankt, sondern mit der menschlichen Natur als solcher verbunden ist. [13]

3. Naturrechtliche Aspekte im Römerbrief des Apostels Paulus

Überraschenderweise führt uns der geschichtliche Durchgang auch zu Paulus von Tarsus, der im Kontext der Offenbarung Gottes auf das natürliche sittliche Gesetz Bezug nimmt, und zwar unter Zuhilfenahme philosophischer Kategorien vor allem der Stoa:

> »Denn wenn Heiden, die das Gesetz nicht haben, von Natur aus *[physei]* das tun, was im Gesetz gefordert ist, so sind sie, die das Gesetz nicht haben, sich selbst Gesetz. Sie zeigen damit, dass ihnen die Forderung des Gesetzes ins Herz geschrieben ist; ihr Gewissen legt Zeugnis davon ab, ihre Gedanken klagen sich gegenseitig an und verteidigen sich – an jenem Tag, an dem Gott, wie ich es in meinem Evangelium verkündige, das, was im Menschen verborgen ist, durch Jesus Christus richten wird.« [14]

In diesem heilsgeschichtlich verorteten Denken erfolgt eine Transformation der Lehre vom sittlichen Naturgesetz unter Beibehaltung wesentlicher Inhalte: Nicht mehr eine pantheistische Allnatur, sondern der in Schöpfung und Heilsgeschichte handelnde personale Gott ist die Quelle dieses Gesetzes. Die göttliche Vernunft ist nicht unmittelbar präsent, sondern durch das Geschaffene im Sinn einer Ursprungsrelation auf den Schöpfergott hin. Eine zweifache Kundgabe der göttlichen Weisung wird anerkannt: in der teleologisch verfassten natürlichen Ordnung des Geschaffenen sowie in der besonderen geschichtlichen Offenbarung Gottes im Alten und Neuen Bund.[15]

In diesem Zusammenhang bezieht sich Paulus auch auf den Begriff des Gewissens (*»syneidesis«, »conscientia«),* wie er sich unter hellenistischem Einfluss in den Spätschriften des Alten Testaments findet.[16] Dieser Begriff ist stoischen Ursprungs, das Konzept wurde dann freilich im christlichen Sinn modifiziert.[17] Nach Röm 2,12-16 drückt sich im Gewissen die sittliche Urteilskraft der allgemeinen Menschennatur aus. So manifestiert sich im Gewissen über das Erkenntnismittel der eigenen Vernunft das natürliche und letztlich auch das göttliche Gesetz im Menschen. Auf diese Weise werden sowohl Pflichten als auch Rechte erkannt.[18]

4. Die Erkenntnis der *»lex naturalis«* gemäß dem heiligen Thomas von Aquin

Als Leitgedanke für die nähere Analyse seiner Sichtweise dient seine Feststellung:

> »Zum natürlichen Gesetz gehört all das, wozu der Mensch von Natur aus eine Neigung besitzt; unter all diesen Aspekten tritt als das dem Menschen Eigene eben dies hervor, dass er eine Neigung zum Handeln gemäß der Vernunft besitzt.«[19]

Das natürliche Sittengesetz hat nach Thomas von Aquin wesentlich mit der vernunftbegabten Natur des Menschen zu tun. Es ist dem

Menschen wesensgemäß, entsprechend seiner Vernunft und mit ihrem allseitigen Einsatz zu handeln. Hier verbindet sich eine metaphysische Perspektive mit einer auf das praktische Handeln bezogenen Sichtweise, die einem Dualismus von Sein und Sollen entgeht, da die »Natur« des Menschen als Wesensverfasstheit immer schon auch werthafte und ideale Momente in sich trägt.[20] Es widerspricht der Vortrefflichkeit und Würde des Menschseins, wenn er von seiner Vernunft nicht den rechten Gebrauch macht.

Dies bedeutet zugleich, dass die Vernunft des Menschen in ihrer Erkenntnis des natürlichen Sittengesetzes der inhaltlichen Orientierung bedarf. So ist der Mensch auf die vernunftgemäße Ordnung und Bewertung der natürlichen Neigungen (»*inclinationes naturales*«) verwiesen, die er als grundlegende Richtungen seines sinnlichen und geistigen Strebens vorfindet. Nicht diese »natürlichen Neigungen« als solche orientieren das Handeln des Menschen, so als ob die praktische Vernunft des Menschen ein bloßes Ableseorgan wäre[21]; die Gefahren eines Biologismus und Naturalismus gilt es zu vermeiden. Umgekehrt ist die Vernunft auch nicht »autonom« in dem Sinn, als ob sie aus ihrem Eigenen alle relevanten Inhalte des Sittengesetzes bestimmen oder gar kreativ entwickeln könnte. Vielmehr geht es um einen Zielsinn, der von Gott als dem Schöpfer der Natur in ebendiese »Natur« oder Wesensverfasstheit des Menschen eingeschrieben ist[22] und den es mittels der Vernunft zu entdecken und in konkreter Weise jeweils neu anzuwenden gilt.[23]

Dabei kann der Heteronomie-Vorwurf widerlegt werden: Das Sittengesetz ist kein Gesetz »von außen«, sondern steht in Übereinstimmung mit der menschlichen Natur, das heißt, es handelt sich um das »Gesetz des eigenen Seins«[24], das der Mensch mit Hilfe seiner Vernunft wahrnimmt und anerkennt. Allerdings ist es nicht faktisch, sondern normativ. Die Ordnung der natürlichen Neigungen gibt die Ordnung der Gebote des natürlichen sittlichen Gesetzes vor:

»All das, woraufhin der Mensch eine natürliche Neigung besitzt, erfasst die Vernunft natürlicherweise als gut und demnach als in der Tat zu erstreben und das Gegenteil davon als schlecht und zu meiden. Gemäß der Ordnung der natürlichen Neigungen besteht die Ordnung der Gebote des natürlichen sittlichen Gesetzes.«[25]

Entsprechend der Analyse des heiligen Thomas können drei Gruppen solcher »*inclinationes naturales*« unterschieden werden:

▶ Es gibt Neigungen, die sich auf die Selbsterhaltung, auf die Arterhaltung sowie auf das Gemeinschaftsleben und die Wahrheitserkenntnis beziehen. Die elementarste Neigung, die der Mensch mit allen Dingen und Wesen insgesamt teilt, ist das Streben nach Selbsterhaltung. Entsprechend dieser Tendenz gehört zur »*lex naturalis*« alles, was das Leben des Menschen erhält und das Lebensabträgliche verhindert.[26]

▶ Jene natürliche Neigung, die der Mensch in gewisser Weise mit allen Sinnenwesen teilt, ist das Streben nach Vereinigung des Männlichen mit dem Weiblichen zur Zeugung und Erziehung von Nachkommen sowie zur gegenseitigen Hilfeleistung in der Bereitstellung des Lebensnotwendigen. Eine zweite Gruppe naturgesetzlicher »*praecepta*« (Gebote) bezieht sich auf ebendieses Ziel der Arterhaltung.[27]

▶ Die gewichtigste »*inclinatio naturalis*« und die ihr entsprechenden sittlichen Gebote gründen in der Vernunftnatur des Menschen. Dazu gehören der Erkenntnistrieb (hingeordnet auf das Wissen von alltäglich Wichtigem, die Erkenntnis Gottes und die Prinzipien der Weltordnung) und der Sozialtrieb (bezogen auf wesentliche Bestimmungen sprachlich vermittelter Sozialität, wie Wahrhaftigkeit, Gerechtigkeit, Treue etc.).[28] Es handelt sich hier um den Bereich des Gemeinschaftslebens und der Wahrheitserkenntnis insgesamt.

So kann zusammengefasst werden: Die vernünftige Interpretation der »*inclinationes naturales*« in ihrem Ordnungszusammenhang liefert dem Menschen den Inhalt dessen, was zu tun ihm natürlicherweise zukommt:

»Natur als das menschlicher Freiheit Vorausliegende und sie Fundierende orientiert und strukturiert die inhaltlichen Zielsetzungen menschlicher Vernunft.«[29]

Die natürlichen Neigungen geben dem Menschen einen objektiven Ordnungsrahmen menschlicher Ziele und ein Orientierungsmaß menschlichen Handelns vor. Nicht eine leere Vernunftautonomie kann Sittlichkeit begründen, sondern es ist jenes als das Naturgemäße zu fassen, was in der teleologisch verfassten Natur des Menschen seinen Ursprung und sein Ziel findet.[30] Die Erfassung des sittlichen Naturgesetzes geschieht mit Hilfe der Vernunft aus den naturgegebenen Strebungen und Neigungen. Nicht deshalb wird etwas »nachträglich« als gut erklärt, weil ein blinder Naturdrang sich darauf richtet, sondern eben die Vernunft erkennt in den Strebungen der Natur eine vom Schöpfer eingestiftete und vorgegebene Ordnung gemäß dem eigentlichem Zielsinn der »*inclinationes naturales*«.

5. Die Erneuerung und Weiterentwicklung der Naturrechtslehre durch Johannes Messner

Der österreichische Sozialethiker Johannes Messner (1891–1984) geht in Weiterführung der Lehre des heiligen Thomas (»*inclinationes naturales*«) von den existenziellen Zwecken als innerer Erfahrungsgrundlage für das theoretische und angewandte Naturrecht aus. Diesen Zwecken entsprechen gewisse Triebneigungen im Menschen, die sowohl sinnlicher als auch geistiger Natur sein können. Messner fasst die existenziellen Zwecke des Menschseins, welche sowohl Rechte als auch Pflichten begründen, folgendermaßen zusammen und benennt:

▶ »die *Selbsterhaltung* einschließlich der körperlichen Unversehrtheit und der gesellschaftlichen Achtung (persönliche Ehre);

- ▶ die *Selbstvervollkommnung* des Menschen in physischer und geistiger Hinsicht (Persönlichkeitsentfaltung) einschließlich der Ausbildung seiner Fähigkeiten zur Verbesserung seiner Lebensbedingungen sowie der Vorsorge für seine wirtschaftliche Wohlfahrt durch Sicherung des notwendigen Eigentums oder Einkommens;
- ▶ die *Ausweitung der Erfahrung, des Wissens* und der *Aufnahmefähigkeit für die Werte des Schönen;*
- ▶ die *Fortpflanzung* durch Paarung und die *Erziehung* der daraus entspringenden Kinder;
- ▶ die *wohlwollende Anteilnahme* an der geistigen und materiellen Wohlfahrt der Mitmenschen als gleichwertiger menschlicher Wesen;
- ▶ *gesellschaftliche Verbindung* zur Förderung des allgemeinen Nutzens, der in der Sicherung von Frieden und Ordnung sowie in der Ermöglichung des vollmenschlichen Seins für alle Glieder der Gesellschaft in verhältnismäßiger Anteilnahme an der ihr verfügbaren Güterfülle besteht;
- ▶ die *Kenntnis und Verehrung Gottes* und die endgültige Erfüllung der Bestimmung des Menschen durch die *Vereinigung mit ihm.*«[31]

Die »existenziellen Zwecke« bilden das Kriterium der Sittlichkeit sowie der wesentlichen Prinzipien des Rechts. In ihnen ist die sittliche Grundordnung erkennbar, welcher der Mensch als vernünftiges und freies Wesen folgen soll.[32] Die Daseinszwecke liegen nicht naturalistisch, also rein empirisch vor, sondern wirken sittlich auf den Willen ein im Sinne eines Anspruchs, das Gute zu tun: sowohl als Pflicht wie auch als Recht, sie zu befolgen.

Eine formale oder pathetische Berufung auf »Menschenwürde« (so wichtig dieser Begriff und das sachlich mit ihm Gemeinte auch ist) ersetzt nicht das Kriterium der Sittlichkeit. Das primäre Kriterium der Sittlichkeit gibt an, worauf die Menschenwürde beruht und wodurch sie erkannt werden kann. Dieses Kriterium ist nach Auffassung Messners in der seinshaften Natur des Menschen als Kulturwesen zu finden und zeigt sich eben in den existenziellen Zwecken.

Ausgehend von der Erkenntnis der universalen Prinzipien des sittlichen Naturgesetzes und darin eingeschlossen des Naturrechts gilt es, mittels der Vernunft und der Erfahrung weiter ins Konkrete voranzuschreiten. Dabei kommt der Tugend der Klugheit eine besondere Aufgabe und Rolle zu; sie befähigt den Menschen im Gewissen, treffsicher und möglichst punktgenau Entscheidungen gemäß dem in seine Natur eingeschriebenen sittlichen Gesetz zu treffen. Dabei geht es sowohl um die Vermeidung einer abstrakten und ahistorischen Sichtweise, die von der konkreten Situation absieht, als auch um ein Vermeiden jener Gefahren, die mit einer sogenannten Situationsethik verbunden sind, wo sich das Subjekt im Konkreten und Individuellen verliert.[33]

Auch wenn es nicht möglich ist, a priori eine vollständige normative Beschreibung all dessen vorzulegen, was konkret in einer Situation zu tun ist,[34] so gibt es dennoch Handlungen, die immer in sich schlecht sind und deren objektive Qualität nicht von den Umständen und der Intention abhängt; sie sind daher nie zu rechtfertigen und jedenfalls zu unterlassen (*»semper et pro semper«).* Bei Handlungen, die sittlich geboten sind, ist hingegen eine Einbeziehung der konkreten Umstände stets nötig. Sie sind *»semper et non pro semper«* zu verwirklichen.[35]

Nach den Erfahrungen der Unrechtsregime des 20. Jahrhunderts (Nationalsozialismus, Kommunismus, Faschismus) setzte eine Neubesinnung auf die naturrechtlichen Wurzeln der Idee der Menschenwürde und der darauf bezogenen Menschenrechte ein.[36] Insofern im gegenwärtigen Kontext eines schrankenlosen Pluralismus jedoch eine Rückbindung an das Naturrecht verblasst oder gar geleugnet wird, wird auch die Menschenrechtsidee ihres inneren Gehaltes beraubt und der Manipulation von Ideologien oder »pressure groups« ausgesetzt. Dies zeigt sich insbesondere in Fragen des Lebensschutzes und der sexuellen Identität bis hin zur Forderung nach der gesetzlichen Akzeptanz von Abtreibung und Euthanasie sowie gleichgeschlechtlichen »Ehen« als Menschenrechte. So merkte Papst Benedikt XVI. in seiner Ansprache vor der Vollversammlung der Vereinten Nationen am 18. April 2008 an:

»Diese Rechte haben ihre Grundlage im Naturrecht, das in das Herz des Menschen eingeschrieben und in den verschiedenen Kulturen und Zivilisationen gegenwärtig ist. Die Menschenrechte aus diesem Kontext herauszulösen, würde bedeuten, ihre Reichweite zu begrenzen und einer relativistischen Auffassung nachzugeben, für welche die Bedeutung und Interpretation dieser Rechte variieren könnten und derzufolge ihre Universalität im Namen kultureller, politischer, sozialer und sogar religiöser Vorstellungen verneint werden könnte.«[37]

6. Die naturrechtlich verankerten Sozialprinzipien

In der katholischen Soziallehre gibt es einige Fundamentalprinzipien, die naturrechtlich begründet sind. Es geht hier um den Aufweis und die Darstellung von Rechten und Pflichten, welche mit der Natur der menschlichen Person (Personalitätsprinzip), mit den wechselseitigen Beziehungen im sozialen Leben (Solidaritätsprinzip), mit dem Einsatz für das gemeinsame Wohl (Gemeinwohlprinzip) sowie mit der recht verstandenen Hilfe zur Selbsthilfe (Subsidiaritätsprinzip) zu tun haben.

6.1. Das Prinzip der Personalität

Das Prinzip der Personalität besagt, dass der *Mensch als Person »Träger, Schöpfer und Ziel aller gesellschaftlichen Einrichtungen«* sein muss.[38] Das Zweite Vatikanische Konzil hat diese wichtige Aussage aufgenommen und genauer akzentuiert:

»Wurzelgrund nämlich, Träger und Ziel aller gesellschaftlichen Institutionen ist und muss auch sein die menschliche Person, die ja von ihrem Wesen selbst her des gesellschaftlichen Lebens durchaus bedarf.«[39]

Der Mensch ist »Träger« der Gesellschaft in dem Sinn, dass sich auf ihn alles Übrige aufbaut, da die Gesellschaft nur in ihren Gliedern besteht, nämlich in den Personen. Die Person ist »Schöpfer« oder »Wurzelgrund« aller gesellschaftlichen Einrichtungen, da diese von der menschlichen Sozialnatur sowie von der freien Initiative der Personen abzuleiten sind und nicht irgendwelchen anonymen Kräften oder Zufälligkeiten entspringen. Der Mensch ist schließlich »Ziel«, da »die Gesellschaft und alle gesellschaftlichen Gebilde um des Menschen willen da sind.«[40] Der Mensch ist all dies bereits von seinem Wesen her. Seine sittliche Aufgabe besteht nun darin, dass er das auch in freier Weise anerkennt und im gesellschaftlichen Leben verwirklicht, da es nur so zu einer echten Entfaltung und Entwicklung von Person und Gesellschaft kommen kann.

Eine Unterordnung der menschlichen Person unter ein abstraktes Prinzip namens »Gesellschaft« oder unter irgendwelche »Sachzwänge« lässt sich weder mit einer am Naturrecht orientierten philosophischen Konzeption noch mit einer in der christlichen Offenbarung wurzelnden theologischen Anthropologie vereinbaren. So betont das Zweite Vatikanische Konzil, dass die »Ordnung der Dinge« im Dienst der »Ordnung der Personen« stehen müsse und nicht umgekehrt. Dabei spricht es von der

> »erhabenen Würde, die der menschlichen Person zukommt, da sie die ganze Dingwelt überragt und Träger allgemeingültiger sowie unverletzlicher Rechte und Pflichten ist.«[41]

Gesellschaftliche *Strukturen* müssen der Person des Menschen dienen, nicht umgekehrt. Sie sind fortschreitend zu humanisieren. Gegenüber derartigen gesellschaftlichen Ordnungsvorgaben gibt es nicht nur eine *Gehorsamsverantwortung*, sondern auch eine *Gestaltungsverantwortung* (ähnlich wie gegenüber dem Ethos, das die Gesellschaft prägt).

Die *Person ist so sehr Selbstzweck,* dass sie niemals als reines Mittel dienen darf, um irgendein Ziel zu erreichen.[42] Weder das »größtmögliche Glück der größtmöglichen Zahl« (Jeremy Bentham; Utilitarismus) noch ein verheißenes gesellschaftliches Paradies können eine Rechtfertigung dafür sein, irgendeinen Menschen (total) zu instrumentalisieren. Dies widerspricht seiner *Personwürde:* Als Wesen mit Vernunft und freiem Willen, im Gewissen befähigt zu sittlicher Verantwortung, eignet ihm eine nicht aufhebbare und unverrechenbare Würde.

Die *grundlegende sozialethische Einsicht von der Würde der Person* ist prinzipiell allen Menschen mittels ihrer Vernunft zugänglich. Sie verpflichtet unabhängig von Weltanschauung und religiösem Bekenntnis und bildet die Grundlage der universal gültigen Menschenrechte. An ihrer Verwirklichung misst sich die Gerechtigkeit und damit die Legitimität staatlicher Verfassungen und Gesetze.

6.2. Das Prinzip der Solidarität

Das Prinzip der Solidarität, das sich mit dem Gemeinwohlprinzip verbindet, bringt als *ontisches* (oder ontologisches, das heißt seinshaftes) *Prinzip* die naturhafte Hinordnung des Menschen auf personale Gemeinschaft sowie als *ethisches und rechtliches Prinzip* die damit verbundene sittliche Verpflichtung und Aufgabe zum Ausdruck.

Das Solidaritätsprinzip ist *mit dem Prinzip der Personalität verbunden,* insofern Personen nicht nur Rechte besitzen, sondern auch Pflichten. Grundlegend ist dabei die Pflicht, die Person des jeweils anderen anzuerkennen, in ihrer Entfaltung zu fördern und wirksam zu schützen. Es geht um soziale *Kooperation,* deren Ziel es ist, den menschenrechtlichen Status der Person bei allen Angehörigen der menschlichen Spezies wirksam zur Geltung zu bringen.

Solidarität als rechtliches und ethisches Prinzip bedeutet zuerst eine wechselseitige rechtliche Verpflichtung (die Forderung der Solidarität gilt als Rechtspflicht) sowie zweitens die innere Bereitschaft, füreinander einzustehen (die ethische Verwirklichung der Solidarität als Tugend ist eine Liebespflicht). So muss also der institutionell-rechtliche Bereich in einer Ordnung der Solidarität gestaltet werden, aber zugleich geht es auch um die Weckung *solidarischer Gesinnung*. Der Mensch existiert nicht in einer atomistischen Vereinzelung, sondern als Mitmensch, der dem anderen beistehen soll und der selbst auf die Hilfe und Unterstützung des Nächsten angewiesen ist. Der *Katechismus der Katholischen Kirche* stellt fest:

»Dieses ›Gesetz der Solidarität und Liebe‹ versichert uns, dass bei aller reichen Vielfalt der Personen, Kulturen und Völker alle Menschen wahrhaft Brüder und Schwestern sind.«[43]

Eine »*Solidargemeinschaft*« ist eine Gemeinschaft, in der Lasten und Schäden der Einzelnen von allen gemäß ihrer unterschiedlichen Leistungsfähigkeit mitgetragen werden, um so ungerechte Benachteiligungen möglichst zu vermeiden beziehungsweise zu beheben.[44]

Als sittliches Wesen ist der Mensch aufgerufen, die Haltung der Solidarität zu entwickeln, in welcher er die innere Bereitschaft erweckt, einem jeden das Seine zu gewähren und insofern die *soziale Gerechtigkeit zu verwirklichen*. Solidarität darf kein leeres Wort bleiben, sondern muss sich in der Mitarbeit mit anderen sowie in der Hilfeleistung gegenüber dem notleidenden Nächsten auswirken. Johannes Paul II. sieht die »Solidarität« der Menschen als Angelpunkt für eine recht verstandene gesellschaftliche Erneuerung. Solidarität ist nach seiner Überzeugung eine *soziale Tugend*.

Sie »ist nicht ein Gefühl vagen Mitleids oder oberflächlicher Rührung wegen der Leiden so vieler Menschen nah oder fern. Im Gegenteil, sie ist die feste und beständige Entschlossenheit, sich für das ›Gemeinwohl‹ einzusetzen, das heißt, für das Wohl aller und eines jeden, weil wir alle für alle verantwortlich sind.«[45]

In solidarischer Gesinnung wird der Nächste der eigenen Person als ebenbürtig erachtet, was sich in der Form der personalen Begegnung auswirkt. Diese Gesinnung, ja diese Tugend der Solidarität ist eine *praktische Form recht verstandener Nächstenliebe,* die sich wiederum in der *Gottesliebe* zu verankern weiß.

> »Die Liebe ist das größte soziale Gebot. Sie achtet den anderen und dessen Rechte. Sie verlangt gerechtes Handeln, und sie allein macht uns dazu fähig. Sie drängt zu einem Leben der Selbsthingabe: ›Wer sein Leben zu bewahren sucht, wird es verlieren; wer es dagegen verliert, wird es gewinnen‹ (Lk 17,33).«[46]

In den letzten Jahren und Jahrzehnten hat die Kirche wiederholt auf die Notwendigkeit einer *solidarischen Entwicklung der ganzen Menschheit* hingewiesen. So hat das Zweite Vatikanische Konzil an die »schwere Verpflichtung der hochentwickelten Länder« erinnert, »den aufstrebenden Völkern zu helfen«.[47] Dieser gegenseitige Austausch darf nicht nur die materielle Dimension beinhalten, sondern umfasst auch die kulturelle Ebene und muss von der Liebe geleitet werden. Nur so kann eine echte Gemeinschaft unter den Menschen und Völkern begründet werden. Dies allein ist die humane und christliche Antwort auf jene vielschichtigen Vorgänge, die mit dem Schlagwort der »Globalisierung« bedacht werden.

Zunehmend wird – im Zusammenhang einer Hervorhebung des Prinzips der Nachhaltigkeit – auch von einer *intergenerationellen Solidarität* gesprochen. So Papst Benedikt XVI. und auch Papst Franziskus:

> »Die Projekte für eine ganzheitliche menschliche Entwicklung dürfen daher die nachfolgenden Generationen nicht ignorieren, sondern müssen zur Solidarität und Gerechtigkeit zwischen den Generationen bereit sein, indem sie den vielfältigen Bereichen –

dem ökologischen, juristischen, ökonomischen, politischen und kulturellen – Rechnung tragen.«[48]

»Ohne eine Solidarität zwischen den Generationen kann von nachhaltiger Entwicklung keine Rede mehr sein. Wenn wir an die Situation denken, in der der Planet den kommenden Generationen hinterlassen wird, treten wir in eine andere Logik ein, in die des freien Geschenks, das wir empfangen und weitergeben. Wenn die Erde uns geschenkt ist, dann können wir nicht mehr von einem utilitaristischen Kriterium der Effizienz und der Produktivität für den individuellen Nutzen her denken. Wir reden hier nicht von einer optionalen Haltung, sondern von einer grundlegenden Frage der Gerechtigkeit, da die Erde, die wir empfangen haben, auch jenen gehört, die erst noch kommen.«[49]

6.3. Das Gemeinwohlprinzip

Das Gemeinwohlprinzip ist unerlässlich für den Bestand von Ehe und Familie, von anderen gesellschaftlichen Gruppen und Gemeinschaften, von Staat und Gesellschaft insgesamt. Gesellschaftliche Einheiten bedürfen, wenn sie nicht nur auf Furcht und Zwang begründet sind, einer gemeinsamen Bezugsgröße, einer gemeinsamen Wertebasis, einer für alle verbindlichen Zielvorgabe sittlicher und rechtlicher Natur. Dies heißt im Umkehrschluss nicht, dass das partikuläre Wohl beziehungsweise individuelle und partikuläre Interessen keine Beachtung finden. Ein recht verstandenes Gemeinwohl zeichnet sich dadurch aus, die legitimen Interessen der Einzelnen und der Gruppen so zu integrieren, dass ein Ausgleich dieser Interessen auf einer Basis der Gerechtigkeit möglich ist und immer wieder neu angezielt wird, und zwar zum Wohl der Einzelnen, der gesellschaftlichen Gruppen und des gesellschaftlichen Ganzen insgesamt.

Nach *Aristoteles* entspricht das politische Gut dem, was gerecht ist, und dieses sei das dem Gemeinsamen zuträgliche Gut.[50] Davon kommt auch die in der Scholastik vor allem bei Thomas von Aquin verwendete Bezeichnung *»bonum commune«* (das gemeinsame Gut).

Das Gemeinwohl ist einerseits ein ethischer *(Selbst-)*Wert, andererseits besitzt es (als *Dienstwert*) eine bestimmte, konkrete Gestalt in der Handlungsordnung.

Das Gemeinwohl muss primär als *Selbstwert* konzipiert werden, wobei es nicht an die Stelle der handelnden Personen tritt, sondern ebendiese in ihrer grundlegenden sozialen Bezogenheit mit all ihren Rechten und Pflichten in sich einschließt. Im *Katechismus der Katholischen Kirche* werden als wesentliche Elemente des Gemeinwohls angeführt:

> »die Achtung und Förderung der Grundrechte der Person; das Gedeihen oder die Entfaltung der geistigen und zeitlichen Güter der Gesellschaft; der Friede und die Sicherheit der Gruppe und ihrer Glieder.«[51]

Das *Gemeinwohl als Selbstwert* wird auch als Gemeingut oder als das den vergesellschafteten Personen gemeinsame Wohl bezeichnet[52], während das Gemeinwohl als Dienstwert die rechte organisatorische Verfasstheit einer sozialen Institution im Hinblick auf ihr Gemeingut beschreibt (Walter Kerber).

In seiner instrumentellen Form umfasst das Gemeinwohl in sich die Summe all jener gesellschaftlichen Bedingungen, die nötig sind, damit sich die Person und die ihr entsprechenden Gemeinschaften in angemessener Weise entfalten und verwirklichen können.[53] Das Gemeinwohl ist – so verstanden – ein *Dienstwert,* da es die Entfaltung des personalen Eigenstandes und Miteinanders fördern soll. Weit davon entfernt, die Person zu ersetzen, möchte es diese gerade anerkennen und fördern. Johannes Messner betont, dass das Gemeinwohl nur insofern wirklich ist, als es sich im Einzelwohl auswirkt:

»Die einzelmenschlichen existenziellen Zwecke können unabhängig vom Gemeinwohl nicht erreicht werden, weshalb dieses eben das ›allgemeine‹ Wohl und daher im Verhältnis zum Einzelwohl das höhere Rechtsgut darstellt.«[54]

Die gute Verfasstheit des Zusammenlebens in Recht und Gerechtigkeit hat Vorrang vor rangniedrigeren Gütern und Werten. Das Gemeinwohl steht über dem individualistisch konzipierten Eigenwohl. Das recht verstandene Gemeinwohl sichert zugleich das wahre Wohl der Person, wie auch umgekehrt dieses nie im Widerspruch zum Gemeinwohl stehen kann:

»Ferner muss besonderer Wert auf das Gemeinwohl gelegt werden. Jemanden lieben heißt sein Wohl im Auge haben und sich wirkungsvoll dafür einsetzen. Neben dem individuellen Wohl gibt es eines, das an das Leben der Menschen in Gesellschaft gebunden ist: das Gemeinwohl. Es ist das Wohl jenes ›Wir alle‹, das aus einzelnen, Familien und kleineren Gruppen gebildet wird, die sich zu einer sozialen Gemeinschaft zusammenschließen. Es ist nicht ein für sich selbst gesuchtes Wohl, sondern für die Menschen, die zu der sozialen Gemeinschaft gehören und nur in ihr wirklich und wirkungsvoller ihr Wohl erlangen können. Das Gemeinwohl wünschen und sich dafür verwenden ist ein Erfordernis von Gerechtigkeit und Liebe. Sich für das Gemeinwohl einzusetzen bedeutet, die Gesamtheit der Institutionen, die das soziale Leben rechtlich, zivil, politisch und kulturell strukturieren, einerseits zu schützen und andererseits sich ihrer zu bedienen, so dass auf diese Weise die Polis, die Stadt, Gestalt gewinnt. Man liebt den Nächsten umso wirkungsvoller, je mehr man sich für ein gemeinsames Gut einsetzt, das auch seinen realen Bedürfnissen entspricht.«[55]

Gesellschaftliches Zusammenwirken ist kein Nullsummenspiel, bei dem der eine nur das gewinnen kann, was der andere verliert, sondern bringt auf einer qualitativ höheren Ebene für alle Beteiligten gewisse Vorteile, wenn auch in unterschiedlichem Umfang.[56]

Die konkrete Regelung des Zusammenspiels von Gemeinwohl und Eigeninteresse im politischen und gesellschaftlichen Prozess ist nach Werthöhe und Wertdringlichkeit zu bestimmen. Bei der Werthöhe geht es um die absolute und relative Qualität der Werte: Personale Werte haben Vorrang vor bloß vitalen Werten, diese wiederum vor Sachwerten. Die Wertdringlichkeit betrifft den zeitlichen Aspekt der Wertverwirklichung. Hier gilt das Sprichwort: *»Primum vivere, deinde philosophare.«* [57]

Auf diese Weise ist das Gemeinwohlprinzip *keine inhaltsleere, rein funktionale oder prozedurale Formel,* sondern es erweist sich als *Sachprinzip,* dessen grundlegender Inhalt zwar feststeht, der aber in der Dynamik seiner konkreten Ausformung und Verwirklichung in Dialog und partnerschaftlicher Auseinandersetzung aller gesellschaftlich relevanten Personen und ihrer Gruppen stets neu erhoben werden muss.

6.4. Das Subsidiaritätsprinzip

Das Prinzip der Subsidiarität setzt die *Eigenleistung* der Person und der einzelnen Gemeinschaften voraus, ja respektiert und fördert sie. Es verlangt und rechtfertigt aber im Namen des Gemeinwohls eine *Hilfestellung* vonseiten einer übergeordneten Gemeinschaft oder einer Person mit größerer Kompetenz, entsprechend deren Fähigkeiten und Mitteln, wenn wirkliche Not oder Unfähigkeit zur Bewältigung einer Situation vorliegt.

In seiner klassischen Formulierung durch Papst Pius XI. in der Enzyklika *Quadragesimo anno* des Jahres 1931 lautet das Subsidiaritätsprinzip:

»Wie dasjenige, was der Einzelmensch aus eigener Initiative und mit seinen eigenen Kräften leisten kann, ihm nicht entzogen und der Gesellschaftstätigkeit zugewiesen werden darf, so verstößt es gegen die Gerechtigkeit, das, was die kleineren und untergeordneten Gemeinwesen leisten und zum guten Ende führen können, für die weitere und übergeordnete Gemeinschaft in Anspruch zu nehmen; zugleich ist es überaus nachteilig und verwirrt die ganze Gesellschaftsordnung. Jedwede Gesellschaftstätigkeit ist ja ihrem Wesen und Begriff nach subsidiär; sie soll die Glieder des Sozialkörpers unterstützen, darf sie aber niemals zerschlagen oder aufsaugen.«[58]

Johannes Paul II. hat das Subsidiaritätsprinzip in der Enzyklika *Centesimus annus* so formuliert:

»Eine übergeordnete Gesellschaft darf nicht in das innere Leben einer untergeordneten Gesellschaft dadurch eingreifen, dass sie diese ihrer Kompetenzen beraubt. Sie soll sie im Notfall unterstützen und ihr dazu helfen, ihr eigenes Handeln mit dem der anderen gesellschaftlichen Kräfte im Hinblick auf das Gemeinwohl abzustimmen.«[59]

Das Subsidiaritätsprinzip ist ein *Begrenzungsgesetz* hinsichtlich jeder Gesellschaftstätigkeit: Es besagt,

»dass diese nur Hilfe zu sein hat, soweit die Eigenkräfte der Gesellschaftsglieder nicht ausreichen für die Erfüllung jener Aufgaben.«[60]

Damit ist eine Absage an zentralistisch bevormundende Konfliktregelung verbunden, insofern diese die Eigentätigkeit und Selbstverantwortung der Personen und kleineren sozialen Gemeinschaften auszuschalten droht. Umgekehrt legitimiert das Subsidiaritätsprinzip dort einen *Eingriff im Sinn echter Hilfeleistung,* wo jemand nicht in der Lage ist, aus eigenen Kräften wichtige Aufgaben zu erfüllen. Derartige Eingriffe müssen im Sinn der Subsidiarität in einer Weise geschehen, die diesen unterstützenden Eingriff selbst möglichst rasch überflüssig macht.

Beispielsweise kann der *Staat* durch seine Organe, wie das Jugendamt, subsidiär tätig werden, wenn infolge desolater Familienverhältnisse eine Versorgung und Erziehung der Kinder nicht gewährleistet werden kann. Gegen dieses Prinzip verstößt aber eine totalisierende Anmaßung des Staates, der sich ein Erziehungs- oder Bildungsmonopol zuschreibt und die Verantwortung der Eltern und der Träger nichtstaatlicher Bildungs- und Erziehungseinrichtungen grundsätzlich ausschalten möchte.

Die Erklärung des Zweiten Vatikanischen Konzils über die christliche Erziehung *Gravissimum educationis* verweist auf das Subsidiaritätsprinzip:

> Der Staat »hat die Pflichten und Rechte der Eltern und all derer, die an der Erziehungsaufgabe teilhaben, zu schützen und ihnen Hilfe zu leisten, und wenn die Initiativen der Eltern und anderer Gemeinschaften nicht genügen, kommt dem Subsidiaritätsprinzip entsprechend dem Staat die Pflicht zu, die Erziehung in die Hand zu nehmen, immer aber unter Beachtung des elterlichen Willens.«[61]

Das Subsidiaritätsprinzip ist wie das Gemeinwohlprinzip nicht nur formaler Natur, sondern inhaltsbestimmt. Es weist den Einzelnen und ihren Gemeinschaften, den gesellschaftlichen Gruppen sowie dem Staat sachlich ganz bestimmte Zuständigkeiten, Verantwortlichkeiten und Rechte zu. Johannes Messner formuliert, in der Anwendung des Subsidiaritätsprinzips auf die Beziehungen gegenüber dem Staat:

> »So viel Eigenverantwortung als möglich, so viel Staatsbeanspruchung als notwendig.«[62]

Der Staat delegiert nicht einfach Aufgaben an Personen und Verbände, so als ob diese ursprünglich ihm zukommen würden. Er respektiert vielmehr das Eigenrecht und die Eigentätigkeit der Individuen und ihrer gesellschaftlichen Gruppen, die ihnen unabhängig von einer Anerkennung durch den Staat prinzipiell zusteht.

Das ist ein Anliegen, welches die katholische Soziallehre im Bereich der Wirtschaft in grundlegender Weise auch mit Friedrich August von Hayek (1899–1992) teilt. Hier aber müssen diese Ausführungen enden, denn die Diskussion wirtschaftsethischer Aspekte im Licht der katholischen Soziallehre wäre wiederum ein eigener Bereich, der mit großen und spannenden Herausforderungen verbunden ist und insofern lohnend wäre.

7. Verzeichnisse

7.1. Quellen

Aristoteles: *Nikomachische Ethik,* auf der Grundlage der Übersetzung von Eugen Rolfes herausgegeben von Günther Bien, Hamburg 1985.

Aristoteles: *Rhetorik,* übersetzt und herausgegeben von Gernot Krapinger, Stuttgart 2019.

Aristoteles: *Politik,* übersetzt und herausgegeben von Olof Gigon, München 1973.

Die Bibel, Einheitsübersetzung der Heiligen Schrift, Stuttgart 2016.

Benedikt XVI.: Ansprache vor der Vollversammlung der Vereinten Nationen, 18. April 2008, *http://www.vatican.va/content/benedict-xvi/de/speeches/2008/april/documents/hf_ben-xvi_spe_20080418_un-visit.html.*

Benedikt XVI.: Enzyklika *Caritas in veritate* über die ganzheitliche Entwicklung des Menschen in der Liebe und in der Wahrheit, 29. Juni 2009, *http://www.vatican.va/content/benedict-xvi/de/encyclicals/documents/hf_ben-xvi_enc_20090629_caritas-in-veritate.html.*

Franziskus: Apostolisches Schreiben *Evangelii gaudium* über die Verkündigung des Evangeliums in der Welt von heute, 24. November 2013, *http://www.vatican.va/content/francesco/de/apost_exhortations/documents/papa-francesco_esortazione-ap_20131124_evangelii-gaudium.html.*

Franziskus: Enzyklika *Laudato si'* über die Sorge für das gemeinsame Haus, 24. Mai 2015, *http://www.vatican.va/content/francesco/de/encyclicals/documents/papa-francesco_20150524_enciclica-laudato-si.html.*

Gaius: *Institutiones,* lateinisch und deutsch, herausgegeben, übersetzt und kommentiert von Ulrich Manthe, Darmstadt 2004.

Internationale Theologische Kommission: *Auf der Suche nach einer universalen Ethik*, Vatikan 2009, *http://www.vatican.va/roman_curia/congregations/cfaith/cti_documents/rc_con_cfaith_doc_20090520_legge-naturale_ge.html*.

Johannes XXIII.: Enzyklika *Mater et Magistra* über die jüngsten Entwicklungen des gesellschaftlichen Lebens und seine Gestaltung im Licht der christlichen Lehre, 15. Mai 1961, *http://www.vatican.va/content/john-xxiii/de/encyclicals/documents/hf_j-xxiii_enc_15051961_mater.html*.

Johannes Paul II.: Enzyklika *Sollicitudo rei socialis* zwanzig Jahre nach der Enzyklika Populorum progressio, 30. Dezember 1987, *http://www.vatican.va/content/john-paul-ii/de/encyclicals/documents/hf_jp-ii_enc_30121987_sollicitudo-rei-socialis.html*.

Johannes Paul II.: Enzyklika *Veritatis splendor* über einige grundlegende Fragen der kirchlichen Morallehre, 6. August 1993, *http://www.vatican.va/content/john-paul-ii/de/encyclicals/documents/hf_jp-ii_enc_06081993_veritatis-splendor.html*.

Johannes Paul II.: Enzyklika *Centesimus annus* zum hundertsten Jahrestag von »Rerum novarum«, 1. Mai 1991, *http://www.vatican.va/content/john-paul-ii/de/encyclicals/documents/hf_jp-ii_enc_01051991_centesimus-annus.html*.

Kant, Immanuel: »Grundlegung zur Metaphysik der Sitten«, in: *Werke*, Bd. 7, Frankfurt am Main 1977, *http://www.zeno.org/Philosophie/M/Kant,+Immanuel/Grundlegung+zur+Metaphysik+der+Sitten*.

Katechismus der Katholischen Kirche (= KKK), Vollständiger Text der Neuübersetzung aufgrund der *editio typica Latina*, Vatikan, München 2019.

Marcus Tullius Cicero: *De legibus*, *https://www.thelatinlibrary.com/cicero/leg.shtml*.

Marcus Tullius Cicero: *De officiis*, *https://www.thelatinlibrary.com/cicero/off.shtml*.

Päpstlicher Rat für Gerechtigkeit und Frieden, Kompendium der Soziallehre der Kirche, Freiburg 2006, *https://www.iupax.at/pages/iustitiaetpax/soziallehre/kompendium*.

Pius XI.: Enzyklika *Quadragesimo anno* über die gesellschaftliche Ordnung, ihre Wiederherstellung und ihre Vollendung nach dem Heilsplan der Frohbotschaft zum 40. Jahrestag des Rundschreibens Leos XIII. *Rerum novarum*, 15. Mai 1931, *https://homepage.univie.ac.at/christian.sitte/PAkrems/zerbs/volkswirtschaft_I/beispiele/wio_b07.html*.

Thomas von Aquin: *Summa theologica* (= STh), *https://www.corpusthomisticum.org/iopera.html*.

Thomas von Aquin: *Summa contra gentiles* (= ScG), *https://www.corpusthomisticum.org/iopera.html*.

Vereinte Nationen, Allgemeine Erklärung der Menschenrechte, 10. Dezember 1948, *http://www.ohchr.org/en/udhr/pages/Language.aspx?LangID=ger.*

Zweites Vatikanisches Konzil, Dekret über die christliche Erziehung *Gravissimum educationis* (= GE), 28. Oktober 1965, *http://www.vatican.va/archive/hist_councils/ii_vatican_council/documents/ vat-ii_decl_19651028_gravissimum-educationis_ge.html.*

Zweites Vatikanisches Konzil, Pastorale Konstitution über die Kirche in der Welt von heute *Gaudium et spes* (= GS), 7. Dezember 1965, *http://www.vatican.va/archive/hist_councils/ii_vatican_council/documents/ vat-ii_const_19651207_gaudium-et-spes_ge.html.*

7.2. Literatur

Apel, Karl-Otto: *Diskurs und Verantwortung,* Frankfurt 1988.

Balz, Horst / Schneider, Gerhard (Hrsg.): *Exegetisches Wörterbuch zum Neuen Testament,* 3 Bände, Stuttgart 1992[2].

Forschner, Maximilian: *Über das Handeln im Einklang mit der Natur. Grundlagen ethischer Verständigung,* Darmstadt 1998.

Fritz, Alexis: *Der naturalistische Fehlschluss. Das Ende eines Knock-Out-Arguments,* Freiburg/Schweiz 2009.

Habermas, Jürgen: *Erläuterungen zur Diskursethik,* Frankfurt 1991.

Honnefelder, Ludger: *Im Spannungsfeld von Ethik und Religion,* Berlin 2014.

Küng, Hans: *Projekt Weltethos,* München/Zürich 1999[5].

Küng, Hans / Kuschel, Karl-Josef (Hrsg.): *Erklärung zum Weltethos. Die Deklaration des Parlamentes der Weltreligionen,* München 1993.

Küng, Hans / Senghaas, Dieter (Hrsg.): *Friedenspolitik. Ethische Grundlagen internationaler Beziehungen,* München 2003.

Messner, Johannes: »Naturrecht«, in: Klose, Alfred / Mantl, Wolfgang / Zsifkovits, Valentin (Hrsg.): *Katholisches Soziallexikon,* Innsbruck u. a., 1980[2], S. 1890–1902.

Messner, Johannes: *Das Naturrecht. Handbuch der Gesellschaftsethik, Staatsethik und Wirtschaftsethik,* Berlin 1984[7].

Nell-Breuning, Oswald von: *Soziallehre der Kirche. Erläuterungen der lehramtlichen Dokumente,* Wien 1977.

Nohlen, Dieter (Hrsg.): *Lexikon der Politik,* München 1995, Lizenzausgabe Berlin 2004 (Digitale Bibliothek, Bd. 79).

Pesch, Heinrich: *Lehrbuch der Nationalökonomie,* Erster Band: Grundlegung, Freiburg 1924[3-4].

Roos, Lothar: »Entstehung und Entfaltung der modernen Katholischen Soziallehre«, in: Rauscher, Anton (Hrsg.): *Handbuch der Katholischen Soziallehre*, Berlin 2008, S. 103–124.

Spindelböck, Josef: »Von den Zielen des Menschseins. Anregungen zu einer Kriteriologie des Sittlichen im Rahmen der Sozialethik«, in: *Theologisches* 34 (2004), S. 395–404 (I).

Spindelböck, Josef: *Verantwortete Freiheit. Beiträge zur theologischen Ethik*, Kleinhain 2004 (II).

Spindelböck, Josef: »Die Freiheit in Christus und die Bedeutung des natürlichen Sittengesetzes. Eine Reminiszenz zum Paulusjahr«, in: *Theologisches* 25 (2009), S. 355–366.

Spindelböck, Josef, »Naturrecht, Heilige Schrift und Offenbarung«, in: Müller, Christian / Nass, Elmar / Zabel, Johannes (Hrsg.): *Naturrecht und Moral in pluralistischer Gesellschaft* (Veröffentlichungen der Joseph-Höffner-Gesellschaft, Bd. 6), Paderborn 2017, S. 13–34.

Stark, Thomas Heinrich: »Das Verhältnis von Natur und Vernunft. Zu einem zentralen Thema der Philosophie Robert Spaemanns«, in: Kreiml, Josef / Stickelbroeck, Michael (Hrsg.): *Die Person – ihr Selbstsein und ihr Handeln. Zur Philosophie Robert Spaemanns* (Schriften der Philosophisch-Theologischen Hochschule St. Pölten, Band 11), Regensburg 2016, S. 98–125.

Thesing, Josef / Uertz, Rudolf (Hrsg.): *Die Grundlagen der Sozialdoktrin der Russisch-Orthodoxen Kirche*, deutsche Übersetzung mit Einführung und Kommentar, Sankt Augustin 2001.

Utz, Arthur Fridolin: *Sozialethik*, Bd 1: Die Prinzipien der Gesellschaftslehre, Heidelberg 1964², http://www.stiftung-utz.de/file/1/Sozialethik-DiePrinzipienderGesellschaftslehre.pdf.

Waldstein, Wolfgang: *Ins Herz geschrieben. Das Naturrecht als Fundament einer menschlichen Gesellschaft*, Augsburg 2010.

Wladika, Michael: »Das Naturrecht: Philosophische Grundlagen und Offenheit für das Übernatürliche«, in: Pribyl, Herbert / Machek, Christian (Hrsg.): *Das Naturrecht. Quellen und Bedeutung für die Gegenwart*, Heiligenkreuz 2015, S. 31–49.

Die angegebenen Internetadressen wurden am 5. Januar 2021 aufgerufen.

Anmerkungen

1. »Handle nur nach derjenigen Maxime, durch die du zugleich wollen kannst, dass sie ein allgemeines Gesetz werde!« Eine andere Formulierung lautet: »Handle so, dass du die Menschheit – sowohl in deiner Person als auch in der Person eines jeden anderen – jederzeit zugleich als Zweck,

niemals bloß als Mittel gebrauchst!« – Vgl. Immanuel Kant: *Grundlegung zur Metaphysik der Sitten,* B 52 und B 66 f.

2. Vgl. Allgemeine Erklärung der Menschenrechte, 10. Dezember 1948, Präambel:»Da die Anerkennung der angeborenen Würde und der gleichen und unveräußerlichen Rechte aller Mitglieder der Gemeinschaft der Menschen die Grundlage von Freiheit, Gerechtigkeit und Frieden in der Welt bildet [...]« Art. 1:»Alle Menschen sind frei und gleich an Würde und Rechten geboren. Sie sind mit Vernunft und Gewissen begabt und sollen einander im Geiste der Brüderlichkeit begegnen.«

3. Vgl. Apel (1988); Habermas (1991).

4. Vgl. Küng (1999); Küng/Kuschel (1993); Küng/Senghaas (2003) sowie die Homepage der Weltethos-Stiftung unter *www.weltethos.org.*

5. Das natürliche Sittengesetz *(lex naturalis)* umfasst all jene sittlichen Werte und Prinzipien, welche dem Menschen auf natürliche Weise (das heißt unabhängig von der göttlichen Offenbarung, also mit dem Licht der natürlichen Vernunft) zugänglich sind und die zugleich aufs Innerste mit seiner wesensmäßigen personalen Verfasstheit (mit seiner»Natur«) verbunden sind und aus ihr abgeleitet werden können. Beim»Naturrecht« handelt es sich um jenen Teilbereich des natürlichen Sittengesetzes, der sich auf die Rechte und Pflichten der Einzelnen, aber auch der gesellschaftlichen Gruppen im sozialen Leben bezieht. Johannes Messner definiert das Naturrecht erstens als»einen Bestand von Rechten, die dem Menschen kraft seiner Natur zukommen«, zweitens als die darauf bezogene Wissenschaft, also die Naturrechtslehre. So gesehen bildet das natürliche Sittengesetz den Verpflichtungsgrund des Naturrechts; es ist in der Wesensnatur des Menschen und damit im Willen des Schöpfers begründet. Vgl. Messner (1980); ders. (1984), S. 304–420.

6. *Katechismus der Katholischen Kirche* (= KKK), Nr. 2070; vgl. Päpstlicher Rat für Gerechtigkeit und Frieden (2006), Nr. 22.

7. Auch auf orthodoxer Seite wird das mit der Naturrechtskonzeption verbundene Anliegen und Bemühen anerkannt, auch wenn eine neuzeitlich-säkularisierte Naturrechtslehre, unbeschadet ihrer christlichen Tradition,»in ihren Grundprämissen der Gefallenheit der menschlichen Natur nicht Rechnung trägt« (Thesing/Uertz 2001, S. 43). Für den protestantischen Bereich lassen sich sowohl Befürworter als auch Gegner naturrechtlicher Konzeptionen anführen.

8. »Das besondere Gesetz *(nomos idios)* ist dasjenige, das jede Ansammlung von Menschen im Hinblick auf ihre Mitglieder festlegt, und diese Arten des Gesetzes unterscheiden sich in das geschriebene und das nichtgeschriebene Gesetz. Das allgemeine Gesetz *(nomos koinos)* ist das Naturgesetz *(kata physin).* Es gibt nämlich – wie alle ahnen – ein von Natur aus allgemeines Recht und Unrecht, auch wo keine Gemeinschaft untereinander beziehungsweise wo keine Übereinkunft besteht. Das ist es,

was auch die Antigone des Sophokles offenbar ausspricht, dass es nämlich Recht sei, trotz des Verbotes, den Polyneikes zu begraben, da dies von Natur aus Recht sei.« – Aristoteles, Rhetorik, I, 13, 2 (1373 b 4–11). Die deutsche Übersetzung dieses Zitats folgt exakt der Wiedergabe in: *Internationale Theologische Kommission* (2009), Nr. 19, Anm. 15.

9. Aristoteles, *Nikomachische Ethik* V, 10 (1134 b 18–21).

10. Vgl. Forschner (1998), S. 5–30. Vgl. in schöpfungstheologischer Parallele und Weiterführung Thomas von Aquin, ScG II c.46.

11. »*Lex est ratio summa insita in natura quae iubet ea quae facienda sunt prohibetque contraria.*« – Cicero: *De legibus* I, 6, 18. Vgl. Waldstein (2010), S. 31–52.

12. »*Quod vero naturalis ratio inter omnes homines constituit, id apud omnes populos peraeque custoditur vocaturque ›ius gentium‹, quasi quo iure omnes gentes utuntur. Populus itaque Romanus partim suo proprio, partim communi omnium hominum iure utitur.*« – Vgl. Gaius: *Institutiones*, 1,1.

13. Vgl. Cicero: *De officiis*, I 105 f.: »*In natura excellentia et dignitas.*« Thomas von Aquin bringt dies mit der Personalität des Menschen in Verbindung: »Weil es von großer Würde ist, in einer vernünftigen Natur zu subsistieren, wird jedes Individuum einer vernünftigen Natur Person genannt.« (»*Et quia magnae dignitatis est in rationali natura subsistere, ideo omne individuum rationalis naturae dicitur persona, ut dictum est.*«) – Thomas von Aquin, STh I q. 29 a.3 ad 2.

14. Röm 2,14-16.

15. Das Vertrauen des Apostels Paulus in die Kraft der natürlichen Anlage des Menschen ist jedoch gebrochen. Ohne Gnade kann der Mensch zwar das sittliche Gesetz der Natur erkennen, er vermag diesem aber nicht dauerhaft zu folgen und es umfassend zu erfüllen. So tritt die Ordnung der Vernunft in ihrer relativen Selbstherrlichkeit zurück zugunsten des souveränen Heilswillens Gottes und seiner rettenden Gnade. Insofern sind Juden – die das Gesetz des Mose haben – und Heiden, die es nicht haben, einander gleichgestellt: Alle bedürfen der Gnade der Erlösung in Jesus Christus. Vgl. Spindelböck (2009).

16. Das Alte Testament hat keinen eigenen hebräischen Ausdruck für Gewissen (im griechischen Text von Koh 10,20; Weish 17,11; Sir 42,18 steht *syneidesis*), kennt aber das Phänomen des Gewissens und spricht davon in bildlicher Redeweise. Meisterhaft stellt es das böse Gewissen an den Stammeltern nach dem Sündenfall (Gen 3,7-11), am Brudermörder Kain (Gen 4,10-12), an David (2 Sam 12,13; Ps 50 [51],5) dar. Häufig verwendet es für das, was wir Gewissen nennen, den Ausdruck »Herz« (2 Sam 24,10; 1 Kön 2,44; Ijob 27,6; Sir 37,13 f).

17. Vgl. Balz / Schneider (1992, Bd. 3), S. 721–725 (G. Lüdemann).

18. Natürliche Rechte werden geltend gemacht auf der Grundlage des Gewissens; dies liefert auch die Begründung für die Religionsfreiheit.

»Überall in der Gesellschaft, wo sittliche Verpflichtungen bestehen, sind natürliche Rechte begründet, so für den Einzelmenschen gegenüber dem Staat, für die Familiengemeinschaft, für den Staat (Gemeinwohl), für das Verhältnis der politischen Gemeinschaften (Friede), für die Völkergemeinschaft.« – Messner (1980), S. 1899.

19. »*Respondeo dicendum quod, sicut supra dictum est, ad legem naturae pertinent ea ad quae homo naturaliter inclinatur; inter quae homini proprium est ut inclinetur ad agendum secundum rationem.*« – Thomas von Aquin, STh I-II q.94 a.4.

20. Nur so kann ein »naturalistischer Fehlschluss« vermieden und überwunden werden. Vgl. Fritz (2009).

21. Die Vernunft »exekutiert nicht appetitive Strukturen, die sie abliest, sondern nimmt sie auf, integriert sie in das inklusive Endziel des Menschen und gibt ihnen dadurch normative Kraft«. – Honnefelder (2014), S. 53.

22. »Gott ist der Schöpfer, die freie und transzendente Quelle aller Seienden. Diese empfangen von ihm ›nach Maß, Zahl und Gewicht‹ (Weish 11,20) die Natur, die sie definiert. Die Geschöpfe sind also die Epiphanie einer schöpferischen personalen Weisheit, eines gründenden Logos, der sich in ihnen ausdrückt und kundtut.« – Internationale Theologische Kommission (2009), Nr. 62. So gesehen handelt es sich hier um eine »Theonomie aufgrund von Teilhabe« (vgl. Johannes Paul II., *Veritatis splendor,* Nr. 41). Die »theonome Fundierung« der »*lex naturalis*« »liegt in den Ideen der geschaffenen Dinge, die in Gott sind.« Diese Ideen sind »nicht von seinem Wesen unterschieden und sie hängen in keiner Weise von seinem Willen ab.« – Wladika (2015), S. 43.

23. Vgl. Thomas von Aquin, STh I-II q.91 a.2: »Unter den anderen Geschöpfen unterliegt nun das vernunftbegabte Geschöpf in einer ausgezeichneteren Weise der göttlichen Vorsehung, insofern es auch selber an der Vorsehung teilnimmt, da es für sich und andere Vorsorge trifft. Deswegen findet sich in ihm auch eine Teilnahme an der ewigen Vernunft, durch die es eine natürliche Neigung zu dem gebotenen Handeln und Ziel besitzt. Und diese Teilnahme am ewigen Gesetz im vernunftbegabten Geschöpf wird natürliches Gesetz genannt.« (»*Inter cetera autem rationalis creatura excellentiori quodam modo divinae providentiae subiacet, inquantum et ipsa fit providentiae particeps, sibi ipsi et aliis providens. Unde et in ipsa participatur ratio aeterna, per quam habet naturalem inclinationem ad debitum actum et finem. Et talis participatio legis aeternae in rationali creatura lex naturalis dicitur.*«) – Dieser Text wird zitiert von Johannes Paul II., *Veritatis splendor,* Nr. 43.

24. Internationale Theologische Kommission (2009), Nr. 43.

25. »*Omnia illa ad quae homo habet naturalem inclinationem, ratio naturaliter apprehendit ut bona et per consequens ut opere prosequenda et contraria*

eorum ut mala et vitanda. Secundum igitur ordinem inclinationum naturalium, est ordo praeceptorum legis naturae.« – Thomas von Aquin, STh I-II q.94 a.2.

26. »Dem Menschen wohnt zuerst die Neigung hin zum Gut gemäß der Natur inne, in welcher er mit allen Substanzen Gemeinschaft hat, insofern nämlich eine jede Substanz die Erhaltung ihres Seins gemäß ihrer Natur erstrebt. Gemäß dieser Neigung gehören zum natürlichen sittlichen Gesetz diese Dinge, durch welche das Leben des Menschen bewahrt und das Gegenteil verhindert wird.« (*»Inest primo inclinatio homini ad bonum secundum naturam, in qua communicat cum omnibus substantiis; prout scilicet quaelibet substantia appetit conservationem sui esse secundum suam naturam: et secundum hanc inclinationem pertinent ad legem naturalem ea, per quae vita hominis conservatur, et contrarium impeditur.«*) – STh I-II q.94 a.2.

27. »Zweitens wohnt dem Menschen eine Neigung im Hinblick auf speziellere Angelegenheiten hin inne, und zwar gemäß der Natur, in der er mit den anderen sinnlichen Lebewesen übereinkommt. Und demgemäß sagt man, zum natürlichen Gesetz gehöre das, was die Natur alle Sinnenwesen lehrt, wie eben die Vereinigung des Männlichen mit dem Weiblichen, die Erziehung der Kinder und Ähnliches.« (*»Secundo inest homini inclinatio ad aliqua magis specialia, secundum naturam in qua communicat cum ceteris animalibus. Et secundum hoc, dicuntur ea esse de lege naturali quae natura omnia animalia docuit, ut est coniunctio maris et feminae, et educatio liberorum, et similia.«*) – STh I-II q.94 a.2; vgl. STh II-II q.154 a.8; ScG l.3 c.122 ff.

28. »Auf die dritte Weise wohnt dem Menschen die Neigung zum Guten inne gemäß der Vernunftnatur, die ihm zu eigen ist. So hat der Mensch eine natürliche Neigung dazu, dass er die Wahrheit über Gott erkennt, und dazu, dass er in Gemeinschaft lebt. Demgemäß gehören zum natürlichen sittlichen Gesetz diese Dinge, welche sich auf eine derartige Neigung beziehen, insofern der Mensch die Unwissenheit meiden soll, er andere nicht beleidigen darf, mit denen er Umgang haben soll, und anderes von dieser Art, was sich darauf bezieht.« (*»Tertio modo inest homini inclinatio ad bonum secundum naturam rationis, quae est sibi propria, sicut homo habet naturalem inclinationem ad hoc quod veritatem cognoscat de Deo, et ad hoc quod in societate vivat. Et secundum hoc, ad legem naturalem pertinent ea quae ad huiusmodi inclinationem spectant, utpote quod homo ignorantiam vitet, quod alios non offendat cum quibus debet conversari, et cetera huiusmodi quae ad hoc spectant.«*) – STh I-II q.94 a.2.

29. Forschner (1998), S. 31.

30. Vgl. Stark (2016), S. 117–124.

31. Messner (1984), S. 42 (kursive Hervorhebungen nicht im Original). In kurzen Schlagworten können die existenziellen Zwecke bezeichnet werden

als *Selbsterhaltung, Selbstvervollkommnung, Kunstfähigkeit, Familiarität, Mitmenschlichkeit, Staatlichkeit und Religiosität:* vgl. Roos (2008), S. 112 (»Johannes Messner und das Naturrecht«).

32. Vgl. dazu ausführlich: Spindelböck (2004/I); ders. (2004/II), S. 149–163.

33. Vgl. Internationale Theologische Kommission (2009), Nr. 57: »Das Subjekt soll sich jedoch im Konkreten und Individuellen nicht verlieren, wie man der ›Situationsethik‹ vorgeworfen hat. Es soll die ›rechte Regel des Handelns‹ entdecken und eine angemessene Handlungsnorm aufstellen. Diese rechte Regel geht aus vorgängigen Prinzipien hervor. Man denkt hier an die ersten Prinzipien der praktischen Vernunft, aber es kommt auch den sittlichen Tugenden zu, den Willen und die sinnliche Affektivität zu öffnen, sie mit den verschiedenen menschlichen Gütern konnatural werden zu lassen und so dem klugen Menschen anzuzeigen, welchen Zielen er in der Flut des Alltags folgen soll. Erst in diesem Moment wird der Kluge in der Lage sein, die konkrete Norm zu formulieren, die zur Pflicht wird, und die Handlung in ihren konkreten Umständen mit einem Strahl von Gerechtigkeit, Stärke oder Mäßigung zu prägen.«

34. »Das natürliche Sittengesetz sollte also nicht vorgestellt werden als eine schon bestehende Gesamtheit aus Regeln, die sich a priori dem sittlichen Subjekt auferlegen, sondern es ist eine objektive Inspirationsquelle für sein höchst personales Vorgehen der Entscheidungsfindung.« – Ebd., Nr. 59.

35. Treffend hat es Johannes Paul II. in *Veritatis splendor,* Nr. 52, formuliert: »Das Gebot der Gottes- und der Nächstenliebe hat in seiner Dynamik keine obere Grenze, wohl aber hat es eine untere Grenze: unterschreitet man diese, verletzt man das Gebot. Zudem hängt das, was man in einer bestimmten Situation tun soll, von den Umständen ab, die sich nicht alle von vornherein schon voraussehen lassen; umgekehrt aber gibt es Verhaltensweisen, die niemals, in keiner Situation, eine angemessene – das heißt, der Würde der Person entsprechende – Lösung sein können.«

36. Vgl. Hans Boldt: »Naturrecht«, in: Nohlen (1995, Bd. 1), S. 360–364.

37. Benedikt XVI., Ansprache vor der Vollversammlung der Vereinten Nationen am 18. April 2008.

38. »[...] *singulos homines necessarie fundamentum, causam et finem esse omnium socialium institutorum*« – Johannes XXIII., Mater et Magistra, Nr. 219.

39. Zweites Vatikanisches Konzil, GS 25.

40. Nell-Breuning (1977), S. 96.

41. Zweites Vatikanisches Konzil, GS 26.

42. Nach Thomas von Aquin bleibt der Mensch hinter dem zurück, was seiner Würde entspricht, wenn er sündigt und auf diese Weise von der Ordnung der Vernunft abweicht; denn der Mensch sei von Natur aus frei und existiere um seiner selbst willen (»*homo est naturaliter liber et propter seipsum existens*«), STh II-II q.64 a.2 ad 3.

43. KKK 361.
44. Eine institutionalisierte Form dessen ist die Sozialversicherung.
45. Johannes Paul II.: *Sollicitudo rei socialis*, Nr. 38. Vgl. auch Franziskus: *Evangelii gaudium*, Nr. 188–189: »Das Wort ›Solidarität‹ hat sich ein wenig abgenutzt und wird manchmal falsch interpretiert, doch es bezeichnet viel mehr als einige gelegentliche großherzige Taten. Es erfordert, eine neue Mentalität zu schaffen, die in den Begriffen der Gemeinschaft und des Vorrangs des Lebens aller gegenüber der Aneignung der Güter durch einige wenige denkt. Die Solidarität ist eine spontane Reaktion dessen, der die soziale Funktion des Eigentums und die universale Bestimmung der Güter als Wirklichkeiten erkennt, die älter sind als der Privatbesitz. Der private Besitz von Gütern rechtfertigt sich dadurch, dass man sie so hütet und mehrt, dass sie dem Gemeinwohl besser dienen; deshalb muss die Solidarität als die Entscheidung gelebt werden, dem Armen das zurückzugeben, was ihm zusteht.«
46. KKK 1889.
47. Zweites Vatikanisches Konzil, GS 86.
48. Benedikt XVI.: *Caritas in veritate*, Nr. 48; vgl. Päpstlicher Rat für Gerechtigkeit und Frieden (2006), Nr. 451–487.
49. Franziskus, *Laudato si'*, Nr. 159.
50. Vgl. Aristoteles, *Politik*, III (1182 b 14-18).
51. KKK 1925; vgl. 1907–1909.
52. Es handelt sich um das personale Wohl aller Gesellschaftsglieder, sofern es nur in sozialer Kooperation erstrebt werden kann. Vgl. Utz (1964, Bd 1), S. 136.
53. Das Zweite Vatikanische Konzil versteht unter dem Gemeinwohl »die Gesamtheit jener Bedingungen des gesellschaftlichen Lebens, die sowohl den Gruppen als auch deren einzelnen Gliedern ein volleres und leichteres Erreichen der eigenen Vollendung ermöglichen.« – GS 26, vgl. GS 74. Das Konzil lehnt sich dabei an die Begriffsbestimmung von Papst Johannes XXIII. in »*Mater et Magistra*«, Nr. 65, an. Vgl. auch KKK 1906 und 1924.
54. Messner (1984), S. 293.
55. Benedikt XVI.: *Caritas in veritate*, Nr. 7.
56. »Mag auch die Macht des sozialen Ganzen die Summe der isolierten Einzelkräfte übersteigen, eine neue, eigenartige Kraft darstellen – die letzte Quelle ist denn doch wiederum nur eben in der Gesamtheit gesellschaftlich verbundener Individuen zu suchen, deren latente, potentielle Energien durch die sozialen Einflüsse und Ergänzungen in aktuelle Energien umgewandelt, im Gesellschaftsleben von den Fesseln befreit werden, wie der Zustand der Isolierung sie selbst dem Genie bereiten muss. […] So empfängt das Individuum von der Gesamtheit einen Zuwachs an Kraft, indem es dem Ganzen seine eigene erweckte, belebte, erweiterte Kraft zur Verfügung stellt.« –Pesch (1924, Bd 1), S. 117.

57. Erst kommt das Leben, dann die Philosophie.
58. Pius XI.: *Quadragesimo anno*, Nr. 79.
59. Vgl. Johannes Paul II.: *Centesimus annus,* Nr. 48; vgl. auch KKK 1883–1885.
60. Messner (1984), S. 297.
61. Zweites Vatikanisches Konzil, GE 3.
62. Messner (1984), S. 299.

ROBERT GRÖZINGER

Libertarismus braucht Christentum zum Erfolg

1. Vorwort

Der Inhalt dieses Artikels ist im Wesentlichen die Rede, die der Autor auf einer Versammlung der UK Libertarian Alliance am 16. September 2019 im Londoner Pub Hoop & Grapes hielt.

Der Autor vertritt die Position, dass das Christentum mit Ernst als das stärkstmögliche Fundament betrachtet werden sollte, auf dem individuelle Freiheit in Frieden und Wohlstand gedeihen kann. Auf der Grundlage der Ideen von Friedrich August von Hayek, Ludwig von Mises, Hans-Hermann Hoppe, Jordan B. Peterson und Gary North argumentiert der Autor, dass der Libertarismus nur auf diesem religiösen Fundament vielen Menschen erfolgreich helfen kann, die fatale Versuchung zu überwinden, Gewalt gegen andere initiieren zu wollen oder einem fruchtlosen Eskapismus zu erliegen.

2. Libertarismus braucht Christentum, um erfolgreich zu sein

Der Libertarismus hat im Wesentlichen, ja sogar unangreifbar, recht, wenn er sagt, dass die Menschen im Großen und Ganzen glücklicher und reicher wären, wenn seine Prinzipien eingehalten würden. Seine Prinzipien sind der Vorrang des Privateigentums und das Nichtaggressionsprinzip. Er hat jedoch eine Schwäche. Auch das ist unbestreitbar, denn sonst wären inzwischen fast alle Menschen libertär, und die Geschichte wäre eine endlose Reihe immer sonnigerer Tage des Friedens und Wohlstands. Wir Libertäre müssen uns fragen, warum das so ist. Warum finden unsere Argumente keine Resonanz in der breiten Bevölkerung?

Meine vorläufige Antwort lautet wie folgt: Weil der Libertarismus *allein* auf methodologischem Individualismus und subjektiver Bewertung beruht. Und deshalb glaube ich, dass eine Wiederverknüpfung mit dem Christentum der einzige erfolgversprechende Weg für den Libertarismus ist.

Wenn ich »Wiederverknüpfung« sage, dann meine ich das auch. Historisch gesehen war das Christentum wohl der wichtigste Faktor bei der Schaffung von Gesellschaften, die den höchsten Grad an individueller Freiheit, innerem Frieden und Wohlstand haben. Im Folgenden möchte ich Ihnen die meiner Meinung nach wichtigsten Gründe dafür nennen, und folglich auch darauf eingehen, warum der Libertarismus das Christentum braucht, um erfolgreich zu sein.

Ich nehme an, Sie haben alle von Jordan Peterson gehört. Ich bin mit seinem Buch *12 Rules for Life* nicht allzu vertraut. Ich habe mir jedoch alle seine Vorträge über die *Bibel* angehört, die auf YouTube zu finden sind.[1] Sie sind eine faszinierende Reihe theologischer Tiefenpsychologie. Aber der für mich faszinierendste Teil ist dieser: Peterson stellt eine Theorie auf, warum die *Bibel* im Wesentlichen wahr ist. Er bezeichnet sie als »hyperreal«. Er sagt, die *Bibel* sei das Ergebnis Tausender von Jahren an Debatte und Diskussion. Er sagt, die menschliche Natur sei so beschaffen, dass wir das Verhalten anderer, vor allem erfolgreiches Verhalten, nachahmen. Und die *Bibel* ist das Ergebnis einer literarischen Fixierung oder Festlegung dessen, was nicht nur erfolgreiches individuelles Verhalten, sondern auch erfolgreiches Funktionieren einer Gemeinschaft ausmacht. Und damit meint er: Funktionsweisen, die jedem Einzelnen eine faire Chance bieten, zu gedeihen und aus sich das Bestmögliche zu machen. Das Bestmögliche für sich selbst, aber auch für die Gemeinschaft.

Wenn Jordan Peterson hier recht hat – und ich glaube, er hat recht –, ist es ihm gelungen, Hayeks Theorie der sozialen Evolution mit biblischen Wahrheitsansprüchen zu verbinden. Und das ist sehr spannend, denn ein Grund für die aktive Marginalisierung der christlichen Religion durch die derzeitige herrschende Klasse im Westen ist, dass sie eine Bedrohung für ihren Machtanspruch darstellt. In der heutigen Welt ist es leicht, Christen als wissenschaftlich schlecht informierte Kreationisten und kulturell rückständige Hinterwäldler abzutun. Wenn jedoch gezeigt werden kann, dass die *Bibel* selbst ein Produkt sozialer Evolution ist, dann sind sowohl das humanistische Fundament der gegenwärtigen herrschenden Klasse als auch ihr vom Machttrieb gespeistes Projekt der sozialen Transformation von oben, die beide auf evolutionären Lehren beruhen, in ernsthaften Schwierigkeiten.

Das Herzstück des Libertarismus ist das Eigentum. Und der Kern des Eigentumgedankens ist die Idee des Selbsteigentums. Jeder Mensch hat das Recht auf sein Eigentum, solange es ursprünglich aus der freien Natur erworben oder friedlich gegen andere Güter und Dienstleistungen eingetauscht wird. Das liegt daran, dass wir unseren eigenen Körper und unseren eigenen Geist besitzen und mit ihnen tun können, was wir wollen. Diese Position wiederum leitet sich aus dem Handlungsaxiom von Mises oder, noch tiefschürfender, aus dem Argumentationsaxiom von Hoppe ab.[2] Das heißt, man kann nicht das Recht eines anderen auf seinen Körper und die Produkte, die er damit hergestellt hat, abstreiten. Wenn Sie versuchen, dies argumentativ zu belegen, benutzen Sie Ihren Körper in diesem Sinne. Dann sagen Sie damit implizit, dass Sie das Recht auf Ihren eigenen Körper haben. Wenn Sie das tun, dann können Sie dieses Recht legitimerweise niemand anderem verweigern.

Obwohl Mises und Hoppe deutlich machen, dass niemand einen *größeren* Rechtsanspruch auf Ihren Körper und die damit hergestellten Produkte hat als *Sie selbst*, hat diese Argumentation ein bleibendes Problem. Besitzen wir wirklich uns selbst? Besitzen wir uns selbst so, wie wir unser Auto oder unsere Schuhe oder einfach die Zweige, die wir in unserem Garten aufgelesen haben, besitzen? Wir haben unsere Arbeit mit der Natur vermischt, um diese Dinge zu besitzen. Wir haben jedoch nicht unsere Arbeit mit der Natur vermischt, um uns selbst, unseren Körper und unseren Geist zu schaffen. Wir fanden uns einfach in unserem Körper vor. Unsere Eltern könnten uns gewissermaßen für sich beanspruchen, da sie uns geschaffen und in den meisten Fällen auch großgezogen haben. Sie haben uns jedoch nicht entworfen – glücklicherweise, möchte ich hinzufügen. Wir sind ein bisschen wie die vorher nicht besessenen Teile der Natur. Unsere Vorfahren haben in prähistorischer Zeit das Land, in dem wir leben, erworben. Aber sie haben es nicht erschaffen, und sie haben auch nichts *in* ihm erschaffen. Die Natur war schon da. Nun sind wir längst über die Jäger- und Sammlergesellschaft hinausgewachsen. Wir haben mit unserem Verstand Technologien geschaffen, mit denen wir viel besser, länger, gesünder und produktiver leben können. Aber noch einmal: Wer hat unseren Verstand geschaffen? Wer hat unseren Körper entworfen, mit dem unser Verstand all diese Dinge herstellt?

Hier gibt es nur zwei Möglichkeiten: Unser Körper und unser Verstand, die gesamte Natur, das ganze Universum wurden entweder durch Zufall oder durch eine gezielte Handlung geschaffen. Ich bin nicht hier, um darüber zu streiten, was wahrscheinlicher ist. Ich nehme an, es ist inzwischen offensichtlich, was ich für wahrscheinlicher halte. Stattdessen möchte ich zeigen, welche Auswirkungen jede dieser beiden Positionen auf die Gesellschaft hat.

Der Glaube an den Zufall als Auslöser von allem bedeutet, dass es keine ethischen Standards gibt. Jede Ethik, die unter dem »Zufallsglauben« anerkannt wird, ist dann auch das Ergebnis des Zufalls. Man kann auf der Grundlage des Handlungsaxioms und des Argumentationsaxioms argumentieren, so viel man will. Wenn alles das Ergebnis des Zufalls ist, hindert mich letztlich nichts daran, anderen Menschen Dinge mit Gewalt zu nehmen. Das Einzige, was mich davon abhalten könnte, ist jemand, der stärker ist als ich.

Der Glaube an eine zielgerichtete Schöpfung bedeutet, dass es eine unverrückbare Ethik geben muss. Denn wo es einen Zweck gibt, gibt es auch Mittel, ihn zu erreichen. Wenn nicht, dann ist entweder das Mittel oder der Zweck selbst unerreichbar. Unter der Prämisse einer absichtlichen Schöpfung muss das Universum erreichbar sein, weil das Universum existiert. Wenn es hinter der Schöpfung einen Zweck gibt, bedeutet das, dass hinter allem, was in der Schöpfung geschieht, einschließlich des menschlichen Handelns, ein umfassender Zweck steht. Dann sind alle Mittel, die uns der Erfüllung des Gesamtziels näherbringen, ethisch. Menschen, die an eine zielgerichtete Schöpfung glauben, müssen herausfinden, was der Gesamtzweck ist und welche Mittel dazu dienen, diesen Zweck zu erreichen.

Doch wie finden wir heraus, was der Zweck ist und was wir tun sollten, um diesen Zweck zu erreichen?

Damit komme ich zurück zu Peterson und Hayek. Peterson behauptet, dass die *Bibel* das Ergebnis von vielen Tausend Jahren des Redens, Denkens und Diskutierens darüber ist, was im Leben grundsätzlich wichtig ist. Er glaubt zum Beispiel, dass die Schöpfungsgeschichte jahrtausendelang mündlich von Generation zu Generation weitergegeben wurde, bevor sie zum ersten Mal niedergeschrieben wurde. Und dass es möglicherweise viele Versionen davon gegeben hat. Und dass die Version, die wir jetzt sehen, diejenige ist, die nach vielen Diskussionen, wiederum über viele Generationen hinweg, unter vielen tiefschürfenden Denkern, diejenige war, die sie als göttlich inspiriert ansahen. Und warum? Weil sie bei den meisten Menschen die größte Resonanz fand. Es hat ihnen etwas bedeutet. Mit anderen Worten: Die *Bibel* ist das Ergebnis menschlichen Handelns, aber nicht das Ergebnis menschlicher Planung. Das bedeutet jedoch nicht, dass die *Bibel* ein zufälliges Ergebnis ist. Sie stellt eine tiefe Wahrheit dar, gerade weil sie das Ergebnis einer uralten Debatte ist. Damit komme ich zu Hayek.

3. Hayek: Emergente Ordnung

Hayek schlug eine Theorie der emergenten Ordnung vor, die sowohl für Märkte als auch für Rechtssysteme oder jede Art von menschlichem Unterfangen gilt. In Bezug auf das Recht sagte er, dass Präzedenz- oder Richterrecht zu einer Ordnung führt, die die Folge menschlichen Handelns, nicht aber der Planung ist.[3] Und dass diese Rechtsordnung der Alternative, nämlich der Gesetzgebung, überlegen ist. Gesetzgebung bedeutet, Gesetze zu erfinden und sie von oben aufzuerlegen, um eine angeblich bessere Ordnung zu schaffen. Das Problem der Gesetzgebung ist, dass es immer konkurrierende Vorstellungen darüber geben wird, was eine »bessere« Gesellschaft ausmacht. Der Gesetzgeber mag behaupten, er wisse, was für uns am besten ist, aber es wird rivalisierende Behauptungen darüber geben, was die objektive Wahrheit der Sache ist. Dies ist ein Problem, gerade weil die Menschen in ihrem Wissen begrenzt sind und materielle Knappheit ein systemimmanentes Merkmal der Schöpfung ist, sodass das Interesse von einer Person fast zwangsläufig die Interessen anderer beeinträchtigt. Und so wird aus der Gesetzgebung Politik. Und da der Krieg die Fortsetzung der Politik mit anderen Mitteln ist, kann sie auch zum Krieg führen.

Deshalb schlug Hayek eine Rückkehr zu einem Richterrechtssystem vor. Dieses versucht nicht, alles, was in der Zukunft passieren könnte, im Voraus zu antizipieren. Es versucht nicht, die Dinge zu perfektionieren. Vielmehr wendet es bereits bestehende, erfolgreiche Rechtsprechung an und passt sie an neue Situationen an, die sich aus neuen menschlichen Entwicklungen, Erfindungen und so weiter ergeben. Dies war das System der Rechtsetzung während eines Großteils des Mittelalters im christlich dominierten Europa bis zur frühen Neuzeit. Und diese Zeit war in der Tat weniger politisch und, zumindest intern, friedlicher. Abgesehen von den Kreuzzügen waren Kriege im Grunde genommen Privatangelegenheiten zwischen reichen Leuten. Drittparteien und Zivilisten wurden meist in Ruhe gelassen. Die Frage ist, wenn dieses System so überlegen ist, warum kehren wir dann nicht einfach zu ihm zurück? Dafür gibt es viele Gründe, aber ich glaube, das übergeordnete Problem ist das jetzt vorherrschende Glaubenssystem. Damit meine ich den Glauben an eine absichtslose Evolution.

Die Menschen wissen, dass sie zweckorientiert sind. Mises' Handlungsaxiom und Hoppes Argumentationsaxiom sind brillante Einsichten, aber isoliert betrachtet, vermute ich, dass sie einfach das bewusst machen, was die meisten Menschen unbewusst wissen:

nämlich, dass ihr Handeln zweckgerichtet ist. Das schmälert in keiner Weise die Brillanz von Mises und Hoppe. Manchmal braucht es ein Genie, um uns die einfachsten Dinge bewusst zu machen. Und ihr Genie umfasst natürlich nicht nur diese Axiome, sondern auch die weitgehend unangreifbaren Gedankengebäude wirtschaftlicher und konstitutioneller Einsichten, die auf diesen grundlegenden Axiomen aufbauen.

4. North: Drei Grundreligionen

Der Punkt, den ich hier vorbringe, basiert auf Gedanken von Gary North und ist folgender: Im Zusammenhang mit dem Glauben an eine absichtslose Welt stellen Menschen fest, dass sie selbst die einzigen bewusst zweckgerichteten Wesen in der Welt sind. Sie glauben daher, dass sie allein, ohne Rückgriff auf eine höhere Institution, die Welt zu einem besseren Ort machen können. Oder sogar, dass sie es müssen. Das ist der ganze Sinn dieser unumstößlichen Axiome: Wir handeln, um unsere Situation in der Welt zu verbessern. Und nicht nur das. Wir glauben dann auch, dass wir die einzigen Wesen seien, die entscheiden können, was eine »bessere« Welt ausmacht. Und genau an diesem Punkt stößt Hayeks Theorie der emergenten Ordnung auf Schwierigkeiten. Wie alle Libertären glaubt er an die subjektive Bewertung. Und er hat recht: Wir können nicht für andere Menschen entscheiden, zumindest nicht für andere geistig gesunde Erwachsene, was gut für sie ist. Letztlich muss jeder nur für sich selbst entscheiden.

Aber im Kontext einer ziellosen Welt und der Einsicht, dass wir alle in unserem Wissen und unserer Reichweite begrenzt sind, führt dies zu einer von zwei Reaktionen: entweder zu einem angstgetriebenen Kampf um die Macht oder zu einer angstgetriebenen Abkopplung von der Gesellschaft. Das Gerangel um die Macht hat folgenden Grund: Wenn ich nicht an der Macht bin, werden es andere sein, die mir dann ihre Präferenzen diktieren. Der Rückzug aus der Gesellschaft geschieht im Falle derjenigen, die aus welchen Gründen auch immer nicht an diesem Machtkampf teilnehmen wollen. Keine dieser

Reaktionen ist eine langfristige Lösung für den Libertarismus. Das Gerangel um die Macht offensichtlich nicht, denn das führt zu Tyrannei. Aber auch die einfache Flucht vor der Macht wird ganz sicher nicht zu einer libertären Welt führen. Warum dies so ist, werde ich jetzt im Detail erklären. Danach werde ich auf die Idee zurückkommen, dass die *Bibel* als ein quasi Hayek'sches Ergebnis menschlichen Handelns, aber nicht als Ergebnis der Planung betrachtet werden kann. Das heißt, nicht *menschlicher* Planung.

Für die folgenden Ausführungen stütze ich mich stark auf die Arbeit von Gary North. North ist ein amerikanischer Wirtschaftshistoriker in der Tradition der Österreichischen Schule, aber er ist auch ein reformierter protestantischer Theologe. So hat er unter anderem einen 31-bändigen vollständigen volkswirtschaftlichen Kommentar der *Bibel* verfasst.[4] Zudem kritisiert er die Methodologien sowohl des Individualismus als auch des Kollektivismus als unzureichend. Dabei stützt er seine Ideen auf seine eigene, eine dritte Methodologie – die er »methodological covenantalism« nennt, also etwa »methodologischer Bundismus«, die Methodologie des Bundes Gottes mit seinem Volk. Auf dieser Grundlage stellt er eine dritte Lösung neben Macht und Flucht vor. Diese nennt er »Dominionismus«. Er postuliert drei Grundreligionen, die in der Geschichte und in allen Gesellschaften allgegenwärtig sind. Nämlich die Machtreligion, die Herrschaftsreligion und die Fluchtreligion. Ich werde diese drei Religionen nun im Einzelnen erläutern.

4.1. Machtreligion

Hier ist Norths Definition von Machtreligion: »Diese religiöse Sichtweise behauptet, dass das wichtigste Ziel für einen Menschen, eine Gruppe oder eine Spezies die Eroberung und Erhaltung der Macht ist. Macht wird als das Hauptattribut Gottes angesehen oder, wenn die Religion offiziell atheistisch ist, als das Hauptattribut des Menschen. Diese Perspektive ist eine satanische Perversion von Gottes

Befehl an den Menschen, die Herrschaft über die ganze Schöpfung auszuüben (Genesis 1: 26-28). Machtreligion ist der Versuch, abseits der im göttlichen Bund festgelegten Unterordnung unter den wahren Schöpfergott Herrschaft auszuüben.«[5] Der archetypische biblische Repräsentant der Machtreligion ist der Pharao im Buch Exodus. Im Laufe der Geschichte bis zum heutigen Tag gibt es sehr viele, die versucht haben, dem Pharao nachzueifern, indem sie der Machtreligion anhingen oder -hängen.

4.2. Herrschaftsreligion

Wie steht es mit der Herrschaftsreligion? North definiert sie als die Religion, die »die Souveränität Gottes, die Zuverlässigkeit der historischen Glaubensbekenntnisse, die Notwendigkeit, für Prinzipien einzutreten, und die Forderung, dass gläubige Menschen um Gottes willen Risiken eingehen«, verkündet.[6] Sie ist auch, so North weiter, »eine Religion der Eroberung aus Gnade durch ethisches Handeln. Das Ziel ist ethische Konformität mit Gott, aber die Ergebnisse dieser Konformität beinhalten die Herrschaft über rechtmäßige Untergebene, über ethische Rebellen und über die Natur.«[7]

Es ist wichtig, an dieser Stelle die Bedeutung der Eroberung unter der Herrschaftsreligion genau darzustellen. Sie bedeutet Eroberung nicht durch die Initiierung von Gewalt, nicht durch die gewaltsame Unterdrückung von Meinungen, nicht durch willkürliche Gesetze, nicht durch Betrug – all das wäre ein Ausdruck von Machtreligion. Unter der Herrschaftsreligion geschieht Eroberung durch »Gnade durch ethisches Handeln«[8], das heißt dadurch, dass Nichtgläubige mit Worten und Beispiel überzeugt werden. Das kann nur funktionieren, wenn Worte und Taten übereinstimmen, das heißt, wenn es Integrität gibt. Dies wiederum kann nur funktionieren, wenn eine allgemeine Kultur etabliert wird, die eine Norm schafft, in der Worte und Taten auf Prinzipien fußen und nicht willkürlich sind. Dies wiederum kann nur funktionieren, wenn es eine Institution gibt, an die die Menschen im Allgemeinen glauben, die höher steht als die reichste und mächtigste Person, die also über den Bereich der Menschheit hinausragt. Und diese Institution ist Gott der Schöpfer, das heißt der höchste Eigentümer der Welt und von allem, was in ihr ist. Zugleich steht sie für Gott, den obersten Richter über seine Geschöpfe, insbesondere über diejenigen, die er nach seinem Bild geschaffen hat.

4.3. Fluchtreligion

In Bezug auf die dritte Grundreligion, die Fluchtreligion, sagt North: »Die Befürworter der Fluchtreligion haben versucht, sich von der allgemeinen Kultur abzuschotten – einer Kultur, die von der Macht aufrechterhalten wird.«[9] Die »Fluchtreligiösen« sind sich also bewusst oder spüren zumindest, dass der Versuch, Macht über andere Menschen auszuüben, grundlegend falsch oder zumindest gefährlich ist – deshalb halten sie Abstand oder, wenn sie sich nicht auf Abstand halten können, distanzieren sie sich so weit wie möglich von der Machtausübung. Sie wollen sich aber auch nicht der Herrschaftsreligion anschließen. North sagt: »Sie haben der Verantwortung einer weltweiten oder auch nur regionalen Herrschaft entsagt, in der vergeblichen Hoffnung, dass Gott sie von den Anforderungen des allgemeinen Bundes der Herrschaft lossagen wird.«[10] Der allgemeine Herrschaftsbund beruht auf dem ersten von Gott den Menschen gegenüber ausgesprochenen Gebot: »Seid fruchtbar und mehrt euch und füllt die Erde und macht sie euch untertan«[11] (Genesis 1: 28). Die Anhänger der Fluchtreligion wollen keine Macht, aber sie akzeptieren auch nicht die Verantwortung, die mit der Akzeptanz des Gebots der »Herrschaft über die Erde« einhergeht.

Stattdessen konzentriert der »Fluchtreligiöse« sein ethisches Anliegen auf immer engere Bereiche der persönlichen Verantwortung. »Sein Anliegen ist das Selbst, von Anfang an bis Ende; sein Versuch, sich der Verantwortung jenseits der engen Grenzen des Selbst zu entziehen, ist ein Programm zur Erlangung von Macht über sich selbst. Es ist eine Religion der Werke, der Selbstrettung. Ein Mensch erniedrigt sich selbst, indem er zugibt, dass es Grenzen seiner Macht gibt.

Dann beharrt er darauf, dass der Umfang seiner Verantwortung sehr beschränkt ist. Er tut dies, um sich selbst in eine Position hypothetischer, gottähnlicher Spiritualität zu erheben: ein Wesen, das weder Herrschaft noch Macht anstrebt.«[12]

Als Beispiele für Fluchtreligion verweist North auf den Buddhismus und das, was er »pietistisches Christentum« nennt. Mit Letzterem meint er Christen, die Gott anbeten, den Zehnten entrichten, ihren Familien- und Kirchenmitgliedern sowie Nachbarn helfen. Sie mögen versuchen, andere Menschen zu bekehren, aber sie sehen es nicht als ihre Aufgabe an, für eine Christianisierung der Gesellschaft und ihrer Institutionen zu arbeiten. Sie tun meist alles, was die Staatsmacht ihnen aufträgt, mit kaum einem Protestgemurmel. Manchmal schließen sie sich sogar mit Begeisterung den neuesten quasireligiösen Modeerscheinungen an, zum Beispiel der Rettung des Klimas, und sind blind für die Möglichkeit, dass es sich um ein weiteres Instrument handeln könnte, mit dem der Staat uns versklaven will.

North sagt, dass Macht- und Herrschaftsreligion in einem kosmischen Kampf miteinander stehen. Die Fluchtreligion hingegen »steht an der Seitenlinie und wartet auf den Ausgang des Konflikts«.[13] Aber nicht für immer, sagt North. Ihre Anhänger schließen sich irgendwann der Gewinnerseite an. Oder vielmehr jener, die sie derzeit als die Gewinnerseite wahrnehmen.

5. Verbindung zwischen Libertarismus und Christentum

Was hat das alles mit dem Libertarismus zu tun? Und was hat es mit dem Titel meiner Rede »Libertarismus braucht das Christentum, um erfolgreich zu sein« zu tun? Nun, als ich zum ersten Mal diese Beschreibung der Fluchtreligion las, über Menschen, die nicht um der Macht willen Macht ausüben wollen, die die Falschheit dieser Macht spüren und die keinen anderen Ausweg aus dieser Falschheit sehen, als dass jeder Mensch nur Macht über sich selbst sucht und deshalb die Welt mehr oder weniger im Stich lässt, die andererseits keine

Herrschaft nach den Geboten des Schöpfergottes ausüben wollen, wie sie in der *Bibel* offenbart sind – als ich das zum ersten Mal las, wurde mir klar, dass dies sehr nach Libertarismus klingt. Und ich sollte es wissen, denn ich bin selbst ein Libertärer.

Wir Libertäre wissen, wie schrecklich die Welt der Politik ist und wie eine einzige staatliche Intervention zu unbeabsichtigten Folgen führt, wie diese unbeabsichtigten Folgen dann von Politikern und ihren Anfeuerern in den Medien als willkommener Grund für weitere Interventionen angesehen werden, bis alles in einer totalitären Katastrophe endet. Wir fragen uns dann, was wir dagegen tun können. Und im Wesentlichen gibt es zwei Antworten, die Libertäre geben. Entweder A: Die Menschen erziehen, bis sie die bösen Leute abwählen und stattdessen für eine radikale Schrumpfung des Staates stimmen. Oder B: Privatstädte, oder »Seasteading«, oder lasst uns alle nach New Hampshire ziehen und es übernehmen und so weiter; ich nenne diese letztere Antwort die Galt's-Gulch-Lösung, nach dem versteckten Tal in Ayn Rands monumentalem Roman *Atlas Shrugged*, zu Deutsch *Der Streik*.

Beide Antworten basieren auf einer Fluchtreligion. Im Fall der zweiten ist es offensichtlicher: Es handelt sich um eine institutionalisierte Form der Flucht. Die Welt ist verdorben, also lasst uns aussteigen. Vielleicht hoffen einige, die in diese Richtung denken, dass der wirtschaftliche Erfolg solcher »Flucht-Schluchten« andere inspirieren wird, bis wir eine Welt haben, die von Tausenden von Liechtensteins bedeckt ist. Es ist eine vergebliche Hoffnung. Aber auch die erste Antwort, die Bildungsstrategie, ist eine Version der Fluchtreligion. In beiden Fällen liegt es daran, dass wir keinen Zweck jenseits der individuellen Freiheit bieten. Wir haben von Mises gelernt, dass Menschen zielgerichtet handeln. Aber wir Libertäre bieten keinen Zweck an, der über die subjektiven Ziele jedes Einzelnen hinausgeht. Alles, was wir haben, ist das Versprechen: Wenn wir unsere Gesellschaft nach libertären Prinzipien, das heißt nach dem Eigentums- und dem Nichtangriffsprinzip, organisieren, dann wird der allgemeine Wohlstand zunehmen, und es wird tatsächlich weniger Ungleichheit geben, wenn auch natürlich nicht völlige Gleichheit, und wir werden alle um einiges glücklicher sein. Es ist sicherlich ein sehr gut begründetes Versprechen. Wir können es theoretisch beweisen. Aber es gibt ein grundsätzliches Problem mit diesem Versprechen. Wir versprechen eine auf einer subjektiven Bewertung beruhende Effizienz, aber keine Moral. Ich komme gleich auf das Nichtaggressionsprinzip zu sprechen. Unser Versprechen ist rein materialistischer Art. Und ich denke, das reicht bei Weitem nicht aus, um die Menschen dazu zu bewegen, uns zu folgen. Im Allgemeinen folgen die Menschen etwas oder jemandem, an das oder den sie glauben können. Sicher, sie wollen ein bequemes Leben führen. Aber sie wollen nicht nur materiellen Gewinn, sie wollen auch Sinn und Gerechtigkeit. Sie wollen, dass ihr Leben zumindest von Moral geleitet wird.

Übrigens: Ich bin sicher, das ist der Grund, warum Jordan Peterson so gut ankommt. Er hat entdeckt, dass die Menschen nach einem Sinn in ihrem Leben dürsten. Nicht so sehr nach »Glück«, sondern nach »Sinn«. Und Peterson erklärt, wie man ihn finden kann, und das Faszinierende daran ist, dass er, ein säkularer Sozialwissenschaftler, die *Bibel* benutzt, um den Menschen zu zeigen, wie sie Sinn finden können. Und dass Sinn auf Moral basieren muss, da er sonst nur bedeutungsloser Vandalismus ist.

5.1. Nichtaggressionsprinzip

Wir Libertären sagen den Menschen jedoch lediglich, dass eine libertäre Ordnung wahrscheinlich eine Gesellschaft hervorbringen wird, die reicher und glücklicher ist als heute. Aber dieses Argument, selbst wenn man ihm Glauben schenkt, reicht nicht aus. Was wäre, wenn es in einer libertären Gesellschaft einen Reichen gäbe, der sich alles leisten kann, und es immer noch Menschen gäbe, die an Hunger oder einer vermeidbaren Krankheit sterben? Wo bleibt da die Gerechtigkeit?

Libertäre antworten mit dem Nichtaggressionsprinzip. Wir sollten nicht gezwungen werden, wohltätig zu sein. Das ist alles schön und gut, werden die meisten Leute sagen. Aber was ist, wenn freiwillige Nächstenliebe nicht ausreicht, wenn arme Menschen immer noch unnötig sterben? Das Problem, das sich hier für Libertäre stellt, ist, dass es mehr als nur eine subjektive Bewertung gibt. Es gibt auch eine objektive Realität, und der methodologische Individualismus kann ihr nicht Rechnung tragen. Wir sagen, wenn jemand mit seinem eigenen Geld eine große Vergnügungsjacht kaufen will, anstatt zumindest einen Teil davon den absolut Armen zu spenden und dann eine kleinere Jacht zu kaufen, dann ist das für uns in Ordnung. Wir sollten ihn nicht zwingen. Aber die objektive Realität, dass Menschen unnötig sterben, wird uns verurteilen.

Die methodologischen Holisten oder Kollektivisten behaupten dagegen, die objektiven Notwendigkeiten in einer Gesellschaft zu kennen. Sie sagen: Besteuern wir die Reichen und geben wir davon den Mittellosen (nachdem wir unseren eigenen Anteil genommen haben, denn wir verdienen einen Lohn dafür, dass wir so gute Menschen sind). Der Reiche kann sich dann immer noch eine kleinere Jacht kaufen, und insgesamt überleben mehr Menschen. Das Problem, das jeder methodologische Kollektivist hat, besteht darin, dass dieser Anspruch, zu wissen, was die objektiven Notwendigkeiten sind, in der Realität immer scheitern wird, zumindest auf lange Sicht oder in großen Gemeinschaften, weil das individuelle Wissen jedes Einzelnen begrenzt ist – sogar ihres. Deshalb scheitert der Sozialismus immer. Doch hier liegt der Kern des Problems für die Libertären: Kollektivisten berufen sich auf die Moral. Individualisten nicht. Kollektivisten behaupten, den Armen helfen zu wollen oder ein Unrecht wiedergutmachen zu wollen. Individualisten sagen nur, dass wir nicht gezwungen werden sollten, den Armen zu helfen, dass wir nicht gezwungen werden sollten, ein Unrecht, das wir nicht zu verantworten haben, aus der Welt zu schaffen. Wir haben sehr gute Gründe für diese Haltung. Ist es dann jedoch sehr verwunderlich, dass, wenn dies die beiden einzigen Möglichkeiten sind, die meisten Menschen sich für erzwungene Nächstenliebe und unpräzise Gerechtigkeit entscheiden statt für das Risiko, dass es gar keine Nächstenliebe und gar keine Gerechtigkeit gibt? Ich glaube nicht.

5.2. Glaube und Libertarismus

Neben der Frage von Moral und Gerechtigkeit gibt es den Materialismus. Ich glaube, dass die meisten Menschen spüren, dass ein rein materialistisches Versprechen, auch wenn es begründet ist, etwas ist, an das es sich nicht zu glauben lohnt. Und das ist hier das Schlüsselwort: Glaube. Keine noch so umfangreiche libertäre Erziehung kann einen tief verwurzelten Glauben beseitigen. Ein solcher Gaube kann nur mit Hilfe eines rivalisierenden Glaubens wirksam bekämpft werden, eines Glaubens, der mindestens genauso gut begründet ist wie der andere.

Woran glauben diejenigen, die zögern oder sich weigern, sich dem Libertarismus anzuschließen? Ich meine nicht unsere ideologischen Widersacher. Nicht die Sozialisten, die Etatisten, die Kollektivisten – sie glauben an die Macht. Ich meine unsere Nachbarn, Kollegen, Freunde, Familienmitglieder. Nette, anständige, bodenständige Menschen mit gesundem Menschenverstand. Warum lehnen sie den Libertarismus ab? Sie haben wahrscheinlich alle diese Gespräche mit einigen von ihnen geführt. Sie stimmen mit vielem überein, was wir sagen. Zu viel staatliche Intervention, zu viel inkompetente staatliche Einmischung, zu viel Verschwendung. Dennoch tauchen unweigerlich diese Fragen auf: Wenn es keinen Staat gibt, oder wenn es auch nur einen radikal geschrumpften Staat gibt, wer wird dann die Straßen bauen, wer wird sich um die Kranken und Alten kümmern, wer wird die Kinder unterrichten? Und so weiter. Wir haben alle versucht, es zu erklären, aber es ist meist vergeblich.

Der Grund dafür ist ihr Glaube. Ihre Religion. Sie sind, wie wir, zu einem großen Teil Anhänger der Fluchtreligion. Aber der Unterschied zwischen ihnen und den Libertären besteht darin, dass sie nicht mehr an der Seitenlinie stehen. Wie North vorhersagt: Die Anhänger der Fluchtreligion enden in der Regel damit, dass sie sich der einen der beiden anderen Religionen anschließen, die gerade gewinnt. Und die derzeit siegreiche Religion ist offensichtlich die Machtreligion.

Unsere Nachbarn, Kollegen und Freunde glauben nicht, dass sie als Individuen Herr ihres eigenen Schicksals sind, wie es manche Libertären glauben. Stattdessen haben sie eingeräumt, dass die Machtreligion gewonnen hat. Ohne es jemals so zu formulieren, ohne jemals darüber nachzudenken – aber im Wesentlichen ist es das, was sie tun. Deshalb glauben sie tief im Innern nicht an die Erlösung durch den Einzelnen, sondern an die Erlösung durch die Politik, die Erlösung durch den Staat. Sie glauben im Wesentlichen, dass der moderne bürokratische und übermächtige Staat mit einer Art Pharao, oder einem Haufen konkurrierender Möchtegern-Pharaonen, an der Spitze alle Probleme lösen wird, die sie nicht selbst lösen können. Oder zumindest, dass er es tun sollte. Sie appellieren an den Staat, sie zu retten.

Das ist der Grund, weshalb zum Beispiel kaum eine Generation nach dem Fall der Berliner Mauer eine Beteiligung von Kommunisten an einer deutschen Bundesregierung wieder denkbar geworden ist. Auch eine Beteiligung von Kommunisten an der britischen Regierung ist denkbar. Oder sogar an der US-Regierung.

Was bieten wir Libertären stattdessen unseren Nachbarn, Kollegen und Freunden an? Einen Glauben an sich selbst. Warum ist das nicht gut genug? Warum reicht das nicht aus, um sie vom sicheren Weg in den Totalitarismus abzubringen? Weil sie tief im Inneren zwei Dinge über sich selbst wissen. Zum einen wissen sie, dass sie zeitlich und wissensmäßig begrenzt sind. Irgendetwas wird eines Tages stärker und klüger sein als sie und ihrer physischen Existenz ein Ende setzen. Sie werden sterben. Die andere Sache, die sie über sich selbst wissen, ist diese: Sie wissen, dass sie »fehlerhaft« sind. Selbst mit bestem Wissen und Gewissen machen sie von Zeit zu Zeit Fehler. Wenn sie jemals *Atlas Shrugged* beziehungsweise den *Streik* gelesen haben und mit der Frage »Wer ist John Galt?« konfrontiert wurden, wissen sie eines ganz bestimmt: Sie selbst sind mit Sicherheit kein John Galt. Keiner von uns ist es übrigens, nur für den Fall, dass Sie sich das gefragt haben. Sie werden sich also nicht in Galt's Gulch einfinden.

Und keine noch so umfangreiche libertäre Schulung wird sie dazu bewegen, weil sie tief im Inneren wissen, dass sie, und hier biete ich ein anderes Wort für »fehlerhaft« an, dass sie Sünder sind. Die Leute verfehlen oft das Ziel – das ist die ursprüngliche Bedeutung von sündigen. Sie entscheiden sich falsch. Oder sie sind zumindest versucht, es zu tun. Aufgrund von Unbedarftheit oder Böswilligkeit. Und darüber hinaus wissen sie, dass, wenn *sie* etwas falsch machen oder zumindest versucht sind, etwas Falsches zu tun, andere, auch ihre Nachbarn, von Zeit zu Zeit etwas falsch machen werden. Für den Fall, dass so etwas passiert, wollen sie ein Gericht. Sie wollen etwas, irgendein objektives Ding, das dafür sorgt, dass sie und ihre Nachbarn zumindest die meiste Zeit nicht aus der Reihe tanzen. Und sie wollen einen Standard, auf dessen Grundlage dieses Gericht zuverlässig arbeitet.

Mit anderen Worten, sie haben den Eindruck, dass sie Anleitung und Korrektur von außen brauchen, das heißt Normen und Gesetze. Und wenn die Kirchen das nicht bieten, und wenn die Libertären das nicht bieten, werden diese Menschen woanders hingehen. Und wenn die Menschen nicht an den Schöpfergott glauben, der uns das Gebot gegeben hat, die Welt zu beherrschen, die Herrschaft über sie seinen Geboten entsprechend auszuüben, dann gibt es nur eine andere Möglichkeit, die sie in Anspruch nehmen können, nämlich der Machtreligion zu folgen und sich dem Staat zu beugen, auch wenn dieser immer absoluter oder totalitärer wird.

Wenn wir also die Notlage des Libertarismus aus theologischer Sicht betrachten, gibt es nur eine mögliche Schlussfolgerung. Um erfolgreich zu sein, muss der Libertarismus wollen, dass die Herrschaftsreligion erfolgreich ist.

Nun, das würde offensichtlich eine Rückkehr zu einem Glauben an eine zielgerichtete Welt bedeuten. Gemeint ist eine zielgerichtete Schöpfung oder, falls dieses Wort Unwohlsein auslöst, eine zielgerichtete Evolution. Natürlich ist es für mich offensichtlich, dass zumindest einige Libertäre zögern, dies als eine praktikable Strategie überhaupt in Betracht zu ziehen. Um dem entgegenzuwirken, könnte ich auf die Geschichte verweisen und zeigen, wie das Christentum wahrscheinlich der wichtigste Faktor bei der Schaffung der relativen Freiheit und des Wohlstands war, die wir im Westen genießen. Aber das werde ich heute nicht tun.[14] Stattdessen werde ich weiter zeigen, wie die *Bibel* als wahr angesehen werden kann, nämlich unter einer quasi-hayekianischen Perspektive der spontanen Ordnung, mit einem gewissen Vorbehalt.

Ich hatte vorhin gesagt, dass Hayeks System der spontanen Ordnung als Grundlage der Freiheit in Schwierigkeiten gerät, wenn wir an eine ziellose Welt glauben. In einer solchen Welt wird die spontane Ordnung entweder zu einem von Angst getriebenen Kampf um die Macht oder zu einer von Angst getriebenen Flucht aus der Gesellschaft führen. Und auf lange Sicht werden die Machtgetriebenen die Fluchtgetriebenen einholen.

6. Hayeks spontane und Hoppes natürliche Ordnung

Es sieht jedoch ganz anders aus, wenn sich Hayeks spontane Ordnung mit dem Glauben an eine zielgerichtete Welt verbindet. Was dann passiert, ist, dass wir dann das Richterrechtssystem anwenden können, das Hayek für überlegen hielt, und es dazu nutzen können, die genaue Natur dieses Ziels, von dem wir glauben, dass es existiert, zu entdecken. Ich bin sogar überzeugt, dass laut dem Buch Exodus genau dies vor der Offenbarung der Zehn Gebote geschah. Die Offenbarung der Zehn Gebote wird zuerst in Kapitel 20 beschrieben. Kapitel 19 dient der Vorbereitung darauf, als Gott zu Moses sagt, dass die Hebräer sein auserwähltes Volk sein werden und dass sie sich deshalb für heilig halten sollen. Kapitel 18 ist in meinem Kontext das interessante Kapitel.

Hier wird beschrieben, wie Moses nach dem Exodus aus Ägypten über alle Fälle, die das Volk ihm vorbringt, zu Gericht sitzt. Und Moses Schwiegervater, Jethro, ihm sagt:»Es ist nicht gut, was du tust! Du wirst müde und kraftlos, sowohl du als auch das Volk, das bei dir ist; denn diese Sache ist zu schwer für dich, du kannst sie allein nicht ausrichten.«[15] Er gibt Moses diesen Rat:»Sieh dich aber unter dem ganzen Volk nach tüchtigen Männern um, die Gott fürchten, Männer der Wahrheit, die dem ungerechten Gewinn feind sind; die setze über sie als Oberste über tausend, über hundert, über fünfzig und über zehn, damit sie dem Volk allezeit Recht sprechen! Alle wichtigen Sachen aber sollen sie vor dich bringen, und alle geringen Sachen sollen sie selbst richten; so wird es dir leichter werden, wenn sie die Bürde mit dir tragen.«[16] (Vers 18-22) Und genau das tut Moses laut Exodus.

Mich erinnert dies sehr an den Vorgang, den Hoppe als die»natürliche Ordnung« bezeichnet. Den Vorgang, an dessen Ende das steht, was Hoppe die»natürliche Ordnung« nennt. Die Menschen werden natürlich diejenigen in ihrer Gemeinde um juristischen Rat bitten, die in ihrem Leben nachweislich zuverlässig, rücksichtsvoll, unparteiisch, ehrenhaft und erfolgreich sind – mit anderen Worten: natürliche Führungspersönlichkeiten. Und wenn diese auserwählten Richter keine Lösung finden können, reichen sie das Problem an die nächste Ebene weiter. Der Unterschied besteht darin, dass in der *Bibel* gesagt wird, Moses habe diese Leute ernannt, also von oben herab. Ich glaube jedoch, dass jemand, der so weise ist wie Moses, nicht einfach irgendjemanden als Richter über eine Gemeinschaft von zehn, fünfzig usw. ernennen würde, den diese Gemeinschaften nicht akzeptieren würden. Das wäre nicht in seinem Interesse, denn er will sich entlasten und nicht den Arbeitsumfang für sich noch vergrößern. Ich denke also, dass wir in Exodus Kapitel 18 ein frühes und biblisches Beispiel für Hoppes natürliche Ordnung haben.

Und ich bin sicher, dass es kein Zufall ist, dass dieses Kapitel fast unmittelbar vor der Offenbarung der Zehn Gebote erscheint. Ich bin davon überzeugt, dass die Zehn Gebote die Krönung, das Endergebnis einer Vielzahl von Entdeckungen von Recht durch Richterrechtsprechung sind und zu einer spontanen Ordnung führten. Allerdings, und hier ist der sehr wichtige Unterschied zu Hayek in Reinkultur, der Vorbehalt: Die Ordnung ist zwar spontan zustande gekommen, sie ist aber nicht willkürlich. Ich behaupte, dass ein solcher Prozess in jeder Gemeinschaft auf einer Basis eines Bundes mit Gott am Ende zu einer identischen Reihe von Geboten führen würde. Und das ist gut so, denn selbst Hoppe, der von sich sagt, Agnostiker zu sein, hat kürzlich dargelegt, dass die Zehn Gebote ein sehr libertäres Regelwerk sind. Bei den ersten vier Geboten, bei denen es hauptsächlich um die Anerkennung Gottes geht (beim vierten geht es darum, den Sabbat heilig zu halten), ist er etwas zurückhaltend. Aber bei den anderen sechs Geboten ist sein Urteil klar. Sie sind

▶ »Fünftes Gebot: Du sollst deinen Vater und deine Mutter ehren, damit du lange lebst in dem Land, das der Herr, dein Gott, dir gibt!
▶ Sechstes Gebot: Du sollst nicht töten!
▶ Siebtes Gebot: Du sollst nicht ehebrechen!
▶ Achtes Gebot: Du sollst nicht stehlen!
▶ Neuntes Gebot: Du sollst kein falsches Zeugnis reden gegen deinen Nächsten!
▶ Zehntes Gebot: Du sollst nicht begehren das Haus deines Nächsten! Du sollst nicht begehren die Frau deines Nächsten, noch seinen Knecht, noch seine Magd, noch sein Rind, noch seinen Esel, noch irgendetwas, das dein Nächster hat! (Aus: Schlachter 2000, Geneva Bible Society).«[17]

Hoppe sagt über diese sechs Gebote, dass sie »sogar als eine Verbesserung gegenüber einem strengen und starren Libertarismus erkannt werden – unter der Voraussetzung des gemeinschaftlichen, gemeinsamen Ziels der sozialen Perfektion: dem einer stabilen, gerechten und friedlichen Gesellschaftsordnung.«[18]

Mit anderen Worten: unter der Voraussetzung eines Zwecks – eines Zwecks, der entdeckt werden kann, wenn man danach sucht.

7. Naturgesetze und ethische Gesetze

Warum denke ich, dass der von mir gerade beschriebene Rechtsprechungsprozess in jeder auf einem Bund mit Gott beruhenden Gesellschaft zu einer identischen Reihe von Geboten führen würde? Weil ich glaube, dass die Welt absichtlich geschaffen wurde. Und weil ich glaube, dass die Naturgesetze geschaffen wurden, um die Welt physisch zusammenzuhalten, um ihr eine physische Langlebigkeit und Vorhersehbarkeit zu geben, und dass die ethischen Gesetze gleichzeitig geschaffen wurden, um die Welt ethisch vorhersehbar zu machen und den Gesellschaften Langlebigkeit und Stabilität zu geben. Das heißt, es wurde getan, um uns, dem Ebenbild des Schöpfers, Wohlstand zu ermöglichen, wenn wir den natürlichen, ethischen Gesetzen des Schöpfers entsprechend leben. In beiden Fällen, sowohl bei den Naturgesetzen als auch bei den ethischen Gesetzen, waren sie von Anfang an vorhanden und mussten entdeckt werden, damit wir in dieser Welt gedeihen können. Wenn wir versuchen, unter Ignorierung der Naturgesetze zu leben, sterben wir sehr schnell. Wenn wir versuchen, unter Ignorierung der Gesetze der Ethik zu leben, kommt es zu Tyrannei und/oder Gemetzel und Elend.

Ich glaube, das ist so, weil wir beobachten, dass sich jedes chaotische System schnell in eine Art von Ordnung verwandelt, *wenn* sogenannte Attraktoren vorhanden sind. Zum Beispiel wird chaotisch verteilter Wasserdampf zu einer Regenwolke, wenn winzige Staubpartikel vorhanden sind, an denen sich die H_2O-Moleküle anlagern, kondensieren und sich in immer größere Wassertröpfchen verwandeln, bis die Schwerkraft den Luftwiderstand überwindet und sie zum Boden zieht. Die Tröpfchen stellen eine höhere Ordnungsstufe dar als die völlig zufällige Verteilung der einzelnen Moleküle.

Was verbindet dieses Beispiel aus der Natur mit der Entwicklung eines Rechtssystems?

Die Welt, in der wir in prähistorischen Zeiten lebten, erschien uns als ein willkürlicher, oft chaotischer und sehr furchteinflößender Ort. Wir fürchteten das Wetter, giftige Pflanzen, fleischfressende Tiere – und andere Menschen. Letztere können besonders beängstigend sein. In dem Maße, in dem wir die Naturgesetze und die Gesetze der Ethik entdeckten und ihnen entsprechend lebten, konnten wir den Grad der Gefahr in unserem Leben verringern – weil wir den Grad der Willkür und des Chaos in unserem Leben verringert hatten. Das liegt daran, dass diese Gesetze bereits existierende Attraktoren in einer zunächst sehr chaotisch erscheinenden Welt waren.

Und im Laufe der Jahrhunderte und Jahrtausende haben wir – oder besser gesagt, die Hebräer – die Gesetze entdeckt, die einer Gemeinschaft Frieden und Wohlstand bringen, ohne dass eine starke Zentralmacht erforderlich ist. Ein Einzelner wäre nie in der Lage, sich ein solches System selbst zu erarbeiten. Dies ist die Lektion aus Jordan Petersons Bibelvorträgen. Sie konnte nur durch den ständigen Versuch zustande kommen, Verhaltensweisen gegenüber anderen zu finden, die im Laufe unseres täglichen Lebens zu einem Ergebnis führen, das das Leben aller zuverlässig verbessert. Und die Hebräer waren die Ersten, die das Regelwerk entdeckten, das der Verbesserung am förderlichsten war. Sie taten dies, weil sie die richtige Einstellung hatten, diese Art von Entdeckung zu machen. Sie hatten den Glauben, der dies für sie möglich machte.

8. Fortschritt durch einen Schöpferglauben

Genauer gesagt hatten sie den Glauben an einen Schöpfer, der sich außerhalb von Raum und Zeit befand. Das war damals ein grundlegender Unterschied zu allen anderen Religionen. Die Götter der anderen waren Teil der spontan oder zufällig aus dem Chaos resultierenden Schöpfung. Auch glaubten die Hebräer an einen konkreten Anfang und ein konkretes Ende der Zeit, sie hatten eine lineare Sicht der Zeit; wiederum ein grundlegender Unterschied zu allen anderen Religionen ihres Zeitalters. Die anderen hatten alle eine zirkuläre Sicht der Zeit oder eine ohne Anfang und Ende. Eine begrenzte, lineare Zeitauffassung führte zu der Idee, dass Fortschritt möglich ist. Und siehe da, Fortschritt war möglich. Die Hebräer wurden aus der Sklaverei in das gelobte Land geführt. Zumindest ist das die Geschichte, die sie sich selbst erzählten. Und das ist es, was zählt, denn diese Geschichte hat die Idee des Fortschritts seither mitgeprägt.

Als die Hebräer also ihre Gesetze, die Gesetze Gottes, entdeckten, schrieben sie sie als etwas Heiliges nieder. Und ich glaube, sie hatten recht. Ganz am Ende der fünf Bücher Mose, des sogenannten Pentateuch, finden sich, als eine Art Abschlusspunkt des Systems der Gesetze, ein letztes Versprechen und eine letzte Warnung. Damit meine ich Deuteronomium 28, die Segnungen und die Flüche. Gott verspricht dem Volk Israel sehr detaillierte Segnungen, das, was wir heute Wirtschaftswachstum pro Kopf nennen würden, solange es seinen Regeln gehorcht. Und er verspricht Flüche, entweder Naturkatastrophen oder Seuchen oder katastrophale Kriege, wenn seine Regeln nicht befolgt werden.

Dieses Prinzip der Segnungen und Flüche wurde von Jesus nicht verworfen. Stattdessen wiederholte er es, zum Beispiel im Gleichnis von den Talenten (Matthäus 25,14-30). Drei Diener erhalten einige Talente, das heißt wertvolle Münzen. Zwei von ihnen investieren die Talente erfolgreich und werden vom Meister gesegnet. Der dritte begräbt das Talent einfach. Der Meister verflucht ihn und befiehlt, ihn in die äußere Finsternis zu werfen, wo »Heulen und Zähneknirschen«[19] sein wird.

Also: Eigentum, das von Gott kommt, ist sicher, wenn die Menschen an ihn als Schöpfer der Welt glauben und daran, dass seine Regeln, wenn sie eingehalten werden, zum Segen, das heißt zum Wohlstand, führen. Die Alternative dazu ist ein willkürliches Universum, in dem Frieden und Wohlstand eine zufällige Ruhepause in einem nicht enden wollenden chaotischen Strudel von Machtergreifungen ist.

9. Resümee

Schlussfolgerung: Ohne Gott ist der Libertarismus dazu verdammt, ein Randelement der Gesellschaft zu sein, das ohnmächtig zusieht, wie im gesellschaftlichen Chaos Tyranneien aufsteigen und fallen und in einer scheinbar endlosen Serie wieder auferstehen. Allein wird der Libertarismus niemals seine Ziele von Freiheit, Wohlstand und Glück für die größte Zahl von Menschen erreichen. Der Grund dafür ist, dass der Libertarismus »Sinn« und objektive Werte außer Acht lässt. Er beruft sich nicht auf die Moral. Er hat sich von seinem geistigen Vorfahren, dem aus dem Judentum geborenen Christentum, getrennt. Dies ist die Herrschaftsreligion, die uns gebietet, die Welt zu beherrschen, dies aber unter Einhaltung der Gesetze des höchsten Eigentümers zu tun. Wie die Hebräer in Ägypten können wir das gelobte Land erreichen, voll von sonnigen Tagen des Friedens und Wohlstands, oder wir können Sklaven bleiben. Das ist die uns gegebene Wahl.

10. Literaturhinweise

10.1. Literatur

Grözinger, Robert: *Jesus, der Kapitalist – Das christliche Herz der Marktwirtschaft*, FinanzBuchVerlag, München 2012.

Mangalwadi, Vishal: *Das Buch der Mitte – Wie wir wurden, was wir sind: Die Bibel als Herzstück der westlichen Kultur*, Fontis, Basel 2016.

North, Gary: *Authority and Dominion: An Economic Commentary on Exodus, Teil 1: Representation and Dominion* (Ursprünglich: *Moses and Pharaoh: Dominion Religion vs. Power Religion*), 3. Ausgabe, Dallas, Texas, 2012.

10.2. Onlinequellen

Exodus 18, *Die Bibel*, Schlachter 2000, *https://www.biblegateway.com.*

Hoppe, Hans-Hermann: A Primer on Hoppe's Argumentation Ethics, *https://mises.org/wire/primer-hoppes-argumentation-ethics.*

Hoppe, Hans-Hermann: »Auf der Suche nach einem historischen Narrativ – Wie sich die Gesellschaft gemessen an christlichen und libertären Ideen veränderte«, deutsche Übersetzung der auf der Versammlung der »Property and Freedom Society« am 16. September 2018 präsentierten Rede, *eigentümlich frei*, 31. Dezember 2018, *https://ef-magazin.de/2018/12/ 31/14195-geschichtsrevision-dank-mittelalter-auf-der-suche-nach-einem-historischen-narrativ.*

Matthäus 25, *Die Bibel*, Schlachter 2000, *https://www.biblegateway.com.*

North, Gary: »An Economic Commentary on the Bible, Genesis to Revelation«, *https://www.garynorth.com/public/department158.cfm.*

Online Library of Liberty: »Adam Ferguson observed that social structures of all kinds were ›the result of human action, but not the execution of any human design‹ (1782)«, *https://oll.libertyfund.org/quotes/104.*

Peterson, Jordan: »The Psychological Significance of the Biblical Stories: Genesis«, *https://www.youtube.com/user/JordanPetersonVideos.*

Die angegebenen Internetadressen wurden am 5. Januar 2021 aufgerufen.

10.3. Anmerkungen

1. Jordan Peterson: »The Psychological Significance of the Biblical Stories: Genesis«, *https://www.youtube.com/user/JordanPetersonVideos.*
2. Siehe Hans-Hermann Hoppe: »A Primer on Hoppe's Argumentation Ethics«, *https://mises.org/wire/primer-hoppes-argumentation-ethics.*
3. Der Ausdruck »emergente Ordnung« stammt vom schottischen Aufklärer Adam Ferguson, der schrieb: »Jeder Schritt und jede Bewegung der Menge, selbst in sogenannten aufgeklärten Zeitaltern, wird mit gleicher Blindheit für die Zukunft vorgenommen; und Nationen erfinden unerwartet Einrichtungen, die zwar das Ergebnis menschlichen Handelns sind, aber nicht die Ausführung irgendeines menschlichen Plans.« »Diese Passage hatte einen tiefgreifenden Einfluss auf das Denken des österreichischen Ökonomen Friedrich Hayek bei der Formulierung seiner Ideen der ›spontanen Ordnung‹«. Siehe *https://oll.libertyfund.org/quotes/104.*
4. Siehe Gary North: »An Economic Commentary on the Bible, Genesis to Revelation«, *https://www.garynorth.com/public/department158.cfm.*
5. Gary North: *Authority and Dominion: An Economic Commentary on Exodus, Teil 1: Representation and Dominion (Ursprünglich: Moses and*

Pharaoh: Dominion Religion vs. Power Religion), 3. Ausgabe, Dallas, Texas, 2012, S. 2.

6. Ebd., S. 5.
7. Ebd.
8. Ebd.
9. Ebd., S. 3.
10. Ebd.
11. Genesis 1, *Die Bibel*, Schlachter 2000,
12. Gary North: *Authority and Dominion*, a. a. O., S. 4.
13. Ebd., S. 1.
14. Weiterführende Literatur: Robert Grözinger: *Jesus, der Kapitalist – Das christliche Herz der Marktwirtschaft*, FinanzBuchVerlag, München 2012; Vishal Mangalwadi: *Das Buch der Mitte: Wie wir wurden, was wir sind: Die Bibel als Herzstück der westlichen Kultur*, Fontis, Basel 2016.
15. Exodus 18, *Die Bibel*, Schlachter 2000, *https://www.biblegateway.com*.
16. Ebd.
17. Hans-Hermann Hoppe:»Auf der Suche nach einem historischen Narrativ – Wie sich die Gesellschaft gemessen an christlichen und libertären Ideen veränderte«, deutsche Übersetzung der auf der Versammlung der»Property and Freedom Society« am 16. September 2018 präsentierten Rede, *eigentümlich frei*, 31. Dezember 2018, *https://ef-magazin.de/2018/12/31/14195-geschichtsrevision-dank-mittelalter-auf-der-suche-nach-einem-historischen-narrativ*.
18. Ebd.
19. Matthäus 25, *Die Bibel*, Schlachter 2000, *https://www.biblegateway.com*.

Teil 4

Globale Aspekte

WALTER SONNLEITNER

Globale Handels- und Machtverträge im geopolitischen Zusammenhang

Vorbemerkungen des Autors

Während der Arbeit für die vorliegende Abhandlung fielen mir in den Bücherregalen in meinem Arbeitszimmer einige Werke auf, die ich teils schon während meiner Studienzeit in den 1960er-Jahren gekauft und gelesen hatte und die mein geopolitisches Verständnis nachhaltig geprägt haben.

Da war *Die amerikanische Herausforderung* des Franzosen Jean-Jacques Servan-Schreiber, der den Europäern ihre Selbstüberschätzung vor Augen führte und die Gefahr betonte, im technischen und wirtschaftlichen Wettbewerb mit den USA zu unterliegen und in Abhängigkeit zu geraten.[1]

20 Jahre später, als sich diese Befürchtungen bereits bewahrheitet hatten, machte Daniel Burstein auf eine neue Herausforderung aufmerksam, die sowohl für Europa als auch für die USA virulent geworden war: *YEN! – Die japanische Herausforderung.* Hier ging es um die Konkurrenz, die Japan und seine extrem leistungsbewusste Bevölkerung für die Konsumindustrie auf den Märkten in Europa und in Amerika darstellten – gepaart mit einem Aufstieg Tokios als Finanzmetropole.[2]

Im Zusammenbruch der Sowjetunion, der Auflösung des Comecon-Blocks und dem Fall der Stacheldraht-Grenzen in Europa sah der Autor Burstein eine neue Chance für den alten Kontinent heraufkommen: *Weltmacht Europa* – Die Öffnung des Ostens und der europäische Binnenmarkt würden das Kräfteverhältnis in der Welt verändern, so hoffte er.[3]

Was sich indessen wirklich vor aller Augen in den globalen geopolitischen Machtstrukturen entwickelt hat, wurde in einem Buch des

Franzosen Alain Peyrefitte drastisch dargelegt: *Wenn sich China erhebt ... erzittert die Welt.* Dabei handelt es sich um die nicht ganz geglückte Übersetzung einer fast prophetischen Aussage aus dem Französischen, die Napoleon I. zugeschrieben wird.[4]

1. Der Transatlantische Wettbewerb: Die Streitthemen TTIP und CETA zeigen neue Perspektiven

Im Nachkriegs-Europa konnten die vormals verfeindeten und außerdem in zwei politische Blöcke geteilten Nationalstaaten erst ab den 1960er-Jahren zu einer schrittweisen und vorsichtigen Annäherung in wirtschaftlichen und politischen Fragen finden – zumindest im westlichen und nicht kommunistischen Raum. Die Staaten in Osteuropa waren ja bis Anfang der 1990er-Jahre fest im Sowjetblock zusammengebunden. Trotzdem konnten sich letztlich nur 28 beziehungsweise dann sogar nur 27 Staaten zu einer Wirtschafts- und teilweise auch Währungsunion zusammentun, mit Aussicht auf Erweiterung. Hauptkonkurrent und stetiger Herausforderer für Europa waren die USA. Und eine friedliche Einigung über einen Freihandel ist bis zum Jahre 2020 noch nicht gelungen.

Die exekutiven Organe der EU und der USA hatten 1990 erstmals einen »transatlantischen Dialog« begonnen, der mehr Zusammenarbeit bringen sollte. Es dauerte noch bis zum Juni 2013, bis sich die EU-Wirtschaftsminister auf ein Verhandlungsmandat für ein Freihandelsabkommen mit den Vereinigten Staaten einigen konnten.

Das Transatlantische Freihandelsabkommen war ursprünglich als »Trans-Atlantic Free-Trade Agreement« (TAFTA) verhandelt worden, und zwar in Anlehnung an das Partnerschaftsabkommen, das die USA mit Kanada und Mexiko abgeschlossen hatten (North American Free Trade Agreement – NAFTA) und das nun auch direkt als Partnerschaftsabkommen im Vertrag mit den EU-Staaten vorgesehen war. Endgültig wurde dann die offizielle Bezeichnung »Transatlantic Trade and Investment Partnership« (TTIP) gewählt. Damit wurde auch die Doppelfunktion von Freihandelszone und Clearing-

Einrichtung für den Investitionsschutz zum Ausdruck gebracht. Der Investitionsschutz war schon in den 1990er-Jahren in einem »Multilateralen Investitionsabkommen« (MAI) ausverhandelt worden, das dann aber 1998 am Einwand Frankreichs scheiterte.

Das TTIP-Abkommen hat insbesondere in Deutschland und Österreich heftige Proteste und leidenschaftliche Auseinandersetzungen zwischen den Befürwortern und den Kritikern ausgelöst. Die Befürworter von TTIP – sie stammten fast ausschließlich aus den Kreisen der Großunternehmen – machten hauptsächlich die wachstumsfördernden Auswirkungen des Freihandels geltend: Es sei eine Zunahme beim Bruttoinlandsprodukt von 0,4 Prozent für die USA und von 0,5 Prozent für die EU zu erwarten. Dagegen die Einwände der Arbeitnehmervertretungen: Die bisherige Anzahl der Arbeitsplätze sei nur bei großen Strukturänderungen und umfangreichen Umschulungsmaßnahmen haltbar. Und diese Kosten müssten hauptsächlich vom Staat getragen werden. Außerdem seien bei einem Wegfall von 97 Prozent der Zölle viel weniger Einnahmen für den Staat zu erwarten. Und insgesamt würden die Gewinnsteigerungen der Großindustrie die Einkommensausfälle im Gewerbe und in der Landwirtschaft der EU-Staaten nicht ausgleichen können. Oder noch konkreter: Man würde Bauern und Handwerker opfern, um Zusatzgewinne für die Industrie zu ermöglichen.

Die Agrarlobby wandte sich gemeinsam mit den EU-Konsumentenschützern ganz besonders leidenschaftlich gegen die Fleischproduktion der USA. Es wurden Horrorbilder in der Antiwerbung verwendet: Klonfleisch und Klonmilch, Turbo-Hormonschweine oder Wachstumschips für Kälbermast. Außerdem sei das Waschen der Tiere mit Milchsäure und Chlor erlaubt und gang und gäbe. Das »Chlorhuhn« erreichte damals zum Höhepunkt der Anti-TTIP-Proteste tragikomische Berühmtheit. Dass dieses nach Europa exportierte Fleisch dann um durchschnittlich 40 Prozent billiger verkauft werden könnte, ließ die Bauernvertreter Seite an Seite mit den Konsumentenschützern auf die Barrikaden steigen.

Gewichtige Einwände kamen von den Konsumentenschützern auch wegen der unterschiedlichen Rechtssysteme für Produktsicherheit. Die EU kennt hier ein Vorsorgeprinzip, welches besagt, dass vor einer Inverkehrssetzung strenge Prüfungen und Testnachweise erbracht werden müssen. In den USA gilt das Nachsorgeprinzip. Da müssen die Hersteller einfach nur erklären, dass die Produktsicherheit gegeben ist. Allerdings tragen sie dann ein hohes Prozess- und Strafrisiko, wenn Schäden auftreten.

Die US-Produzenten können jedenfalls billiger und schneller auf den Markt kommen als die Konkurrenz aus Europa. Wenn dann wirklich ein Schaden passiert, kommt sie das zwar teuer zu stehen, aber möglicherweise sind die geschädigten Konsumenten bereits krank oder tot.

Verlangt wurde von den USA auch eine Vollgarantie für einheitliche Standards bei Umweltschutz und Sozialrecht. Die Gewerkschaften argumentierten damals, dass auch in Österreich und ganz Europa die Lohnniveaus stark einbrächen, wenn man die Billiglöhne der US-Betriebe zulassen würde. Als Folge der Billigpreise bei US-Produkten würden auch die Betriebe in Österreich auf Lohnkürzungen drängen.

Ein weiterer stark umkämpfter Kritikpunkt im TTIP-Abkommen ist die Regelung von Streitigkeiten über die Schiedsgerichte beim Investitionsschutz. Hier sehen die amerikanischen Vorstellungen eine Zusammensetzung der Schiedsgerichte aus Privatanwälten vor. Sollte ein Nationalstaat über geänderte Gesetze die Investitionen eines Privatunternehmens schädigen, so könnten privat bezahlte Anwälte den Nationalstaat zu hohen Schadenszahlungen verdonnern. Meist sind dann auch die Anwälte der Klägerfirmen im Schiedsgericht, also sind die Ankläger auch gleich die Richter. In Europa schlägt man nach dem Vorbild der WTO-Schlichtungseinrichtung einen eigenen Investitions-Gerichtshof mit echten Richtern vor. Im bereits fertig ausgehandelten und unterzeichneten CETA-Abkommen hat man diese Frage zumindest teilweise über einen Kompromiss gelöst.

Das »Comprehensive Economic and Trade Agreement« – kurz CETA – ist ein Freihandelsabkommen zwischen Kanada und den EU-Staaten. Es enthält eine Reihe von Handels- und Zollerleichterungen, aber auch Klauseln über den Investitionsschutz mit den umstrittenen Regeln. Das CETA-Abkommen wurde im September 2014 veröffentlicht. In verschiedenen Nachverhandlungen konnten die Kritikpunkte abgeschwächt werden, sodass im Oktober 2016 die Vertragsunterzeichnung zwischen Kanada und den zuständigen EU-Spitzenvertretern stattfinden konnte. Nach der Zustimmung des Europäischen Parlaments ist CETA im September 2017 in Kraft getreten. Für ein vollständiges Inkrafttreten ist aber noch die Ratifizierung durch die nationalen Parlamente in der EU und in Kanada erforderlich.

TTIP war zwar bereits im Oktober 2016 unterschriftsreif, doch ahnte man damals schon, dass ein solches Abkommen wohl noch für einige Zeit keine Zukunft haben würde. Nachdem im November 2016 Donald Trump als Sieger aus den Präsidentschaftswahlen in den USA hervorgegangen war, hatte er die Gespräche gleich nach Amtsantritt ad acta legen lassen. Er hatte sich schon in den Wahlreden als entschiedener Gegner eines Freihandels im Weltwirtschaftssystem gezeigt, dies mit Slogans wie »America First« verstärkt und bald darauf enorme Strafzölle gegen die EU und gegen China verhängt. Wie es mit TTIP weitergehen wird, dürfte sich erst in nächster Zeit abschätzen lassen, da dieses Thema nun nach den US-Präsidentschaftswahlen sicher neu überdacht wird.

Was hingegen mit einem anderen Freihandelsvertrag passiert ist, den die Vorgänger im US-Präsidentenamt schon seit 2008, also teilweise parallel zum TTIP-Vertrag, verhandelt, aber auch schon im Herbst 2016 unterzeichnet hatten, ist inzwischen bereits Geschichte: Im »Trans-Pacific Partnership«-Abkommen – TPP – waren zwölf Partner zur Schaffung eines Wirtschaftsraumes quer über den Pazifik angetreten, aber unter strategischer US-Führung und ganz sicher

nicht zur Freude Chinas, weil damit die Abhängigkeit mehrerer süd-
ostasiatischer Staaten von China gemindert werden sollte. Fakt ist,
dass Präsident Donald Trump den Vertrag schon im Januar 2017 und
damit in den ersten Tagen nach Amtsantritt gekündigt hat. Die verbleibenden elf Partner – darunter auch Japan – haben den TPP-Ver-
trag dann Ende 2018 in Kraft treten lassen.

Was auch immer in den Auseinandersetzungen um Für und Wider
beim TTIP- und beim CETA-Abkommen an Argumenten ausge-
tauscht wurde, konnte und kann die Bedeutung für Marktmachtpoli-
tik und den Kampf um die Vormachtstellung in der Weltwirtschaft
nicht außer Acht lassen. Der TTIP-Vertrag umfasst einen Freihan-
delsraum von 800 Millionen Menschen in den USA, den NAFTA-
Partnern Kanada und Mexiko sowie den EU-Staaten – also etwa
10 Prozent der Weltbevölkerung. Dieser Wirtschaftsraum bewerk-
stelligt aber mehr als 40 Prozent des Welthandels an Waren und
Dienstleistungen.

Demgegenüber hat sich in Asien zuletzt ein Freihandelsblock aufgebaut und unter der Vorherrschaft der Volksrepublik China organi-
siert, der 3 Milliarden Menschen zusammenfasst, also etwa 40 Prozent der Weltbevölkerung. Diese Staaten im pazifisch-asiatischen
Wirtschaftsblock erbringen bereits deutlich mehr als die Hälfte der
Weltwirtschaftsleistung und einen 40-Prozent-Anteil am Welthandel,
aber mit stark steigender Tendenz. Allerdings hat es China mit seiner
Politik eines Samthandschuhs über der eisernen Faust zuwege gebracht, sich niemals so viel Kritik und Gegenströmungen gefallen lassen zu müssen, wie es die USA mit ihren Partnern in den westlichen
Industrieländern immer wieder erleben.

2. Der asiatisch-pazifische Wirtschaftsblock: Der Aufstieg Chinas zur Wirtschaftsweltmacht

Der anhaltende wirtschaftliche Aufstieg im Fernen Osten wurde in
Europa eher nur staunend beobachtet. Die enormen Wachstumsraten
im asiatisch-pazifischen Wirtschaftsraum lösten alsbald eine Abwan-

derungsbewegung der europäischen Industrieunternehmen dorthin aus. Schließlich waren dort die Umweltschutzauflagen nur minimal und daher kostengünstig, und es gab billige Arbeitskräfte. Der Preis für diese neuen Markt- und Gewinnchancen war aber hoch – für den gesamten europäischen Wirtschaftsraum. Es wurden nur Unternehmen mit Hochtechnologie für Joint Ventures ausgesucht, was einem Gratis-Technologietransfer gleichkam.

China konnte schon nach kürzester Zeit eine moderne Industrie aufbauen und die gesamten westlichen Konsummärkte mit Billigstprodukten aller Art überschwemmen. Nebenbei hatten die Verlagerungen der Produktionsbetriebe in den Fernen Osten letztlich zur Folge, dass es in vielen und sehr kritischen Bereichen alsbald nur noch Anbieter in Südostasien, vor allem aber in China gab.

Den ersten großen Zusammenschluss von Staaten in Südostasien gab es bereits im Jahre 1967 – also 10 Jahre nach Gründung der EWG durch die Verträge von Rom: Die »Association of Southeast Asian Nations« – kurz ASEAN – war eine Vereinigung von zehn Staaten im südostasiatischen Raum. Ausgerichtet war dieses Bündnis zunächst auf die Verbesserung der wirtschaftlichen, politischen und sozialen Zusammenarbeit, aber auch in Sicherheits-, Umwelt- und Kulturfragen. Erst 2009 wurde beschlossen, einen gemeinsamen Wirtschaftsraum nach dem Vorbild der EU zu schaffen. Mit seinen 600 Millionen Einwohnern ist der ASEAN-Wirtschaftsraum durchaus mit der EU vergleichbar.

Wirtschaftlich und geopolitisch wesentlich bedeutsamer ist die »Asia-Pacific Economic Cooperation« – APEC, die Asiatisch-Pazifische Wirtschaftsgemeinschaft, die im Jahre 1989 auf Initiative von Australien, Japan und den USA gegründet wurde. Das erklärte Ziel war es von Anfang an, eine Freihandelszone im pazifischen Raum zu bilden. Die APEC-Gemeinschaft hat 21 Mitglieder, die aus verschiedenen politischen Strukturen kommen – etwa China und Russland oder USA, Australien, Chile und Peru –, und selbstverständlich aus mehreren Erdteilen. Weder die EU noch andere europäische Staaten wurden zur Teilnahme eingeladen. Zuletzt haben sich aber auch die USA – wegen der Ablehnung von Freihandelsverträgen – und Russland etwas zurückgezogen. Beispielsweise waren 2018 weder Präsident Trump noch Präsident Putin zum »Leaders Meeting« der Organisation angereist, und es konnte auch keine gemeinsame Abschlusserklärung verabschiedet werden. Im Laufe der Veranstaltung kam es zu heftigen gegenseitigen Beschuldigungen seitens der Delegationsleiter Chinas und der USA, begleitet von Drohungen mit milliardenschweren Strafzöllen.

Die Volksrepublik China verfolgt den schrittweisen Rückzug der USA gewiss mit Zufriedenheit. Man kann auch von einem bewussten Zurückdrängen der USA und Russlands aus dem ostasiatischen Wirtschaftsraum sprechen, denn mit viel asiatischer Geduld arbeitet die kommunistische Großmacht in diesem Zentralraum bereits seit vielen Jahren konsequent am Aufbau einer Wirtschafts- und Freihandelszone unter ausschließlicher Machtausübung durch China. So soll ein Gegengewicht zum »kapitalistischen« Wirtschaftsblock des Westens geschaffen werden.

Als Vorläuferorganisation zur Großmachtlösung wurde 2012 mit den Verhandlungen zur »Regional Comprehensive Economic Partnership« (RCEP) begonnen. Die Teilnehmer stammen alle aus dem asiatisch-pazifischen Wirtschaftsraum. Die Basis bilden zunächst die zehn ASEAN-Staaten und deren sechs Freihandelspartner, den starken Kern hat diese Organisation aber sicher in den drei Wirtschaftsgroßmächten China, Indien und Japan. Abgerundet wird die Selektion durch drei Staaten, die eher dem westlichen Wirtschaftslager zugeordnet werden können: Australien, Neuseeland und Südkorea. Die USA, Russland und die EU sollen nicht teilnehmen.

Als Endstufe für die Freihandels- und Wirtschaftsblock-Lösung im asiatisch-pazifischen Raum gilt aber schließlich die »Free Trade Area of the Asia-Pacific« (FTAAP). Die Diskussionen hierzu sind offiziell seit 2010 im Gange, angestoßen durch den Wirtschaftswissenschafter C. Fred Bergsten.[5]

Dr. Vinod Aggarwal, einer der schärfsten Kritiker dieser Freihandelslösung aus der Sicht der US-Handelspolitik, betont in diesem Zusammenhang: »Selektive Freihandelslösungen durch sektorale und bilaterale Handelsverträge, bezogen auf fest umschriebene Wirtschaftsräume, fördern zwar freiere Handelsinteressen, doch damit wird die Handelspolitik sehr stark protektionistischen Interessen unterworfen.« Wobei die Kritik hier eindeutig auf die Vorherrschaftsbestrebungen Chinas ausgerichtet ist.[6]

Partner sind hier – ähnlich wie bei der RCEP-Freihandelszone – die ASEAN-Staaten und ihre sechs Freihandelspartner, dann China, Japan und Indien, wobei diese Staaten noch einige Vorbehalte angemeldet haben beziehungsweise »überzeugt« werden müssen. Australien, Neuseeland und Südkorea, die als US-verbündete Staaten gelten, werden hier nicht mehr teilnehmen können. Und selbstverständlich sind auch die USA, Russland und die EU ausgeschlossen.

3. »Die gelbe Gefahr hat rote Hände« – »Das böse Erwachen aus der China-Goldgräberstimmung«

Die beiden Kapitelüberschriften sind Zitate. Erstere ist der Titel eines Buches aus den frühen 1960er-Jahren, das in fast prophetischer Sicht die aktuelle geopolitische Situation wiedergibt. Schließlich agiert China gerade jetzt besonders aggressiv bei der Einflussnahme auf wirtschaftliche und politische Prozesse in Europa und setzt gegenüber religiösen Minderheiten oder politischer Kritik brutalste Methoden im Sinne des kommunistischen Kadergehorsams ein.

Die zweite Titelüberschrift spielt auf die besorgte Suche der EU-Politiker nach einer gemeinsamen Strategie gegen die Einflussnahme und Einmischung Chinas im Hinblick auf europäische Wirtschaftsinteressen an. Vor allem die ökonomischen Verwerfungen durch die Corona-Pandemie haben eine völlig neue Situation geschaffen. Und es geht jetzt ganz konkret darum, die 27 Staaten auf eine gemeinsame Linie gegenüber China einzuschwören. Vom Partner zum Gegner: »Das böse Erwachen aus der China-Goldgräberstimmung«, so lautet der volle Titel einer kritischen Analyse in der deutschen Zeitung *Tagesspiegel* vom 22. Juni 2020.[7]

China ist vom langjährigen Partner zum systemischen Rivalen der Europäischen Union geworden und hat in seiner globalen Wirtschaftspolitik den USA beziehungsweise den Europäern gegenüber zwei völlig unterschiedliche Strategien verfolgt. Zum einen werden gegenüber dem Hauptkonkurrenten um die Vorherrschaft auf den Märkten direkte, beinharte Machtkämpfe ausgetragen, mit der Androhung von ruinösen Strafzöllen und mit Feilschen um jeden Marktzugang. Mit den Ländern Europas hat man einen »elastischen« Weg gefunden, nämlich mit bilateralen Einzelverträgen. China kann dabei als Wirtschaftsmacht nach dem System »Zuckerbrot und Peitsche« vorgehen und die einzelnen EU-Mitgliedsländer nach Belieben gegeneinander ausspielen. So meint der Grünen-Außenpolitiker Omid Nouripour als Mitglied der »Inter-Parliamentary Alliance on China« (IPAC): »Der bilaterale Weg hat sich für viele als der falsche erwiesen, da am Ende immer der größere Partner der Gewinner ist.«[8]

Längst hat man daher innerhalb der EU erkannt, dass es höchste Zeit ist, gegenüber China mit geeinter, starker Stimme aufzutreten. Aktuelle Anlässe gibt es inzwischen genug, und der Ärger über das Auftreten Chinas in Europa ist groß. Seit Jahresmitte 2020 sind nun auch schon völlig neue Töne angeschlagen worden. Der EU-Außenbeauftragte Josep Borrell ließ bei der Außenministertagung Ende Mai mit einer deutlichen Aufforderung aufhorchen: »Wir brauchen eine robustere Strategie für China, die auch bessere Beziehungen zum Rest des demokratischen Asiens erfordert.«[9]

Bisher hatte China auf Kritik aus Europa eher bemüht gelassen reagiert. Man weiß zu genau, wie sehr die europäischen Firmen von einem Marktzugang in China abhängig sind. Und in vielen Beispielen hat sich gezeigt, dass China sehr erfolgreich darin war, einzelne Staaten dafür zu gewinnen, Partei im Sinne Chinas zu ergreifen, wenn es um Kritik an Chinas Politik in Hongkong oder im Unterdrücken der uigurischen Volksminderheit in internationalen Gremien geht. Solche Unterstützung hatten die kommunistischen Machthaber zuletzt mehrfach aus Griechenland, Ungarn, Serbien und Tschechien erfahren, wenn auch mit nachlassender Begeisterung. Dennoch rechneten die chinesischen Machthaber nach wie vor damit, auch europäische Staaten als WTO-Mitglieder auf ihre Seite ziehen zu können, wenn es um die Machtverfestigung in der Welthandelsorganisation und damit auch auf den Weltmärkten geht. Und woran China nach wie vor viel gelegen ist, das wäre eine Abwendung der Europäer von der US-Hegemonie, da die Politik von Präsident Trump schließlich auch die EU genauso wie China mit Strafzöllen bedroht.

Dass China in ganz Europa bereits viele wichtige Seehäfen gekauft hat, wird hier längst mit Besorgnis gesehen, ebenso die Aktivitäten beim Aufbau der sogenannten »Neuen Seidenstraße«, wie etwa die Pläne für eine Eisenbahnverbindung zwischen Belgrad und Budapest. Erhebliche Beschwerden gibt es ferner über die chinesische Desinformationspolitik in der Corona-Pandemie, und verärgert ist man nicht zuletzt über die Haltung Pekings in der Klimaschutzfrage, die aggressive Wirtschaftsspionage und die bewusste Blockade europäischer Produkte durch illegale chinesische Subventionen.

Dass sich die EU-Staaten im Rahmen der WTO ganz konkret gegen die staatlichen Subventionen von privaten chinesischen Unternehmen starkgemacht und dagegen auch Maßnahmen ergriffen haben, wurde von China als unfreundlicher Akt betrachtet. Umgehend wurde eine Klage gegen die EU-Vertretung wegen Vertragsverletzung eingebracht. Diese zog China dann im Juni 2019 offiziell zurück, nachdem klar geworden war, dass es diese Klage und damit auch das Gesicht verlieren würde. Ein Jahr hatte China Zeit, die Klage wieder aufleben zu lassen. Aber am 15. Juni 2020 war die Frist abgelaufen. China hatte erneut einen Tiefschlag im Rahmen seiner WTO-Zugehörigkeit erlitten.

Die wohl bitterste Abfuhr in diesem Gremium mit seinen 164 Mitgliedsländern, das neben dem Währungsfonds IMF und der Weltbank zu den bedeutendsten internationalen Organisationen gehört, hat für China im Jahre 2016 stattgefunden. In diesem Jahr sollte die provisorische Aufnahme des Landes der Mitte aus dem Jahre 2001 durch die Anerkennung seines Sozial- und Wirtschaftsstatus als »Marktwirtschaft« gekrönt werden. 15 Jahre lang hatte man China Zeit gelassen, sich durch entscheidende Reformen von einem kommunistischen Staat mit totalitären Strukturen in ein Staatsgebilde mit freien demokratischen Prinzipien und einer nach marktwirtschaftlichen Regeln organisierten Wirtschaft zu entwickeln. Dieser Status wäre China auch tatsächlich von einer Mehrheit der Mitgliedsstaaten zugesprochen worden, da China seit langer Zeit viele Entwicklungsländer und Kleinstaaten großzügig finanziell unterstützt. Unter Hinweis auf die Menschenrechtsverletzungen Chinas, die fortwährende Unterdrückung demokratischer Bürgerrechte und die nach wie vor bestehende staatliche Planwirtschaft mit oberster Entscheidungsgewalt durch die Partei haben aber schließlich die USA und einige ihrer westlichen Verbündeten ein Veto eingelegt. Chinas Wut und Enttäuschung ist nachvollziehbar. Schließlich hätte die Anerkennung als marktwirtschaftlich organisierter Staat bedeutet, dass kein WTO-Mitglied in Zukunft Zölle oder Hemmnisse beim Marktzugang gegen China anwenden dürfte. Das wäre für die EU-Wirtschaft ein Super-GAU und für China der Schlüssel zur wirtschaftlichen Weltherrschaft gewesen. Für Springer-Chef Mathias Döpfner war die probeweise Aufnahme Chinas in die WTO 2001 auch ein historischer Fehler. »Der angestrebte Wandel durch Handel führte einzig dazu, dass wir es heute mit einem noch autoritäreren China zu tun haben.« China war in seinem Wettbewerbsverhalten Döpfners Meinung nach nie wirklich fair: »Chinas Anteil an der globalen Wertschöpfung stieg von acht auf ungefähr 19 Prozent, während die USA von 20 auf 15 Prozent zurückfielen und Europas Anteil von 24 auf 16 Prozent. Der Wettbewerb war zu keinem Zeitpunkt fair.«[10] Das sagt alles.

Die wichtige Welthandelsorganisation ist seit einiger Zeit praktisch handlungsunfähig, weil US-Präsident Trump auch die Neubesetzung des wichtigen Vertragsschlichtungsgremiums blockiert hat. Es wurden seiner Meinung nach zu oft Entscheidungen zum Nachteil der USA getroffen. Wie es in der WTO weitergehen wird, sollte zunächst von der Wahl eines Nachfolgers für den im Mai 2020 vorzeitig zurückgetretenen WTO-Direktor Roberto Azevêdo abhängen. Er hatte angesichts der Aussichtslosigkeit für eine tragbare Lösung beim Machtkampf zwischen China und den USA resigniert. Acht Staaten haben ihre Kandidaten in Stellung gebracht, in der Mehrzahl konnten diese Personen aber eindeutig einer der beiden Machtgruppen zugeordnet werden. Auffallend war diesmal das Auftreten von drei international hoch angesehenen Politikerinnen aus Afrika und Ostasien. Bislang hatte es immer nur Männer in dieser Position gegeben.[11]

Die USA wollen die WTO künftig deutlich amerikafreundlicher machen – sicher nicht mit Billigung durch Chinas Politik. Eine Entscheidung im mehrmonatigen Auswahlprozess in drei Phasen ist aber bestenfalls im Jahr 2021 zu erwarten – eher später. Optimisten setzten auf eine Kandidatin mit Fähigkeiten zum Ausgleich der Interessen, Pessimisten auf eine Hängepartie bis weit in das Jahr 2021.

Für den ehemaligen US-Präsidenten Trump war ein globaler Freihandel keine Option. Sein Motto lautete: »America First – Amerika zuerst«. Es wäre freilich ein Irrtum zu glauben, sein Nachfolger Joe Biden könnte in der Sache einen wesentlich anderen Kurs einschlagen. Allenfalls der Ton wird sich ändern. China denkt und handelt genauso, sagt es aber nicht so laut und deutlich. Die Parolen von »Internationaler Solidarität« kommen vor allem bei den armen Entwicklungsländern immer gut an, besonders wenn sie von Finanzhilfen begleitet sind.

Der Kampf der beiden Weltmächte um die Vorherrschaft in Wirtschaft und Politik geht weiter – und er wird härter werden. Die USA konnten sich bisher aufgrund ihrer militärisch-atomaren Stärke und ihrer omnipräsenten Navy auf den Weltmeeren in Sicherheit wiegen. Doch China hat auch hier aufgeholt und strategisch für die Zukunft vorgesorgt – China hat sich die höchst lebenswichtigen Rohstoffe weltweit gesichert. Der angesehene amerikanische Experte für globale

Geopolitik, Professor George Friedman, hat das 2009 in seinem vielzitierten Buch *Die nächsten 100 Jahre* eindrucksvoll beschrieben.[12]

So gesehen, erleben wir schon seit geraumer Zeit, aber besonders jetzt, dass sich eine Prophezeiung erfüllt, die Napoleon I. angeblich 1816 ausgesprochen hat und die später unter anderem auch von Lenin zitiert wurde: »Wenn sich China erhebt, erzittert die Welt!«.[13]

4. Literaturverzeichnis
4.1. Literatur

Burstein, Daniel: *Weltmacht Europa*, Wilhelm Heyne Verlag, München 1991.

Burstein, Daniel: *Yen! – Die japanische Herausforderung*, Wilhelm Heyne Verlag, München 1988.

Friedman, George: *Die nächsten 100 Jahre*, Campus Verlag, Frankfurt/New York 2009.

Peyrefitte, Alain: *Wenn sich China erhebt … erzittert die Welt*, Paul Zsolnay Verlag Wien/Hamburg 1974.

Servan-Schreiber, J. J.: *Die amerikanische Herausforderung*, Verlag Hoffmann und Campe, Hamburg 1968.

4.2. Online-Quellen:

»Free Trade Area of the Asia-Pacific, Related Speeches & Statements«: *https://www.pecc.org./research/ftaap.*

»Das böse Erwachen aus der China-Goldgräberstimmung«, der *Tagesspiegel* vom 22. Juni 2020: *https://www.msn.com/de-de/finance/top-stories/ vom-partner-zum-gegner-das-b-c3-b6se-erwachen-aus-der-china-goldgr-c3-a4berstimmung/ar-BB15PYG9.*

»Afrikanische Union unterstützt Genfer Kandidatur für WTO Direktion«, *Blick* vom 18. Juni 2020, *https://www.blick.ch/news/wirtschaft/welthandel-afrikanische-union-unterstuetzt-genfer-kandidatur-fuer-wto-direktion-id15943714.html.*

Alle Onlinequellen wurden am 8. Januar 2021 aufgerufen.

4.3. Anmerkungen

1. J. J. Servan-Schreiber: *Die amerikanische Herausforderung*, Verlag Hoffmann und Campe, Hamburg 1968.
2. Daniel Burstein: *Yen! – Die japanische Herausforderung*, Wilhelm Heyne Verlag, München 1988.
3. Daniel Burstein: *Weltmacht Europa*, Wilhelm Heyne Verlag, München 1991.
4. Alain Peyrefitte: *Wenn sich China erhebt ... erzittert die Welt*, Paul Zsolnay Verlag Wien/Hamburg 1974.
5. »Free Trade Area of the Asia-Pacific, Related Speeches & Statements«, *https://www.pecc.org./research/ftaap.*
6. Ebd.
7. »Das böse Erwachen aus der China-Goldgräberstimmung«, der *Tagesspiegel* vom 22. Juni 2020, *https://www.msn.com/de-de/ finance/top-stories/vom-partner-zum-gegner-das-b-c3-b6se-erwachen-aus-der-china-goldgr-c3-a4berstimmung/ar-BB15PYG9.*
8. Ebd.
9. Ebd.
10. Ebd.
11. »Afrikanische Union unterstützt Genfer Kandidatur für WTO Direktion«, Schweizer Magazin *Blick* vom 18. Juni 2020, *https://www.blick.ch/news/wirtschaft/welthandel-afrikanische-union-unterstuetzt-genfer-kandidatur-fuer-wto-direktion-id15943714.html.*
12. George Friedman: *Die nächsten 100 Jahre*, Campus Verlag, Frankfurt/New York, 2009.
13. Alain Peyrefitte: *Wenn sich China erhebt ... erzittert die Welt*, Paul Zsolnay Verlag Wien/Hamburg 1974.

KLAUS ZAPOTOCZKY

Freiheit in einer globalisierten Welt

Gedanken eines Soziologen zu Entwicklungsmöglichkeiten einer offenen Gesellschaft

1. Einleitung

Karl Raimund Popper (1902–1994) hat in seinem – inzwischen zum Klassiker gewordenen – Buch *Die offene Gesellschaft und ihre Feinde* die Meinung vertreten, dass sich Europa seit den Errungenschaften der Griechen in einem revolutionären Umbruchprozess von der geschlossenen (Stammes-)Gesellschaft zur offenen Gesellschaft befindet.[1] Die treibende Kraft hinter dieser Entwicklung sah Popper in der kritischen Einstellung, die er auf Thales von Milet (um 624/23 bis ca. 548/544 v. Chr.), den Begründer der Ionischen Naturphilosophie, zurückführte, dessen forschende Suche darin bestand, »nach den Ursachen und Ursprüngen aller Dinge zu fragen«.[2] »Damit schaffte Thales eine neue ... zweistufige Tradition«:[3]

▶ 1. Thales' eigene Lehre wurde durch die Schultradition weitergegeben (und auch die abweichenden Lehren der neuen Schülergenerationen).

▶ 2. Die Tradition wurde erhalten, »dass man seinen Lehrer kritisiert und versucht, es besser zu machen«.

Diese zweistufige Tradition ist nach Popper die Tradition unserer modernen Wissenschaft. Allerdings ist diese Tradition 2 oder 3 Jahrhunderte nach Thales verloren gegangen und wurde von der Renaissance wiederentdeckt. Diese Tradition ist die Grundlage der europäischen Zivilisation und kann sich »nur dort voll entfalten, wo es politische Freiheit gibt«.[4]

Freiheit, ganz allgemein, ist ein Prinzip allen Lebens und ein Grundprinzip der Menschen.

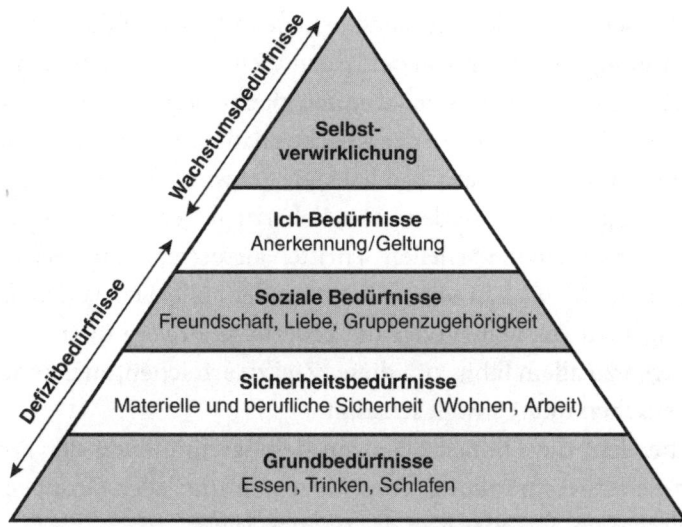

Bedürfnispyramide (nach Maslow)[5]

Freiheit kann – vor allem um das Lebens des anderen willen – in allen Bereichen beschränkt werden. Freiheit ist zugleich unteilbar und muss in allen Bereichen in ausreichendem Maß zur Entwicklung und Verwirklichung der Menschen vorhanden sein. Das bedeutet: Politische Freiheit ist zwar eine notwendige, aber keine hinreichende Bedingung. Auch in anderen Bereichen, vor allem in Wirtschaft, Bildung, Gesundheit, Religion und Weltanschauung, wird ausreichend Freiheit benötigt. Mit diesen angesprochenen Bereichen im Hintergrund wollen wir uns im Folgenden mit Freiheit auseinandersetzen. Bevor wir uns aber konkret mit der Freiheit in den einzelnen Bereichen befassen, obwohl Freiheit unteilbar ist, wollen wir noch einige allgemeine Grundsätze behandeln:

2. Allgemeine Grundsätze für Freiheit

Um des Überlebens willen ist der Mensch oft bereit, alles, auch seine Freiheit, aufzugeben und sich knechten zu lassen. Georg Wilhelm Friedrich Hegel hat in der *Phänomenologie des Geistes* diesen Prozess von Herrschaft und Knechtschaft behandelt[6] und auf die Gefahr der Entfremdung des Herrn von der realen Welt einerseits und den Möglichkeiten des Knechtes, sich zu emanzipieren, aufmerksam gemacht. Was ist das für ein Leben in der Knechtschaft? Der Mensch sehnt sich nach der Fülle des Lebens und hat viele Schwierigkeiten, diese Fülle, die nie völlig erreicht werden kann, beharrlich, geduldig und zielstrebig in relativ kleinen partiellen Schritten anzustreben. Immer wieder lässt sich der Mensch in seiner Gier nach der Fülle dazu verleiten, Abkürzungen zu versuchen oder die Teilerfolge zu vergrößern, und ist sozusagen zu allem fähig, um dieses Ziel zu erreichen, auch indem er Mitmenschen und Umwelt schädigt.

Daher lebt die Freiheit aller von der Beschränkung der Freiheit durch Selbstbeschränkung jedes Einzelnen und aller Gruppen und Gesellschaften. Wo aber liegt das richtige Maß?

Alles Lebendige hat und braucht Grenzen und strebt doch ständig danach, über diese Grenzen hinauszuwachsen. Übermäßiges Wachstum aber ist tödlich, wie am Beispiel von Tumorenwachstum oder Viruswachstum zu erkennen ist. Zugleich entwickeln sich Gegenkräfte, Immunisierungen verschiedenster Art, deren jeweiligen Wachstumsbereichen entsprechend. Bei den Viren-Immunisierungen nennen wir es »Herdenimmunität«, die sich entwickelt, wenn ausreichend viele der Betroffenen diese Infizierung (welcher Art auch immer, zum Beispiel auch durch Impfungen) überlebt haben. Zuletzt war dies ein viel diskutiertes Thema auf dem Höhepunkt der Corona-Krise im Jahr 2020.

Überleben ist das Geheimnis und daher auch das erste Ziel für fast alle. Für die Menschen heißt das – in der Regel – Überleben durch Aushandeln und nicht durch Gewaltanwendung. Gewaltlosigkeit ist – langfristig gesehen – die einzige erfolgreiche Methode des Überlebens, wie Gandhi[7], Popper[8] oder Martin Luther King[9] erkannt und immer wieder vertreten haben. In manchen Fällen – so meint etwa Dietrich Bonhoeffer[10] – können sich manche Menschen »verpflichtet« fühlen, allgemeine Grenzen (schuldhaft) zu missachten. Fehler zu begehen – auch absichtlich und aus vielerlei Gründen – ist menschlich. Der Mensch muss aber immer (wieder) dazu bereit sein, diese Fehler einzusehen, innerlich umzukehren, sie zu bereuen und nach Kräften und Möglichkeiten zu versuchen, sie wiedergutzumachen. Vergebung und Versöhnung sind erforderlich. Vergessen darf nur werden, was verziehen ist. Zum Verzeihen gehören aber beide: Opfer und Täter, vielleicht auch die Zeugen.[11] Geschichtliche Ereignisse im Vollsinn zu »verstehen« ist nur möglich, wenn alle beteiligten Gruppen (Täter, Opfer, Zeugen) und die Historiker zu einem gemeinsamen Geschichtsbild kommen können.

3. Freiheit in der liberalen Demokratie

Popper meint: »Die Zukunft ist weit offen. Sie hängt von uns ab, von uns allen.«[12] Damit alle (möglichst viele) an der bewussten Gestaltung einer auf Freiheit beruhenden Zukunft mitwirken können, müssen wir die Menschen darüber informieren, was die (wichtigsten) Herausforderungen einer demokratischen Gesellschaftsgestaltung sind. Wir wollen dabei an die Überlegungen des großen norwegischen Soziologen und Politikforschers Stein Rokkan (1921–1979) anschließen.[13]

Ich habe mich an anderer Stelle mit diesen Herausforderungen, die zugleich unser aller Aufgaben sind, auseinandergesetzt.[14] Hier möchte ich im Anschluss an historische Entwicklungen in Europa auf folgende Aspekte für die politische Gestaltung der Gesellschaft eingehen: Im 18. Jahrhundert wurde – ausgehend von England – deutlich, dass der Alleingestaltungsanspruch der Herrscher korrigiert werden musste und weitere Gruppen in die Gestaltungsaktivitäten aufgenommen werden mussten. In Frankreich versuchte das insbesondere das wirtschaftlich aufstrebende und erfolgreiche Bürgertum und setzte sich mit der Kampfparole »Freiheit – Gleichheit – Brüderlichkeit« durch. Die erste europäische Formulierung der Menschenrechte 1793 bringt zum Ausdruck, dass die Intentionen der Revolution nicht bloß auf eine Veränderung der politischen Herrschaft im Inter-

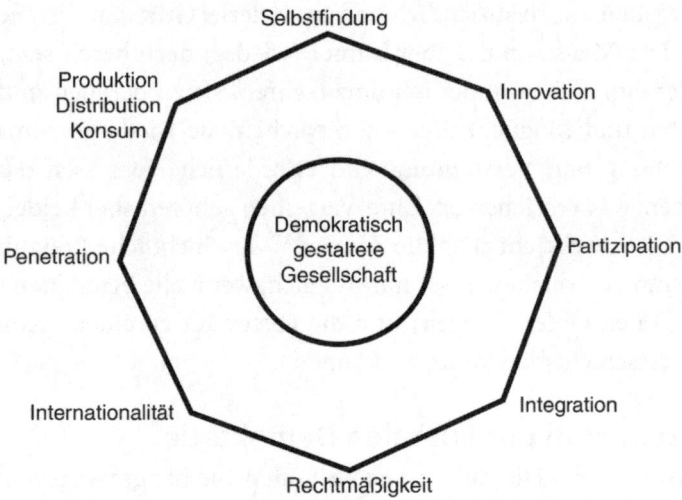

*Herausforderungen demokratischer Gesellschaftsgestaltung
(nach Stein Rokkan)*

esse einer neuen Herrschergruppe gerichtet waren, sondern alle Menschen im Blick hatten. Wahrscheinlich waren diese Intentionen auch durch die Unabhängigkeitsbestrebungen der Vereinigten Staaten von Amerika mitgeprägt.

Sehr schnell ging den Revolutionären die Balance zwischen den drei Leitprinzipien »Freiheit – Gleichheit – Brüderlichkeit« und das Verständnis für die notwendige Verknüpfung zwischen diesen verloren, wie aus dem Schlachtruf der »Gleichen«: *égalité ou la mort*, (Gleichheit oder Tod) zu ersehen ist. Wenn ein Wert absolut gesetzt wird, verliert er seine konstruktive Funktion für das Gesamte.

Am Prinzip der Gleichheit ist besonders gut zu ersehen, dass der Gleichheit deutlich Grenzen gesetzt sind. Jeder Mensch ist ein Original, es gibt auch keine zwei völlig gleichen Menschen. Aber nicht nur das. Alles Lebendige ist einmalig. Es gibt auch keine zwei völlig gleichen Blätter. Was also soll Gleichheit bedeuten? Vielleicht: vor jedem anderen Respekt haben? Die Würde des anderen – unter allen Umständen – wahren und anerkennen, wie es Gerald Hüther im Motto seines Buches *Würde* festgehalten hat: »Verletzt nicht jeder, der die Würde eines anderen Menschen verletzt, in Wirklichkeit seine eigene Würde?«[15] Eine »Kultur der Achtsamkeit« kann dabei helfen, alle Arten von Respekt bei möglichst vielen zu bewirken, wenn wir – vielleicht wie Mauritius Wilde – eine einfache und berührende Sprache finden, die Menschen für eine Haltung des Respekts gewinnen kann.[16] Dies wird dann leichter gelingen, wenn die Menschen, die zu menschenfreundlichem Verhalten gewonnen werden sollen, zu einem solchen Verhalten freundlich und nachhaltig (das heißt vielleicht wiederholt und hartnäckig) eingeladen werden, wie dies David Steindl-Rast mit einem Buch, einem Film und einer Bewegung der Dankbarkeit[17] versucht.

Ähnlich verhält es sich mit der Brüderlichkeit. Es kann weder darum gehen, sich im Sinne von Kumpanei zu verbrüdern und andere – vor allem diejenigen, die nicht »dazugehören« – zu benachteiligen oder gar zu schädigen; noch darum, Verwandtschaftsbeziehungen mit Mächtigen, Einflussreichen oder Begüterten aufzubauen und sich ihnen so vertraut zu machen, wie dies in der Vergangenheit öfters erfolgreich – durch Jahrhunderte – praktiziert wurde, zum Beispiel von der Dynastie der Habsburger nach dem Motto: *Tu, felix Austria, nube.* Vielmehr muss es darum gehen, alle anderen als Menschen begreifen zu lernen, mit denen man sich zusammengehörig fühlen kann. Die konkrete Erfüllung solcher Erwartungen wird immer wieder die verschiedensten Spannungen und Konflikte mit sich bringen, und es wird günstiger sein, zu lernen, sich zusammenzuraufen, als in einer euphorischen Begeisterung oder tiefsitzenden Abneigung Handlungen einzusetzen, deren Folgen jahrelang aufgearbeitet werden müssen.

Auch eine Haltung nach dem Motto »Seid umschlungen, Millionen!« hat keine echte Realisierungschance, sondern in einer globalisierten Welt wird ein strategischer Weltgesellschaftsaufbau dem Prinzip Subsidiarität Rechnung tragen müssen, um – langsam – Solidarität weltweit wirksam aufbauen zu können. Dabei wird die Bereitschaft gefordert sein, einander nahe sein zu wollen – freilich ohne sich zu nahe zu kommen –, das heißt unter Bedachtnahme darauf, die jeweils gebotene Distanz zu wahren, ohne sich vom anderen innerlich zu distanzieren.

Zugleich werden Kommunikationsnetze, Verständigungszentren und -gelegenheiten aufzubauen und werden Menschen zu finden und entsprechend auszubilden sein, die sowohl Krisenmanagement als auch Kooperationsmanagement – für verschiedene Bereiche entsprechend adaptiert – beherrschen und allen zugänglich machen können.

Eine solche Entwicklung kann aber nur gelingen, wenn Einzelne, Gruppen und Gesellschaften sich freiwillig für diesen Weg entscheiden. Denn Überzeugung kann nicht erzwungen werden, sondern bleibt – auf allen Ebenen – freie Entscheidung. Es ist eine Illusion, dass alle für einen solchen Weg gewonnen werden können. Aber nur die Macht der vielen – Václav Havel nennt dies die »Macht der Ohnmächtigen«[18] – muss gesichert werden. Das kann in erster Linie durch die Bildung von Zentren, die gut miteinander vernetzt sind, auf dezentraler Basis gelingen, wenn alle überzeugt sind und friedlich vorgehen, nicht nur weil sie so friedfertig sind, sondern weil sie eingesehen haben, dass Gewalt zu Selbstzerstörung führt.

Dieser Weg, für den sich Popper nachhaltig eingesetzt hat,[19] wird – immer wieder – viele Feinde finden, wie sie auch die offene Gesellschaft, wie Popper gezeigt hat, immer wieder gefunden hat. Die freie, gleiche und brüderliche Gesellschaft ist – politisch gesehen – alternativlos.

4. Freiheit in der Wirtschaft

In jeder Gesellschaft sind die Produktion, die Verteilung und der Gebrauch von Gütern und Dienstleistungen mehr oder weniger beschränkt, wobei sich allerdings sehr große Unterschiede in der Handhabung von Freiheiten in der Vergangenheit und der Gegenwart feststellen lassen und davon auszugehen ist, dass es auch in Zukunft Einschränkungen, sowohl schon bekannte als auch erwartbare, aber auch bisher unbekannte und für uns Heutige schwer vorstellbare Beschränkungen von Freiheit in der Wirtschaft geben kann.

Von zentraler Bedeutung ist, von wem solche Beschränkungen getroffen werden, wen sie betreffen und mit welchen Mitteln sie durchgesetzt werden. Von großer Bedeutung ist auch, ob die Produktion, die Verteilung und die Verwendung von bestimmten Gütern verboten oder erschwert werden soll und wer dazu legitimiert erscheint, eventuelle Gebote oder Verbote zu erlassen. Aus der Vergangenheit kennen wir eine große Anzahl solcher Bestimmungen. Aber es hat sich gezeigt, dass die Menschen in aller Regel das, wozu sie in der Lage waren, auch produziert und verwendet haben, selbst wenn dadurch großer Schaden entstanden ist. Dies macht die Bedeutung und Wichtigkeit von Freiheitsfragen für die Menschen heute so dringlich. Einige Selbstzerstörungsmöglichkeiten der Menschheit sind uns schon bekannt und konnten bisher hintangehalten werden, weitere kennen wir vielleicht (noch) nicht ausreichend, geschweige denn, dass wir wissen würden, wie ihnen zu begegnen ist.

Der große deutsche Soziologe Ralf Dahrendorf (1929–2009) hat die These vertreten,[20] dass in Zukunft – und da war von den letzten Krisen noch keine Rede – die Lebenschancen vor allem in Europa nicht mehr (wie in früheren Zeiten) durch Erweiterungen von Freiheiten zu erreichen seien, sondern durch Optimierung der Balancen von Optionen und Ligaturen, Freiheiten und Bindungen. Wir können aber in vielen Lebensbereichen – und insbesondere auch im Wirtschaftsbereich – feststellen, dass Bindungsfähigkeit und Bindungsbereitschaft in den letzten Jahrzehnten eher ab- als zugenommen haben. Gemeinsames Wirtschaften ist aber auch eine Vertrauenssache und nicht nur eine Kalkulationsfrage. Besonders in Krisenzeiten wird dies deutlich, und daher müssen neue Überlegungen angestellt werden.

Eine zentrale Überlegung muss von der Frage ausgehen: Wie kann das Lebensnotwendige für alle gesichert werden? In einer globalisierten Welt müssen dies – wenigstens tendenziell – alle Menschen sein. Dabei muss festgehalten werden, dass Pläne allein nicht genügen, sondern das faktische Wirtschaften entscheidend ist. Nationale und internationale Erklärungen sind das eine, das praktische wirtschaftliche Handeln das andere. Eine »Rückkehr« nach den Einschränkungen der Corona-Krise zu einer – vielleicht immer schon fehlgeleiteten – »Normalität« ist sicher ein falscher Weg, ein systematisches Umdenken der Verantwortlichen und eine Besinnung auf die Hauptbedürfnisse des Lebens sind notwendig. Ein tumorartiges (quantitatives) Wachstum der Wirtschaft führt zu einer todbringenden Entwicklung für alle Beteiligten.[21]

Wir dürfen aber keinen Illusionen aufsitzen. Eine abrupte Änderung erscheint weder möglich noch wünschenswert. Das gegenwärtige Wirtschaften hat sich jahrzehntelang in eine nicht nur aus ethischen Gründen bedenkliche Richtung entwickelt, sondern dürfte auch ein konstruktives Zusammenleben der Menschen auf dem Planeten gefährden. Das »Riesenschiff Weltwirtschaftssystem« wird lange brauchen, bis es auf einen neuen Kurs kommt, aber es ist keine Zeit zu verlieren, sich auf neue Zielsetzungen zu einigen und diese dann auch wirksam anzustreben.

Max Weber hat seine These von der weltweiten Verbreitung eines kapitalistischen Denkens auf der protestantischen Ethik aufgebaut.[22] Dabei hat er sich stark auf die Erfahrungen der weltweit versprengten Hugenotten-Gemeinden gestützt. Max Weber betonte vor allem die Prädestinationslehre der Calvinisten und ihren Jenseitsglauben. Es sollten aber auch die anderen Bedingungen des großen (wirtschaftlichen) Einflusses der Hugenotten weltweit betrachtet werden.

Neue Forschungen und kritisches Beobachten des aktuellen weltweiten Wirtschaftens legen die These nahe: Die Freiheit im wirtschaftlichen Bereich ist nicht nur durch eine autoritäre oder totalitär gestaltete Planwirtschaft gefährdet, sondern auch dadurch, dass das freiheitliche Wirtschaftssystem, das oft als das kapitalistische bezeichnet wird, seinen Geist, seine humanistische und humanitäre Basis, seine Qualität verloren hat und sich zu einem quantitativ orientierten, von den Bedürfnissen der vielen abgekoppelten Finanzsystem entwickelt hat, dessen Einseitigkeit langfristig alle schädigt und wesentliche humanistische Qualitäten, die seinen Geist ausmachen, vermissen lässt.

Vielleicht kann die humanistische Verhaltensgestaltung der Hugenotten, die in unterschiedlichen Ländern durchaus verschieden konkret gelebt worden ist, viele Menschen dazu anregen, auch ihr wirtschaftliches Handeln nach Grundsätzen konkret auszurichten, die in der Allgemeinen Erklärung der Menschenrechte,[23] in vielen Verfassungen und Grundgesetzen rechtlich fixiert sind. Diese Verhaltensgrundsätze der Hugenotten entsprechen altem christlichem Denken, das in neue humanistische Überzeugungen gewandelt werden muss und dazu anregen kann, in umfassender Weise und konkretisierbar das eigene Verhalten zu überdenken. Als Merkmale ihrer Gruppenidentität dienten den Hugenotten folgende Tugenden:[24]

- ▶ Rechtgläubigkeit
- ▶ Sittenstrenge
- ▶ Exiltradition
- ▶ Politische Loyalität
- ▶ Ökonomischer Erfolg

Außer dieser humanitären Begründung neuen Wirtschaftsverhaltens sollten auch die jüngsten Erkenntnisse der Neurobiologen berücksichtigt werden, die Gerald Hüther jüngst dargestellt hat.[25] Überlegen wir, wie die Gruppenidentitätsmerkmale der Hugenotten für eine zukunftsfähige Freiheitsgestaltung im Wirtschaftsbereich genutzt werden können.

4.1. »Rechtgläubigkeit«

Jede Wirtschaftseinheit (Einzelperson, Wirtschaftsgruppe, Konzern) sollte sich darüber klar werden, was ihre Hauptziele sind und was ihre Werkidee[26] oder ihr Leitbild ist! Die Hugenotten haben das Rechtgläubigkeit genannt, wobei es nicht in erster Linie darauf ankam, ob ihre Glaubensüberzeugung objektiv richtig war, sondern darauf, dass die Gruppenmitglieder mit den Glaubensprinzipien einverstanden waren, sich zu diesen bekannten und so für die Gruppenmitglieder selbst und auch für Außenseiter klar erkennbar war, was den Hugenotten zentral wichtig war. Die Freiheit eines Wirtschaftssubjektes liegt also darin, sich beruflich (wirtschaftlich) für das entscheiden zu können, was seiner Persönlichkeit und seinen künftigen Entfaltungsmöglichkeiten am besten entspricht. Nichts wird perfekt passen, aber die Freiheit liegt darin, sich – trotz aller Bindungen – für das jeweils Optimale entscheiden zu können.

Eine notwendige Voraussetzung liegt darin, dass das Wirtschaftssubjekt selbst weiß, was ihm das Wichtigste ist, wofür er/sie alle Kräfte, auch die des Herzens, der Seele und des Denkens, einsetzen will, das heißt, dass er/sie sein/ihr Leben auf dieses Ziel hin ausrichtet. Der große tschechische Freiheitskämpfer und spätere Präsident Václav Havel hat als zentrale Voraussetzung für eine solche Entscheidung den Versuch angesehen, in der Wahrheit zu leben.[27]

Viele Menschen wissen nicht, was sie tun, und belügen sich selbst. Sowohl für Einzelpersonen als auch für Gruppen und Gesellschaften, ja für die gesamte Menschheit ist es wichtig, sich darüber klar zu werden, was für sie die wichtigsten Glaubenssätze sind. Erich Fromm hat dies in beispielhafter Weise versucht, wie aus seinem durchaus nicht religiös gemeinten Credo zu ersehen ist.[28]

Wie schwer Ähnliches manchen Firmen und anderen Gruppen fällt, ist auch aus bestimmten Leitbildern zu ersehen. Aber auch große Konzerne, Staaten, Staatengemeinschaften sowie Kirchen und Religionsgemeinschaften tun sich schwer, kurz, klar und allgemein verständlich ihre Hauptgrundsätze zu formulieren. Noch schlechter ist es um die ehrlichen Versuche bestellt, diese Prinzipien umzusetzen.

4.2. Sittenstrenge

Die Hugenotten haben sich nicht in erster Linie darum bemüht, einen Sittenkodex für andere oder die Allgemeinheit zu formulieren, sondern ihr Bestreben war es, in der eigenen Gruppe das von ihnen als richtig Angesehene zu tun. Eigenes Tun, und nicht rigorose Vorschriften (für andere), hat Vorbildfunktion. Oft werden in der *Bibel* Pharisäer und Schriftgelehrte Heuchler genannt, weil sie Vorschriften predigen, aber sich selber nicht daran halten. Vielen Gesetzgebern wird dies auch heute vorgeworfen. Allen sollte es weniger darum gehen, eigene Fehler zu vertuschen und diese bei anderen aufzuzeigen, vielmehr darum, dafür zu sorgen, dass solche Fehler in Zukunft nicht mehr geschehen, und sich dort, wo sie passiert sind, um Wiedergutmachung zu bemühen.

4.3. Exiltradition

Während der acht französischen Religionskriege des 16. Jahrhunderts verließen viele Hugenotten Frankreich und fanden in der ganzen Welt Zuflucht. Die Hugenotten in dieser globalen Diaspora entwickelten – wie viele andere Minderheiten auch – spezifische identitätsstiftende Traditionen und kulturelle Eigenheiten, die ihnen ihre Selbstbehauptung in den verschiedenen Mehrheitsgesellschaften ermöglichten und zugleich zu »einer inneren Pluralität der hugenottischen Gemeinschaft« führten. Die Hugenotten können »als eine der bedeutendsten Migrantengruppen der Vormoderne« bezeichnet werden, und ihr Einfluss, insbesondere auf die Geschichte des reformierten Protestantismus, auf Rationalismus und Toleranz in der Aufklärung, auf Militär und Wirtschaft und auf vieles andere ist kaum von der Hand zu weisen«.[29]

Die emigrierten Hugenotten haben – um ihrer Überzeugungsfreiheit willen – Heimat und Besitz aufgegeben und daher auch in der jeweiligen neuen Heimat Land und Besitz nicht überbewertet, sondern als ein Mittel zur eigenen Entfaltung angesehen. Der Ausspruch »Wir sind nur Gast auf Erden und haben hier keine dauernde Bleibe« kann diesen Aspekt ihrer Identität verdeutlichen.

4.4. Politische Loyalität.

In allen Ländern, in denen die Herrschenden den Hugenotten gestatteten, ihre Religion auszuüben, wurde diese für sie besonders wichtige Möglichkeit mit Treue und Anhänglichkeit beantwortet. Dies brachte ihnen – ursprünglich nicht intendierte – Karrierechancen in Militär und Staatsdienst. Von einer anderen konfessionellen Minderheit, nämlich den protestantischen Salzburgern, die am Anfang des 18. Jahrhunderts aus Glaubensgründen ihr Land verließen, wird berichtet, dass sie im Siebenjährigen Krieg Friedrich II. wichtige militärische Unterstützung geleistet hätten. Noch am Ende des 20. Jahrhunderts sprach der bayerische Politiker und Wissenschaftler Hans Maier anlässlich politischer Turbulenzen von »seinen treuen Schwaben« und brachte so seine Dankbarkeit einer Minderheit gegenüber zum Ausdruck.[30]

4.5. Ökonomischer Erfolg

Nicht nur bei den Hugenotten, auch bei anderen Minderheiten wie den Juden, Armeniern, Griechen oder Libanesen lassen sich besondere wirtschaftliche Erfolge, manchmal sogar für spezifische Wirtschaftszweige, nachweisen. Dies nicht zuletzt auch deshalb, weil den Angehörigen von Minderheiten im jeweiligen Gastland in anderen Lebensbereichen Aktivitäten erschwert oder gar untersagt waren. In der zu Ende gehenden Österreichisch-Ungarischen Monarchie lassen sich auch besondere kulturelle Leistungen von Juden deutlich nachweisen. Dies dürfte nicht zuletzt auf die antisemitische Einstellung der prägenden Kräfte in den (nichtsozialistischen) Parteien zurückzuführen sein.

Ein Merkmal der Hugenotten war es, in allen beruflichen Bereichen, in denen sie jeweils tätig sein konnten, besondere Leistungen zu erbringen. Tüchtigkeit galt ihnen als Legitimation, und das wurde überall geschätzt, insbesondere auch deshalb, weil sie mit Bescheidenheit gepaart war, die insbesondere Wissenschaftler auszeichnen sollte, denn wir haben kein gesichertes Wissen und können uns der Wahrheit höchstens annähern.[31]

Neben diesen Überlegungen könnten sich ein verantwortungsbewusster Leser oder auch verschiedene Gruppen fragen:

▶ 1) Was sind meine Grundüberzeugungen, was ist der Sinn meines Lebens als Einzelperson, als Österreicher, Europäer, Weltbürger?

▶ 2) An welche Grundtugenden mir selbst und allen anderen gegenüber will ich mich halten, sodass ich für die anderen berechenbar und vertrauenswürdig sein kann?

▶ 3) Betrachte ich, was mir gehört, meine Heimat, als meinen ausschließlichen und (andere) ausschließenden Besitz oder als Gut, das mir zur eigenverantwortlichen Verwaltung gegeben ist? Fühle ich eine gewisse Solidarität mit Menschen, die alles verloren haben?

▶ 4) Wie sieht meine Haltung zu denen aus, die auf legitimem Weg auf Zeit die Herrschaft in »meinem« Land ausüben?

▶ 5) Ist mein wirtschaftliches Bemühen auf (immer mehr) Haben gerichtet, oder ist mein wirtschaftliches Bemühen darauf gerichtet, mein Sein, meine spezifischen Fähigkeiten, zum Wohl der Allgemeinheit einzusetzen. Gilt für mich Haben oder Sein[32] mehr?

Nach der Reflexion und (Teil-)Beantwortung solcher Fragen nach einer persönlichen Standortbestimmung und der Verortung meiner Gruppen wird es möglich werden, auch die Frage nach der Freiheit in der Wirtschaft zu beantworten. Jedenfalls wird diese Antwort auch vom Verständnis meiner Freiheit sowohl als »Freiheit von« als auch als »Freiheit für« geprägt sein sowie davon, wie es mir (und »meinen« Gruppen) gelingt, eine zukunftsfähige Balance zwischen Freiheit, Gleichheit und Solidarität herzustellen, und wie ein – vielleicht spannungsreiches – Zusammenleben trotz allem friedlich gestaltet werden kann. Dazu können die unterschiedlichen Praxisformen der Verwirklichung hugenottischer Identität entsprechende Anregungen geben.

5. Freiheit im zivilgesellschaftlichen Bereich

Unfreiheit kann viele Formen haben. Manche »Unfreiheiten« stören die Menschen zu gewissen Zeiten mehr, andere weniger, und die Situationen, in denen gewisse Unfreiheiten von großen Bevölkerungsgruppen (sehr) ähnlich wahrgenommen werden, sind uns als revolutionäre Umbruchsituationen bekannt. Manche dieser Situationen werden als typisch politisch verursacht wahrgenommen, andere als vorwiegend einer als »ungerecht« empfundenen wirtschaftlichen Situation zugeschrieben, und eine große Anzahl von Freiheiten werden den Menschen persönlich zugeschrieben. In der Österreich-Ungarischen Monarchie wurde eine Anzahl von besonders wichtigen Grund- und Freiheitsrechten den Staatsbürgern 1867 explizit zugestanden. Zu diesen Rechten zählten vor allem:[33]

- ▶ 1. Die Gleichheit vor dem Gesetz und die Zugänglichkeit aller öffentlichen Ämter.
- ▶ 2. Die Freizügigkeit der Person und des Vermögens innerhalb des Staatsgebietes.
- ▶ 3. Die Unverletzlichkeit des Eigentums und des Hausrechts.
- ▶ 4. Die freie Aufenthalts- und Wohnsitznahme sowie die freie Erwerbs- und Verfügungsfreiheit über Liegenschaften.
- ▶ 5. Die Wahrung des Brief- und Fernmeldegeheimnisses.
- ▶ 6. Das Petitionsrecht und die Versammlungs- und Vereinsbildungsfreiheit.
- ▶ 7. Die Pressefreiheit.

▶ 8. Die Glaubens- und Gewissensfreiheit sowie das Recht auf öffentliche Religionsausübung für alle anerkannten Religionsgemeinschaften.

▶ 9. Die Freiheit der Wissenschaft und der Kunst und ihrer Lehre.

▶ 10. Die freie Berufswahl und die Ausbildungsfreiheit dafür.

Es ist schwer, präzise festzustellen, wie die Menschen diese Freiheitsrechte genutzt haben und nutzen. Bei *einem* Freiheitsrecht lässt sich das allerdings relativ deutlich feststellen. Die Österreicher haben viele und zum Teil sehr einflussreiche Vereine gegründet, wie zum Beispiel den Österreichischen Gewerkschaftsbund oder das Österreichische Rote Kreuz. Heute gibt es in Österreich mehr als 110 000 Vereine, die zum Teil lokale Größen sind, die das gesellschaftliche Leben (mit) prägen und zum Teil über internationale Organisationen, denen sie angehören, auch weltweit Einfluss ausüben.[34]

Es ist bemerkenswert und bedauerlich, dass weder das österreichische Parlament noch andere gesellschaftliche Kräfte in der Lage waren, eine dringend notwendige Aktualisierung dieser Grundrechte vorzunehmen. Ein Gegenbeispiel wäre Deutschland nach den Turbulenzen der 1968er-Bewegung, wo in den 1970er-Jahren ein die gesamte Gesellschaft einbeziehender Wertekonsens zustande kam. In Österreich hat man so etwas leider nicht geschafft – weder nach dem Ersten noch nach dem Zweiten Weltkrieg, auch nicht nach dem Staatsvertrag 1955 oder dem EU-Beitritt Österreichs 1995. Selbst die Europäische Union muss bis heute ohne eine kurz gefasste und allgemein verständliche Grundverfassung beziehungsweise ohne eine Umschreibung der Grundrechte der EU-Bürger auskommen.

Die Zivilgesellschaft wäre gut beraten, diese Defizite mit Hilfe staatsbürger- und europafreundlicher Medien immer wieder aufzuzeigen. Nur eine Gesellschaft, der es gelingt, die eigenen kleineren und größeren »Häuser« zukunftsweisend zu ordnen, wird glaubhaft eine (lebens)notwendige weltweite Ordnung einfordern können. Damit stellt sich von den kleinsten Einheiten der Gesellschaft bis zu ei-

ner Weltgesellschaft die Aufgabe, eine tragfähige, offene, freiheitsfä-
hige Ordnung aufzubauen.

John Stuart Mill (1806–1873) gilt als der Begründer der individuellen Freiheit und Selbstbestimmung. Er hat in klassischer Weise das
Eingriffsrecht von Staat und Gesellschaft auf dieses individuelle Recht
darauf beschränkt, dass die Ausübung dieser Freiheit dem Mitmenschen kein Leid zufügen darf.[35]

Freiheit in der Gesellschaft aufzubauen und immer wieder auszu-
bauen wird zu einer Lebens- und Überlebensaufgabe. Lange Zeit
wurde »Freiheit« vorwiegend als eine »Freiheit« von Abhängigkeiten,
Zwängen, Unzulänglichkeiten usw. gesehen. Bei einer solchen Auffassung wird verständlich, dass »Bindungen« in erster Linie als Einschränkungen gesehen werden, von denen man sich lösen, befreien
sollte. Wenn aber »Freiheit« in erster Linie als »Freiheit für« verstanden wird – für die Unterstützung von Hilfsbedürftigen (welcher Art
auch immer), für Schutz vor Gewalt (welcher Art auch immer), für
Unterstützung von Fähigkeiten und Begabungen (welcher Art auch
immer) usw. –, dann werden Zusagen und Bindungen zu Hilfen bei
der Erfüllung von kleineren oder größeren Leistungen für andere
und deren Entwicklung, was zumindest in seiner Rückwirkung auch
zur eigenen Entfaltung wesentlich beitragen kann, wie aus der Aussage: »Er/Sie ist an seiner/ihrer Aufgabe gewachsen« zu ersehen ist.

So gesehen, kann ein freies Leben bedeuten, sich dafür entscheiden zu können – für eine bestimmte Zeit oder auf Dauer –, sich zu
einem bestimmten Handeln zu verpflichten und damit einen – auch
für andere kalkulierbaren – Beitrag zum Allgemeinwohl zu leisten.
Solche – vielleicht kleine, aber verlässliche und viele – Beiträge können Großes aufbauen und auf Dauer sichern. In allen Lebensbereichen können solche Beiträge von jedem geleistet oder nicht geleistet
werden. Wenn jemand aber längere Zeit hindurch nichts beiträgt,
kann es leicht sein, dass er die Fähigkeit, Beiträge zu leisten, (langsam) verliert und damit einer wichtigen Begabung verlustig geht.
Eine ganze Gesellschaft oder Teilgesellschaft, eine Familie, eine Ge-

meinde, ein Verein und viele andere können die Dynamik verlieren, lebensmüde werden, langsam eingehen. Der Geist ist es, der lebendig macht, wird oftmals betont, zugleich heißt es auch: »Der Geist wird euch frei machen.« Gedanken-, Gewissens- und Religionsfreiheit ist allen Menschen im Artikel 18 der Allgemeinen Erklärung der Menschenrechte [36] zugesichert. Wenn dieses Recht aber von den vielen nicht ausgeübt und regelmäßig eingeübt wird, dann kann es sein, dass dieses wichtige, lebendig machende Recht allmählich zu einem stillen und eventuell toten Recht wird, das letztlich für ungültig erklärt wird. Auch so könnte Freiheit gefährdet sein beziehungsweise sterben.

Für jede(n) bedeutet dies, dass das Eintreten und Kämpfen für Freiheit nicht nur dann gefährdet erscheint, wenn freiheitsfeindliche Aktionen von Mächtigen, vor allem in Politik und Wirtschaft, gesetzt werden, sondern auch dann, wenn Menschen ihre Freiheitsfähigkeiten nicht entschlossen und begeistert leben, sondern – aus welchen Gründen auch immer – lebens- und freiheitsfeindliche Verhaltensweisen und Haltungen akzeptieren und selbst praktizieren.

Schon vor der großen (westlichen) Freiheitsbewegung, der sogenannten 68er-Bewegung, haben sich Soziologen im deutschen Sprachraum, zum Beispiel Karl Martin Bolte und Erich Bodzenta, mit Fragen der Freiheit in der Gesellschaft beschäftigt. Karl Martin Bolte, der große Münchner Soziologe, betont in seinem bis heute lesenswerten Beitrag zum Linzer Gründungsbuch der Soziologie: »Gesellschaftliches Leben ist also ein Prozess der Freiheitsschaffung und der Freiheitsbeschränkung.« [37] Und Erich Bodzenta entwickelt, auf Bolte aufbauend, »die Daueraufgabe aller, besonders aber der Intellektuellen, die sich auf die Herausforderung des Geistes eingelassen haben: die Gesellschaft offen und durchgängig zu halten, für verschiedene Meinungen, für sozialen Aufstieg, für individuelle Freiheit, für kulturellen Austausch und für die Freiheit des religiösen Bekenntnisses.« [38]

Diese Freiheitsliebe von zukunftsoffenen konservativen Soziologen im deutschen Sprachraum ist mehr als 50 Jahre alt, stand am Beginn der Soziologie der späteren Johannes Kepler Universität und sollte – von der Gesellschaft und möglichst vielen ihrer Teilbereiche ausgehend – langsam alle Bereiche, also auch Politik und Wirtschaft durchdringen und so dazu beitragen, dass Freiheit weltweit immer mehr Wirklichkeit werden kann. Jeder kleine Schritt in die richtige Richtung stärkt die eigene Freiheit und die der anderen. Das erfordert auch Anerkennung eigener Freiheitsbeschränkungen, aber auch den Widerstand gegen unberechtigte Einschränkungen. Freiheit ist nie eine bleibende Selbstverständlichkeit, sondern bleibt ein hohes, immer anzustrebendes Ziel. Als Motto könnte uns – im Anschluss an Ralf Dahrendorf – gelten: Die Zukunftschance unserer Freiheit liegt im ständigen Finden des Optimums zwischen Optionen und Ligaturen, Freiheiten und Bindungen.[39]

Die größte Freiheit besteht in dem schwierigen Balanceakt zwischen der Herausforderung, einerseits mir selbst (wer immer ich auch sein mag) beziehungsweise uns selbst (wer immer wir auch sein mögen) treu zu bleiben, und andererseits der Aufgabe, gleichzeitig niemandem (mir selbst nicht und auch keinem anderen, wer immer er sein mag) existenziell Schaden zuzufügen (insbesondere an seinem Leben, seiner Gesundheit, seinen Lebensmöglichkeiten) beziehungsweise Leid anzutun. Diese Freiheit ist für alle (wer immer sie sein mögen) eine Herausforderung und eine permanente, faszinierende und nie ganz erfüllbare Lebensaufgabe.

6. Verwendete Literatur

Allgemeine Erklärung der Menschenrechte, illustriert von Michel Streich, Knaus Verlag, München 2008.

Bodzenta, Erich: *Die offene Gesellschaft als Aufgabe,* Sonderdruck, Linz 1967.

Bolte, Karl-Martin: »Das Problem der Freiheit vom Blickpunkt der Soziologie«, in: Bodzenta, Erich (Hrsg.): *Soziologie und Soziologiestudium,* Springer Verlag, Wien/New York 1966.

Dahrendorf, Ralf: *Lebenschancen. Anläufe zur sozialen und politischen Theorie*, Suhrkamp Verlag, Frankfurt/Main 1979.

Fromm, Erich: *Haben oder Sein. Die seelischen Grundlagen einer neuen Gesellschaft*, Deutsche Verlagsanstalt, Stuttgart 1977.

Fromm, Erich: *Jenseits der Illusionen. Eine intellektuelle Autobiographie*, Deutscher Taschenbuchverlag, München 2020.

Hauriou, Maurice: *Die Theorie der Institutionen und zwei andere Aufsätze*, Verlag Duncker & Humblot, Berlin 1965.

Havel, Václav: *Versuch, in der Wahrheit zu leben*, Rowohlt Verlag, 10. Auflage, Reinbek 2000.

Hegel, Georg Wilhelm Friedrich: »Selbständigkeit und Unselbständigkeit des Selbstbewußtseins; Herrschaft und Knechtschaft«, in: Hegel, Georg Wilhelm Friedrich: *System der Wissenschaft. Erster Teil, die Phänomenologie des Geistes*, Verlag Joseph Anton Goebhardt, Bamberg und Würzburg 1807, nach der Originalausgabe herausgegeben von Johannes Hoffmeister im Verlag Meiner, 6. Auflage, Hamburg 1952.

Huber, Wolfgang: »Nothilfe und Schuld«, in: Huber, Wolfgang: *Dietrich Bonhoeffer: Auf dem Weg zur Freiheit. Ein Porträt*, C. H. Beck Verlag, München 2019.

Hüther, Gerald: *Würde. Was uns stark macht – als Einzelne und als Gesellschaft*, Knaus Verlag, München 2018.

Jacoby, Edmund: *50 Klassiker – Philosophen. Denker von der Antike bis heute*, Gerstenberg Verlag, 5., überarbeitete Auflage, Hildesheim 2001.

King, Martin Luther: *Ich habe einen Traum*, Patmos Verlag, Düsseldorf 2003.

Maier, Hans: *Böse Jahre, gute Jahre. Ein Leben 1931 ff.*, C. H. Beck Verlag, München 2011.

Maslow, Abraham H.: *Motivation und Persönlichkeit*, Rowohlt Verlag, Reinbek 1981.

Mill, John Stuart: »Über die Freiheit«, in: Schlepütz, Robert (Hrsg.): *Gedanken zur Freiheit*, S. Fischer Verlag, Frankfurt/Main 2020.

Popper, Karl R.: *Alle Menschen sind Philosophen*, Piper Verlag, 4. Auflage, München 2006.

Popper Karl R.: »Die Notwendigkeit des Friedens«, in: Popper Karl R.: *Alle Menschen sind Philosophen*, C. H. Beck Verlag, 4. Auflage, München 2006.

Popper, Karl R.: *Die offene Gesellschaft und ihre Feinde I und II*, Francke Verlag, 6. Auflage, Tübingen 1980.

Popper, Karl R.: »Duldsamkeit und intellektuelle Verantwortlichkeit«, in: *Offene Gesellschaft – offenes Universum, Franz Kreuzer im Gespräch mit*

Karl R. Popper. Aus Anlass des 80. Geburtstages des großen österreichischen Philosophen, Franz Deuticke Verlagsanstalt, Wien 1982.

Popper, Karl R.: »Wer soll herrschen?«, in: Popper, Karl R.: *Alle Menschen sind Philosophen*, Piper Verlag, 4. Auflage, München 2006.

Popper, Karl R.: »Zum Thema Freiheit«, in: Popper, Karl R.: *Alles Leben ist Problemlösen. Über Erkenntnis, Geschichte und Politik*, Piper Verlag, Jubiläums Edition, München 2004.

Ricœur, Paul: *Geschichtsschreibung und Repräsentation der Vergangenheit*, LIT Verlag, Münster, Hamburg, London 2002.

Rokkan, Stein: »Die vergleichende Analyse der Staaten- und Nationenbildung. Modelle und Methoden«, in: Zapf, Wolfgang (Hrsg.): *Theorien des sozialen Wandels*, Verlag Kiepenheuer & Witsch, Köln/Berlin 1969.

Rothermund, Dietmar: *Gandhi. Der gewaltlose Revolutionär*, C. H. Beck Verlag, 3., durchgesehene Auflage, München 2019.

Schunka, Alexander: *Die Hugenotten. Geschichte, Religion, Kultur*, C. H. Beck Verlag, München 2019.

»Staatsgrundgesetz über die allgemeinen Rechte der Staatsbürger 1867«, in: Neubau Editorial Design (Hrsg.): *So funktioniert Österreich. Unsere Verfassung als Magazin*, Pettenbach 2020.

Steindl-Rast, David: *Einladung zur Dankbarkeit*, Verlag Herder, Freiburg 2018.

Stiglitz, Joseph: *Der Preis der Ungleichheit. Wie die Spaltung der Gesellschaft unsere Zukunft bedroht*, Pantheon Verlag, München 2012.

Weber, Max: »Die protestantische Ethik und der Geist des Kapitalismus«, in: Weber, Max: *Die protestantische Ethik. Eine Aufsatzsammlung*, Siebenstern Taschenbuchverlag, München/Hamburg 1965.

Wilde, Mauritius: *Respekt. Die Kunst der gegenseitigen Wertschätzung*, Vier-Türme-Verlag, Münsterschwarzach 2020.

Žantovský, Michael: *Václav Havel. In der Wahrheit leben*, Propyläen Verlag, Berlin 2014.

Zapotoczky, Klaus (Hrsg.): *Gesellschaft und Wirtschaft. Soziologie für die Berufsbildung*, Trauner Verlag, Linz 2012.

Zapotoczky, Klaus: »Heimat und Fremde: Eine Mehrebenenbetrachtung«, in: Zapotoczky, Klaus: *Jugend und Freiwilligen-Engagement*, Trauner Verlag, Linz 2013.

7. Anmerkungen

1. Karl R. Popper: *Die offene Gesellschaft und ihre Feinde*, Bd. I und II, 1980.
2. Edmund Jacoby: *50 Klassiker. Philosophen. Denker von der Antike bis heute*, 2001, S. 10.
3. Karl R. Popper: *»Zum Thema Freiheit«*, in: Karl R. Popper: *Alles Leben ist Problemlösen. Über Erkenntnis, Geschichte und Politik*, 2004, S. 166.
4. Karl R. Popper: Ebd., S. 167.
5. Abraham H. Maslow: *Motivation und Persönlichkeit*, 1981.
6. Georg Wilhelm Friedrich Hegel: *»Selbständigkeit und Unselbständigkeit des Selbstbewußtseins; Herrschaft und Knechtschaft«*, in: Georg Wilhelm Friedrich Hegel: *System der Wissenschaft. Erster Teil, die Phänomenologie des Geistes*, 1807, nach der Originalausgabe herausgegeben 1952, S. 141 ff.
7. Dietmar Rothermund: *Gandhi. Der gewaltlose Revolutionär*, 2019.
8. Karl R. Popper: *»Die Notwendigkeit des Friedens«*, in: Karl R. Popper: *Alle Menschen sind Philosophen*, 2006.
9. Martin Luther King: *Ich habe einen Traum*, 2003.
10. Wolfgang Huber: *»Nothilfe und Schuld«*, in: Wolfgang Huber: *Dietrich Bonhoeffer: Auf dem Weg zur Freiheit. Ein Porträt*, 2019, S. 202 f.
11. Paul Ricœur: *Geschichtsschreibung und Repräsentation der Vergangenheit*, 2002, S. 41 ff.
12. Karl R. Popper: *»Wer soll herrschen?«*, in: Karl R. Popper: *Alle Menschen sind Philosophen*, 2006, S. 211.
13. Stein Rokkan: *»Die vergleichende Analyse der Staaten- und Nationenbildung. Modelle und Methoden«*, in: Wolfgang Zapf (Hrsg.): *Theorien des sozialen Wandels*, 1969, S. 228 ff.
14. Klaus Zapotoczky (Hrsg.): *Gesellschaft und Wirtschaft. Soziologie für die Berufsbildung*, 2012, S. 229 ff.
15. Gerald Hüther: *Würde. Was uns stark macht – als Einzelne und als Gesellschaft*, 2018.
16. Mauritius Wilde: *Respekt. Die Kunst der gegenseitigen Wertschätzung*, 2020.
17. David Steindl-Rast: *Einladung zur Dankbarkeit*, 2018.
18. Michael Žantovský: *Václav Havel. In der Wahrheit leben*, 2014, S. 10.
19. Karl R. Popper: *Alle Menschen sind Philosophen*, 2006, S. 262 ff.
20. Ralf Dahrendorf: *Lebenschancen. Anläufe zur sozialen und politischen Theorie*, 1979.
21. Joseph Stiglitz: *Der Preis der Ungleichheit. Wie die Spaltung der Gesellschaft unsere Zukunft bedroht*, 2012.
22. Max Weber: *»Die protestantische Ethik und der Geist des Kapitalismus«*, in: Max Weber: *Die protestantische Ethik. Eine Aufsatzsammlung*, 1965.
23. *Allgemeine Erklärung der Menschenrechte*, illustriert von Michel Streich, 2008.
24. Alexander Schunka: *Die Hugenotten. Geschichte, Religion, Kultur*, 2019, S. 123.

25. Gerald Hüther: *Würde. Was uns stark macht – als Einzelne und als Gesellschaft*, 2018.

26. Maurice Hauriou: *Die Theorie der Institutionen und zwei andere Aufsätze*, 1965.

27. Václav Havel: *Versuch, in der Wahrheit zu leben*, 2000.

28. Erich Fromm: *Jenseits der Illusionen. Eine intellektuelle Autobiographie*, 2020, S. 192 ff.

29. Alexander Schunka: *Die Hugenotten. Geschichte, Religion, Kultur*, 2019, S. 123 f.

30. Hans Maier: *Böse Jahre, gute Jahre. Ein Leben 1931 ff.*, 2011, S. 293.

31. Karl R. Popper: »Duldsamkeit und intellektuelle Verantwortlichkeit«, in: *Offene Gesellschaft – offenes Universum, Franz Kreuzer im Gespräch mit Karl R. Popper. Aus Anlass des 80. Geburtstages des großen österreichischen Philosophen*, 1982, S. 112.

32. Erich Fromm: *Haben oder Sein. Die seelischen Grundlagen einer neuen Gesellschaft*, 1977.

33. »Staatsgrundgesetz über die allgemeinen Rechte der Staatsbürger 1867«, in: Neubau Editorial Design (Hrsg.): *So funktioniert Österreich. Unsere Verfassung als Magazin*, 2020, S. 128 ff.

34. Klaus Zapotoczky: »Heimat und Fremde: Eine Mehrebenenbetrachtung«, in: Klaus Zapotoczky: *Jugend und Freiwilligen-Engagement*, 2013, S. 60 ff.

35. John Stuart Mill: »Über die Freiheit«, in: Robert Schlepütz (Hrsg.): *Gedanken zur Freiheit*, 2020, S. 10.

36. *Allgemeine Erklärung der Menschenrechte*, illustriert von Michel Streich, 2008.

37. Karl Martin Bolte »Das Problem der Freiheit vom Blickpunkt der Soziologie«, in: Erich Bodzenta (Hrsg.): *Soziologie und Soziologiestudium*, 1966, S. 74.

38. Erich Bodzenta: *Die offene Gesellschaft als Aufgabe*, 1967, S. 60.

39. Ralf Dahrendorf: *Lebenschancen. Anläufe zur sozialen und politischen Theorie*, 1979, S. 50 ff.

Teil 5

Freiheitsperspektiven ohne Staat

DAVID DÜRR

Recht statt Staat

Dieser Beitrag ist eine überarbeitete Fassung des Vortrags, den der Autor am 17. Juni 2016 beim Hayek-Club in Salzburg gehalten hat.

1. Einleitung

Ein ungewohnter Gegensatz: Weshalb Recht statt Staat? Ist nicht Recht mit Staat beziehungsweise Staat mit Recht gefragt,»Rechtsstaat« eben? Und: Ist Recht ohne Staat überhaupt möglich? Wer gibt denn die Gesetze, wenn nicht der staatliche»Gesetzgeber«? Wer beurteilt denn Streitfälle, wenn nicht staatliche Gerichte? Und vor allem: Wer setzt die Rechtsordnung durch, wenn nicht der Staat mit seinem Gewaltmonopol? – So etwa geht es Ihnen durch den Kopf, wenn Sie die Überschrift dieses Beitrags lesen.

Doch ich bleibe dabei: Recht statt Staat! Um eine Rechtsordnung zu haben, brauchen wir den Staat nicht. Und ich gebe noch einen drauf: Staatliches»Recht« kann gar nicht Recht sein; ja mehr noch: Der Staat ist institutionalisiertes Unrecht!

Friedrich A. von Hayek, das sollte ich bei diesem Essay für den Hayek-Club Salzburg doch kurz erwähnen, sah dies allerdings anders. Er war bei aller fundierten Kritik am Staat nicht Anarchist. Gerade für das Recht, so seine Haltung, sei eine staatlich gestützte Ordnung unentbehrlich. Doch immerhin war das auch für ihn keine Selbstverständlichkeit. Soweit er dem Staat gewisse Rechtskompetenzen zubilligte, tat er es nur unter engen Vorbehalten. Sein Hauptvorbehalt ging dahin, dass sich Recht davor hüten soll, Standpunkte, Ansichten, Handlungsentscheidungen der Gesellschaftsmitglieder inhaltlich zu beurteilen und als gut oder böse, richtig oder falsch, zulässig oder unzulässig zu bewerten; rechtlich einzugreifen sei erst, wenn solche Standpunkte mit anderen Standpunkten kollidieren, wobei sie auch dann nicht als richtig oder falsch zu beurteilen seien, sondern einzig Art und Weise des Ausmaßes, in dem sie miteinander kollidieren. Legitimes Recht sei also nichts anderes als ein Recht des korrekten gegenseitigen Verhaltens oder – wie es Hayek formulierte – »Rules of Just Conduct«.[1]

Ob solche oft als »Kernfunktionen« des Staates bezeichnete Funktionen entstaatlicht beziehungsweise privatisiert werden können, ohne ihre Wirksamkeit zu verlieren, hat Hayek nicht als eigenständiges Thema behandelt. Auf den folgenden Seiten soll nun in groben Strichen skizziert werden, wie man sich einen solchen Ansatz vorzustellen hat. Es wird sich zeigen, dass er nicht von einer anderen, idealisierten Welt ist, sondern im Gegenteil sehr viel realistischer daherkommt als das uns geläufige etatistische Rechtssystem.

2. Wer gibt denn die Gesetze?

Recht ohne Staat setzt im Gegensatz zu staatlichem Recht nicht top-down, sondern bottom-up an. Es definiert nicht eine a priori »gültige«, allgemein-abstrakte Normebene, die es dann auf den Konfliktfall anzuwenden gelte; es ist realistisch genug einzusehen, dass solche Vorgaben viel zu gefährlich sind. Sie werden unweigerlich in Willkür abdriften, vor allem wenn derjenige, der sie definiert, ein Monopol dazu besitzt, wie dies beim staatlichen Gesetzgeber der Fall ist. Aber nochmals: Welches Recht denn sonst? Wer gibt denn die Gesetze, wenn nicht der Staat?

Dazu ist vorweg schon mal zu beachten, dass das Paradigma des staatlichen Rechtsquellenmonopols in unserer westlichen Rechtstradition gar nicht so alt ist und dass es auch gar nicht ausnahmslos gilt: Die Entstehung der etatistischen Rechtsquellentheorie lässt sich historisch den nationalen Kodifikationsbewegungen des ausgehenden 19. Jahrhunderts zuordnen; dies war so etwas wie der legislative Sündenfall, als eine durchaus lebendige wissenschaftliche Debatte darüber, woraus Recht denn eigentlich seine Kraft schöpfe, aus welchem Stoff Recht sozusagen gewoben sei. Diese Debatte wurde durch ein Machtwort der neu entstandenen Nationalstaaten beendet, die sich nicht nur ihre prestigeträchtigen (republikanischen oder konstitutionell-monarchistischen) Regierungspaläste und ihre stolzen Armeen oder Kriegsflotten schufen, sondern auch ihre nationalen Gesamtkodifikationen; dies nicht zuletzt als Instrument der gerade aktuellen nationalistischen Vereinheitlichungsideologie. Das ist erst ein gutes Jahrhundert her.[2]

Dass das etatistische Rechtsquellen-Paradigma in der westlichen Kultur zudem gar nicht ausnahmslos gilt, zeigt ein Blick auf das angloamerikanische Common Law, bei dem nicht so sehr der staatliche Gesetzgeber als vielmehr der Richter und die wissenschaftlich aufbereitete Präjudizientradition im Vordergrund stehen.[3] Natürlich wird seit einiger Zeit auch in den USA und den Ländern des britischen Commonwealth die Stellung des Staates als regulierungswütiger Gesetzgeber immer stärker, doch scheinen die Gerichte in diesen Jurisdiktionen immerhin mehr Eigenständigkeit an den Tag zu legen als jene in Kontinentaleuropa.

Warum also nicht ernsthaft darüber nachdenken – oder genauer: sich darauf zurückbesinnen –, dass man schon in der späten Scholastik, dann in der Neuzeit und vor allem in der Aufbruchstimmung des 19. Jahrhunderts viel fundierter und grundsätzlicher dem Phänomen Recht auf die Spur kommen wollte. Ein prominenter Wegbereiter solcher Ansätze war die historische Rechtsschule Friedrich Carl von Savignys[4] und seiner Nachfolger, später kamen die Interessenjurisprudenz und vor allem rechtssoziologische Ansätze hinzu.[5] Wie es dem wissenschaftlichen Positivismus jener Zeit entsprach, wollte man Recht in einer Art verstehen, wie andere Physik und Chemie verstehen wollten[6], nämlich wie sich diese Phänomene in der Natur »hingestellt«, »positum« eben, vorfanden. Ironischerweise war es dann ein anderer »Positivismus«, der sogenannte Gesetzespositivismus, der diese wissenschaftspositivistische Sucharbeit in ihr Gegenteil verkehrte; er fragte nicht mit wissenschaftlichem Interesse, was Recht ist und wie es funktioniert, sondern ordnete politisch an, was gelten soll.

3. Geburt aus dem Konflikt

Anders nun der Bottom-up-Ansatz eines Rechts, das ohne Staat auskommt; eines Rechts übrigens, dem die erwähnte historische Rechtsschule und die frühe Rechtssoziologie des 19. Jahrhunderts sehr nahe auf der Spur waren. Jene Bewegungen erkannten, dass Anlass zu jeder Rechtsfrage allemal ein Konflikt ist, eine Inkompatibilität von Interessen, ein Übergriff, der nach Korrektur oder Vergeltung ruft. »Recht ist Rache«, brachte es Rudolf von Jhering damals sinngemäß auf den Punkt;[7] weltberühmt geworden ist auch sein Werk *Der Kampf ums Recht*, der die Geburt von Recht aus dem Konflikt realitätsnah umschreibt.[8]

Aber wie soll man sich dies konkret vorstellen: Recht aus dem Konflikt? Wie kann der Konflikt selbst die Regeln hervorbringen, die ihn beurteilen sollen? – Versuchen wir es! Nicht theoretisch topdown, sondern handfest bottom-up:

Der eine greift den anderen an, verletzt ihn oder tötet ihn gar; er zwingt ihn gegen seinen Willen zu etwas; er verbietet ihm etwas, das

dieser gerne täte; er nimmt ihm etwas weg, allenfalls mit Gewalt, allenfalls mit List und Tücke – die klassischen Straftaten, wie sie in jedem Strafgesetzbuch verboten werden. Doch was, wenn es kein staatliches Strafgesetzbuch gäbe? Da haben wir einmal die objektive Tat; sie sieht konkret so aus (siehe Abb. Seite 190).

Dass solche Handlungen verboten sind, liegt nicht daran, dass es so im Gesetzbuch steht; sondern es steht im Gesetzbuch, weil es verboten ist. So gesehen, sind Gesetzbücher nicht mehr als Verschriftlichungen von Verhaltensgesetzmäßigkeiten, die sich in jahrtausendelangen Evolutionen des *Homo sapiens* und seiner genealogischen Vorfahren gebildet haben. Ein weites, hochinteressantes Feld, das mit seinen Weiterungen in anthropologische bis hin zu soziobiologischen Forschungsfeldern den Rahmen dieses Beitrags sprengen würde.[9]

Nun sind Konflikte nicht immer so einfach labormäßig aufbereitet wie in diesen Skizzen. Der Angreifer, Erzwinger oder Verbieter hat vielleicht redliche Gründe, sich so zu verhalten; etwa, wenn sein »Opfer« in Tat und Wahrheit der Angreifer ist, gegen den er sich wehrt; oder wenn er für ihm anvertraute Führungsbedürftige, beispielsweise seine Kinder, Schutzanweisungen gibt. Da sieht der Konflikt anders aus:

Verteidigung
- Legitime Prävention
- Verteidigung

Angriff
- Unstatthaftes Bedrängen
- Gefährdung der anderen

Die Konstellation des Konflikts selbst nuanciert mithin die Einordnung und zeigt: Der Angriff, das Erzwingen, das Wegnehmen etc. ist nur dann verboten, wenn es keine rechtfertigenden Gründe dafür gibt:

Freiheitsberaubung Verletzung
- Zwingt eigenen Willen auf
- Zwingt zur Unterwerfung
- Verhindert fremde Pläne
- Attackiert und verletzt

Defensive
- Nicht hilfebedürftig
- Bedrängt niemanden
- Gefährdet niemanden
- Greift niemanden an
- Hat dem Eingriff nicht zugestimmt

Oder das Entsprechende zum Fall des Wegnehmers, den man nicht »Dieb« nennen mag, wenn er redliche Gründe hat, die betreffende Sache an sich zu nehmen; etwa wenn er sie dem auf frischer Tat ertappten wirklichen Dieb entwindet; oder wenn er sich beim Verletzer für den von diesem angerichteten Schaden schadlos hält; oder wenn er sich etwas ihm Versprochenes nimmt (siehe Seite 193).

Solche und andere Differenzierungen sind ihrerseits wiederum Verfeinerungen von Verhaltensgesetzmäßigkeiten, die sich in der Evolution des gesellschaftlichen Gefüges entwickelt und bewährt haben. Auch sie gelten unabhängig davon, ob sie in einem Gesetzbuch stehen. Oder anders gesagt: In Gesetzbüchern stehen solche Rechtfertigungen deshalb, weil es sie gibt.

Selbstverständlich bedeuten diese simplen Beispiele nicht, dass die Eruierung solch gegenseitiger Interessenlagen in der Praxis einfach wäre. Doch hat dies nichts damit zu tun, ob es staatliche Gesetze gibt oder nicht. Wer die Rechtspraxis kennt, weiß nur zu gut, wie schwie-

Aktive Verteidigung
Erlaubte Selbsthilfe

Selber Dieb!!!

Angriff
Hat die Sache
dem anderen
soeben abgenommen

Nachgeholte Kompensation
Verständliche Selbsthilfe

Früherer Angriff
Hat dem anderen
Schaden zugefügt

Vermiedene Frustration
Legitime, wenn vielleicht auch
unzivilisierte Selbsthilfe

Bricht Versprechen
Hat es dem anderen versprochen,
z.B. als Gegenleistung
oder als Geschenk

rig solche Fragen im gerichtlichen Alltag sind, und dies bei staatlichen Gesetzen und staatlichen Gerichten.

4. Keine Kriterien außerhalb des Konflikts

Was hingegen einen Unterschied ausmacht, ist, dass es beim Fehlen von staatlichen Gesetzen keine Beurteilungskriterien außerhalb des Konflikts selbst gibt; mehr als das, was der Konflikt an gegenseitigen Inkompatibilitäten hergibt, gibt es nicht; andere Beurteilungskriterien stehen einem staatsfreien Recht nicht zur Verfügung.[10]

Das ist bei staatlichen Gesetzen anders: Sie können – weil sie ja selbst die »Quelle« des Rechts sein sollen – noch weitere Beurteilungskriterien aufstellen, auch solche, die nichts mit den im Konflikt zusammenprallenden Interessen zu tun haben, sondern beispielsweise mit den involvierten Personen: etwa dass Positionen von Männern stärker gewichtet werden als solche von Frauen (oder umgekehrt), solche von Weißen stärker als solche von Schwarzen (oder

umgekehrt), solche von Bürgerlichen stärker als solche von Sozialisten (oder umgekehrt); solche von Christen stärker als solche von
Muslimen (oder umgekehrt) etc. Das sind typische Fälle von Willkür
staatlicher Gesetzgebung, die dazu führen, dass nicht diejenigen
Recht bekommen, die Recht haben, sondern die der gerade aktuellen Ideologie der staatlichen Macht entsprechen; das sind dann je
nachdem Arier oder Umweltschützer, Unternehmer oder Mieter,
Adlige oder Frauen.

Solche rechtsfremden Kriterien sind bei einem Recht, das sich rein
auf den Konflikt fokussiert, nicht möglich; bei ihm sind alle vor dem
Gesetz gleich, Kleine und Große, Schwache und Starke, Unbedeuten-
de und auch die ganz großen Machtträger, selbst wenn sie sich »Staat«
nennen.[11]

Mit anderen Worten, ein solches Recht interessiert es nicht,

► wer etwas will, tut oder hat;
► auch nicht, ob das, was jemand will, tut oder hat, für sich allein
  gesehen gut oder schlecht, edel oder unmoralisch ist;
► sondern ausschließlich, ob jemand in dem, was er will, was er tut
  oder was er hat, behindert wird oder ob er damit andere behindert.

Das wiederum bedeutet, dass ein solches Recht nicht etwas Gutes in
diese Welt hineinbringt, sondern bloß Unkorrektes verhindert. Dieses Recht

► korrigiert nicht die Welt als solche, sondern deren
  dynamische Abläufe,
► ist nicht offensiv, sondern wesensmäßig defensiv,
► ist nicht konstruktiv, sondern destruktiv; doch das, was es
  zerstört, ist es wert, zerstört zu werden.

Genau gesehen geht es gar nicht um Recht in einem positiven Sinn,
sondern um etwas wesensmäßig Negatives, nämlich die Abwehr von
Unrecht. Die Devise ist nicht »Recht geschehe!«, sondern gemäß einem alten Rechtssprichwort: »Unrecht soll umkehren!« Diese Nor-

mativität kommt nicht von außen, sozusagen exogen, sondern aus
dem Konflikt heraus, sozusagen endogen; sie wird nicht angeordnet,
sondern geschieht. Man mag sie schriftlich festhalten, man kann das
Buch, in das man sie schreibt, »Gesetz« nennen, doch ihre Geltung
schöpft sie nicht aus diesem Buch, sondern aus der Faktizität des an-
lassgebenden Konflikts.

5. Faktizität des Rechtsprozesses

Bietet somit der Konflikt die Quelle des ihn beurteilenden Rechts
und ist der Staat insofern entbehrlich (wenn nicht gar schädlich), so
bleibt noch immer die Frage, wie ein solches Recht verfahrensmäßig
ablaufen soll. Vor allem angesichts der Erfahrung, dass jede Seite eines Konflikts felsenfest davon überzeugt ist, dass sie allein im Recht
ist, und Anlass hat, ihrem Gegner »Unrecht soll umkehren!« entge-
genzurufen. Kann man die Konfliktparteien einfach so sich selbst
überlassen, auf dass sich dann schlicht der Stärkere durchsetzt? Brauchen wir nicht zumindest verfahrensmäßig eine unabhängige und
durchsetzungsstarke Rechtsinstitution und damit letztlich doch wieder den Staat?

Nun sind Konfliktparteien aber typischerweise gar nicht »einfach
so sich selbst überlassen«, sondern stehen in einem kleineren oder
größeren sozialen Kontext; mögen auch beim nächtlichen Übergriff
nur der eine Täter und das eine Opfer zugegen sein, so werden sich
spätestens am nächsten Morgen schon ziemlich viele weitere Gesellschaftsmitglieder damit befassen, vor allem die Freunde, die Familie,
der Clan der einen oder anderen Seite, jeder von ihnen natürlich mit
Sympathie für seine Seite: andere sind vielleicht neutraler, aber doch
von der Tatsache des Konflikts empathisch angezogen; weitere Kreise
nehmen das Geschehen eher distanziert, wenn auch interessiert zur
Kenntnis (siehe Abb. Seite 196).[12]

All diese Zuschauer und Zuhörer werden sich mit dem Geschehen
befassen, die einen weniger, die anderen mehr, sodass sie sich ein ge-
naueres Bild machen können, welche Seite nun (eher) angreift und

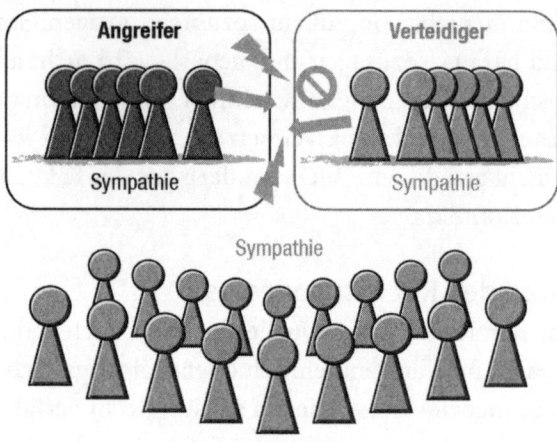

welche sich (eher) wehrt bzw. welche Seite inwieweit in der Offensive oder in der Defensive ist. So wird die zunächst offene Empathie der Zuschauer je nachdem zur Sympathie für die eine und zur Antipathie gegen die andere Seite; es ergreifen die zunächst bloß interessiert Hinschauenden im Sinne des Wortes »Partei«. Sie scharen sich gleichsam um die Partei, die sich als Opfer und nicht als Täter herausstellt. Sie mutieren von Zuschauern zu Verteidigern, je nachdem gar zum erweiterten Kreis der Opferpartei.

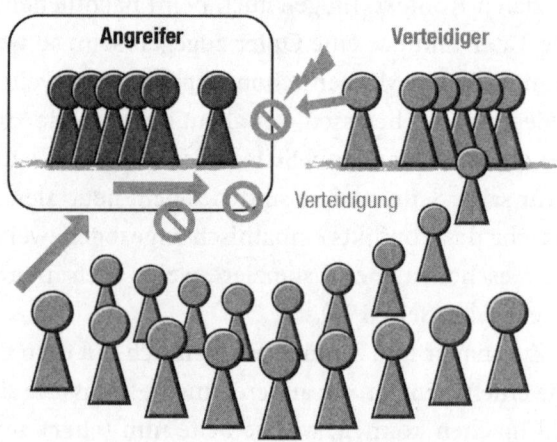

Solche Situationen führen dazu, dass Leute um das Zentrum des Konfliktgeschehens zusammenströmen; um die unmittelbaren Streitparteien, deren Freunde, Sekundanten, und weiter entfernt die empathisch Angezogenen etc. Es findet statt, was althochdeutsch »Ding« heißt und sowohl Versammlung als auch Zweikampf bedeutet wie auch – in einer weiteren Entwicklung – Gerichtsverhandlung und Urteil. Es ist ein gruppendynamisches Phänomen, das einerseits handfest äußerlich mit einem Zweikampf abläuft, der sich im Sinne des Wortes ausweitet, zusätzliche Gesellschaftsmitglieder mit in den Streit einbezieht, dann aber auch neutrale Beobachter anspricht, dann aus dem lauten Geschrei auch überlegtere Töne anklingen bzw. Argumentationen aufkommen lässt und tendenziell dazu führt, dass die Situation bereinigt, die Streitparteien gegeneinander abgegrenzt und die Lage wieder beruhigt wird. Schon in sehr alten Stammeskulturen lassen sich Spuren solcher Urteilsversammlungen finden, die darauf hinweisen, dass der Streit nicht einfach dort, wo er ausbrach, ausgetragen wurde, sondern dass die von ihm angestoßene Weiterung an einem bestimmten Ort – unter der Gerichtslinde oder einem anderen Ding-Platz – vonstattenging und dort in einer Versammlung, am Gerichtstag, am »Taga Ding«, ihren Abschluss fand.

Also lässt sich auch das Verfahren der Konfliktlösung als ein natürlicher Verhaltensprozess feststellen, der nicht darauf angewiesen ist, in einer staatlichen Prozessordnung aufgeschrieben zu werden, und auch nicht darauf, dass der Staat sich als Richter anbietet. Dieser Prozess und seine Deeskalationswirkung laufen so oder so ab; so oder so drängt die allgemeine Aufregung dazu, sich wieder zu beruhigen; so oder so werden Leute als Richter, Vermittler, Mediatoren etc. »zu Gericht sitzen«, deren Rat man erhöhte Aufmerksamkeit schenkt und deren Ausspruch man in aller Regel auch folgt. Es mag gute Gründe geben, solche Abläufe schriftlich festzuhalten und ihnen damit eine erhöhte Berechenbarkeit zu geben, sozusagen als allgemeine Vertragsbedingungen eines solchen Gerichts; doch gibt es keinen Grund, einem Gericht dafür das Monopol zu geben und Konkurrenzgerichte mit allenfalls abweichenden Vertragsbedingungen auszuschließen.

6. Faktizität der Rechtsdurchsetzung

Wie steht es nun aber mit der Durchsetzung solcher Urteile? Mögen sie auch ohne staatlichen Einfluss zustande kommen und mögen sie rein faktisch auch Autorität haben. Was nützen sie aber, wenn sich der Verurteilte nicht daran hält, wenn er den Schadensersatz, zu dem er verurteilt worden ist, nicht bezahlt? Was zählt ein noch so gerechtes Recht, ein noch so fairer Prozess, wenn das Urteil letztlich nicht durchsetzbar ist? Diese Frage wird verhängnisvollerweise meist dahin gehend beantwortet, dass zur Lösung dieses Dilemmas ein staatliches Rechts- und Gewaltmonopol nötig sei. Verhängnisvoll und vor allem auch unzutreffend ist diese Antwort aus verschiedenen Gründen:

So verkennt sie die spezifische Qualität der geschilderten natürlichen Verhaltensgesetzmäßigkeiten. Diese sind nicht generell-abstrakte Normen, die aus einer eigenständigen Quelle stammen (etwa aus göttlicher Willkür, aus einem absoluten Naturrecht, aus logischer Rationalität, aus politischer Entscheidung etc.), die dann noch eigens auf den individuell-konkreten Fall anzuwenden wären, sondern sie werden, wie vorhin geschildert, vom konkreten Konfliktfall hervorgebracht. Und auch dies nicht im Sinn einer abstrakten Norm, die erst noch anzuwenden wäre, sondern unmittelbar mit ihrer tatsächlichen Wirkung. So entsteht nicht ein Gebot, dass nun alle zum Taga Ding eilen sollen, sondern es findet ein allgemeines Hineilen dorthin statt, und ebenso ein Parteiergreifen für diese oder jene Seite, sozusagen ein erweitertes Streitaustragen, eine Artikulierung von Argumenten, eine zunächst hitzige, dann aber zunehmend sachliche Debatte unter der Gerichtslinde, und schließlich ein Formulieren des Urteils als Ausdruck davon, an welcher Schnittstelle die Abgrenzung zwischen den Konfliktparteien zu justieren ist.

Das ist nichts anderes als die aus der Physik bekannte Gesetzmäßigkeit von Actio = Reactio, und dies nicht in einem metaphorischen

Sinn, sondern in einer durch natürliche Verhaltensevolution entwickelten, überlagerten, verfeinerten, zivilisierten Form.

Das bedeutet, dass bei einem besonders starken Übergriff und speziell bei Renitenz des Übergreifers gegen die ihm entgegengehaltenen Verbote eine entsprechend starke Gegenwehr provoziert wird – starke Actio = starke Reactio. Man könnte auch sagen: Das Recht im Sinn solch natürlicher Verhaltensgesetzmäßigkeiten braucht nicht »in Kraft gesetzt« zu werden, es hat vielmehr seine eigene Kraft; und dies nicht im Sinn einer formalen Gültigkeit, sondern einer unmittelbaren bis hin zur physischen Wirksamkeit. So wird ein besonders starker Großaggressor so starke Reaktionen auslösen, dass sie ihm auf Augenhöhe Paroli bieten können; die als Einzelne vielleicht schwachen Opfer werden sich zusammenschließen und so die Übergriffe abwehren können. Gelingt auch dies nicht, werden andere starke Akteure auf den Plan treten, nicht nur aus selbstlosen Motiven heraus, aber gleichwohl wirksam. Das wird zwar zunächst den Konflikt vergrößern, aber gleichzeitig die Wahrscheinlichkeit eines Ding-Prozesses erhöhen. Dieser wiederum wird in solch komplexen Konfliktsituationen seinerseits komplex ausfallen, etwa so, wie wir dies aus völkerrechtlichen Konfliktbeilegungen kennen. Auch diese geschehen ja nicht, weil eine Weltregierung sie top-down anordnet, sondern bottom-up aus dem Konflikt.

Aus solchen Überlegungen erscheint es jedenfalls wenig überzeugend zu behaupten, Recht ohne staatliche Durchsetzung sei wirkungslos. Actio = Reactio ist ein Naturgesetz; es wirkt wie das Gravitationsgesetz, bei dem ja auch niemand auf die Idee käme, es mit staatlichem Zwang durchzusetzen.

7. Und das Leviathan-Narrativ?

Dieser Umstand kommt nun allerdings dem Leviathan-Narrativ des Thomas Hobbes in die Quere.[13] Nach diesem sei bekanntlich ein einziger und allerstärkster Macht- und Gewaltmonopolist vonnöten, der Staat eben. Ansonsten käme es zum Krieg aller gegen alle und damit letztlich zum brutalen Recht des Stärkeren. Das heißt, der erwähnte Großaggressor würde die gegen ihn sich bildende Gegenwehr einfach mit noch mehr Gewalt niederwalzen. Und um eben dies zu vermeiden, werde der staatliche Leviathan gebraucht.

Doch damit ist das staatsfreie, rein aus dem Konflikt hervortretende Recht noch nicht am Ende. Denn Macht lässt sich erfahrungsgemäß nur aufrechterhalten, wenn sie auf eine gewisse Akzeptanz und Reputation bauen kann. Also wird dies den Großaggressor ganz natürlich »regulieren«, sozusagen im Finetuning von Action = Reactio.

Hiergegen wiederum würde das Leviathan-Narrativ einwenden, der renitente Großaggressor sei wohl nicht dumm und es gelinge ihm, mit gekonntem Marketing den Eindruck zu erwecken, seine Tyrannei sei letztlich zum Wohle aller. Es seien beispielsweise die von ihm »erhobenen« Schutzgelder nötig, um Sicherheit und Wohlstand für alle zu gewährleisten. Natürlich würden viele solchen Unsinn durchschauen, doch hätte der geniale Großaggressor auch hierfür eine Lösung: Er würde gezielt die Meinungsmacher der Gesellschaft, Intellektuelle, Akademiker und sogenannte Wissenschaftler, auf seine Seite ziehen, indem er ihnen gute Löhne zahlt und elegante Universitäten baut, die er mit den erpressten Schutzgeldern finanziert. Sie würden dann das, was ihrem Brotgeber dient, als edle Notwendigkeit vermarkten.

Um solche Horrorszenarien zu vermeiden – so das Leviathan-Narrativ –, sei eben der starke Staat unabdinglich. Denn das, was der Großaggressor tut, sind doch nichts anderes als widerrechtliche Übergriffe. Zwar kommen diese dank des geschickten Marketings als edle Notwendigkeit daher, und manche Leute sind vielleicht sogar bereit, sie freiwillig zu akzeptieren; doch die Tatsache, dass sie allen aufgezwungen werden, auch denen, die dies nicht freiwillig wollen, lassen diese Aktivitäten zum rechtswidrigen Übergriff bzw. – wie es Hayek zu Recht formulieren würde – zum »Unjust Conduct« werden.

Indes – was unterscheidet diesen Großaggressor eigentlich vom Staat?! Was ihn auszeichnet, sind die typischen Staatsattribute wie

Zwangsunterwerfung aller Territoriumsbewohner, Schutzgelderpressung unter dem Etikett »Steuern«, hochprofessionelles Marketing und damit erstaunlich hohe Akzeptanz. Man kann es auch so formulieren: Der Teufel, den der Staat an die Wand malt, um sein Rechts- und Gewaltmonopol zu begründen, ist er selbst. Eine aggressive Gang, die eigentlich ganz natürlich unsere empörte Antipathie wecken und deren Opfer ganz natürlich unsere volle Sympathie erhalten sollten; ein Geschehen, das uns eigentlich ganz natürlich dazu führen sollte, hinzueilen und einen Taga Ding, einen Gerichtstag, abzuhalten:

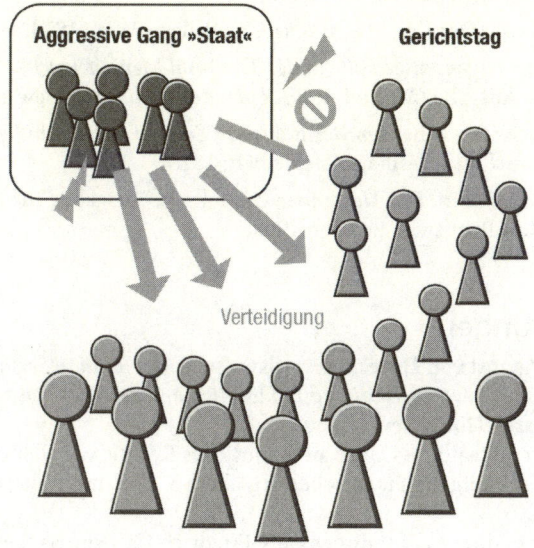

Für diesen Prozess ist das Leviathan-Narrativ definitiv am Ende, denn Leviathan sitzt auf der Anklagebank.

8. Literatur

Darwin, Charles: *Die Abstammung des Menschen und die geschlechtliche Zuchtwahl*, 1. englische Auflage (*The Descent of Man, and Selection in Relation to Sex*), London 1871.

Dürr, David: *Diskursives Recht. Zur theoretischen Grundlegung rechtlicher Einflussnahme auf überindividuelle Konflikte*, Zürich 1993.

Dürr, David: »Staatliches Unrecht, natürliches Recht – Warum Anarchismus zutrifft«, in: Mathis/Langensand (Hrsg.): *Anarchie als herrschaftslose Ordnung*, Berlin 2019, S. 351 ff.

Eugen Ehrlich: *Grundlegung der Soziologie des Rechts*, 1. Auflage, München 1913.

Fikentscher, Wolfgang: *Methoden des Rechts*, Band II, Tübingen 1975.

Hayek, Friedrich August von: *The Road to Serfdom*, Chicago 1944.

Hayek, Friedrich August von: *Law, Legislation and Liberty*, London/New York 1973/76/79.

Hobbes, Thomas: *Leviathan*, erstmals erschienen in London 1651.

Jhering, Rudolf von: *Geist des römischen Rechts auf den verschiedenen Stufen seiner Entwicklung*, Leipzig 1907, S. 129 ff.

Jhering, Rudolf von: *Der Kampf ums Recht*, 4. Auflage, Wien 1874.

Kropotkin, Peter: *Gegenseitige Hilfe in der Tier- und Menschenwelt*, 1. englische Ausgabe *(Mutual Aid: A Factor of Evolution)*, New York 1902.

Savigny, Friedrich Carl von: *Vom Beruf unserer Zeit für Gesetzgebung und Rechtswissenschaft*, 2. Auflage, Heidelberg 1828.

Tiger, Lionel; Fox, Robin: *Das Herrentier*, 2. englische Ausgabe *(The Imperial Animal)*, New Brunswik, London 1998.

9. Anmerkungen

1. Friedrich August von Hayek, beispielsweise in *The Road to Serfdom*, Kapitel 6, oder *Law, Legislation and Liberty*, Band 2, »The Quest of Justice«, je mit weiteren Hinweisen.
2. David Dürr: »Staatliches Unrecht, natürliches Recht«, vor allem S. 364 ff.
3. Nebst vielen Wolfgang Fikentscher, vor allem S. 58 ff. mit weiteren Hinweisen.
4. Prominent in diesem Zusammenhang Friedrich Carl von Savigny: *Vom Beruf unserer Zeit*.
5. In diesem Zusammenhang sozusagen »klassisch« Eugen Ehrlichs Grundlegung der Soziologie des Rechts.
6. Der seither in oft unterschiedlicher Nuance verwendete Begriff »Positivismus« geht auf den Wissenschaftstheoretiker August Comte (1798–1857) zurück und kennzeichnet die vor allem naturwissenschaftliche Aufbruchstimmung des 19. Jahrhunderts.
7. Rudolf von Jhering: *Geist des römischen Rechts*, S. 129 ff.
8. Rudolf von Jhering: *Der Kampf ums Recht*.
9. Immerhin sei darauf hingewiesen, dass solche Ansätze sich als konsequente Fortentwicklung der vorhin erwähnten wissenschaftlichen

Aufbruchstimmung des 19. Jahrhunderts einordnen lassen, mit interessanten thematischen Zusammenhängen zwischen so prominenten damaligen Naturforschern wie Charles Darwin und Peter Kropotkin einerseits und primatologischen bzw. soziobiologischen Anknüpfungen 100 Jahre später etwa durch die Anthropologen Lionel und Fox mit ihrem »Kultbuch« *The Imperial Animal.*

10. David Dürr: *Diskursives Recht,* S. 119 ff. mit weiteren Hinweisen.
11. David Dürr: »Staatliches Unrecht – natürliches Recht«, S. 356 ff., 375 f.
12. Solche Sachverhalte entsprechen recht genau dem, was Charles Darwin in *Die Abstammung des Menschen,* Kapitel 5, als ein Verhalten umschreibt, das sich sowohl in der menschlichen Gesellschaft als auch bei weniger entwickelten Tieren feststellen lässt, was ihn zur Erkenntnis führt, dass sich die sozialen Verhaltensgesetzmäßigkeiten des Menschen als Entwicklungsprodukte gleichsam entlang der physischen Evolution verstehen lassen. Im hier vorliegenden Zusammenhang interessiert vor allem der Umstand, dass solches Verhalten nicht auf Anordnung hin, sondern als Naturphänomen abläuft.
13. Thomas Hobbes: *Leviathan.*

BERNHARD PICHLER

Privatrechtsgesellschaft – Freie Marktwirtschaft und natürliche Ordnung

1. Einleitung: Hölle oder Paradies?

Diese Einleitung ist von Oliver Janich übernommen, da sie eine trefflliche Allegorie unserer Situation in Gegenüberstellung einer Privatrechtsordnung darstellt:

»Stellen Sie sich vor, ein Versicherungsvertreter käme zu Ihnen und würde Ihnen folgenden Vertrag anbieten: ›Lieber Herr Müller, wir bieten Ihnen an, Sie zu schützen. Den Umfang, die Qualität und die Pünktlichkeit unserer Schutzleistung bestimmen wir, und wir können das auch jederzeit eigenmächtig ändern. Wir legen auch den Preis für diese Schutzleistung fest und passen ihn an, wann und wie wir wollen. Je mehr Sie arbeiten, desto mehr müssen Sie für unsere Leistung zahlen. Sollten Sie nicht bezahlen, entführen wir Sie und sperren Sie so lange ein, wie wir wollen – gegebenenfalls halten wir Sie auch dann noch gefangen, wenn Sie doch noch zahlen. Wehren Sie sich gegen die Entführung, werden sie körperlich misshandelt, vielleicht sogar erschossen, wenn wir meinen, das sei angemessen. Der Vertrag ist für Sie zu keiner Zeit kündbar. Er gilt lebenslang.

Im Gegenzug erhalten Sie eine Aktie an unserem Unternehmen. Sie können die Aktie allerdings nicht veräußern. Sie bekommen auch keine Gewinnausschüttung, aber eine Stimme auf unserer Hauptversammlung. Sie können damit den Vorstandsvorsitzenden wählen. Er und seine Kollegen sind aber an keinerlei Versprechungen, die Ihnen oder anderen gemacht wurden, gebunden. Werden sie wieder abgewählt, erhalten sie eine üppige, lebenslange Pension, die von uns festgelegt wird und die Sie zahlen.‹

Würden Sie so einen Vertrag unterschreiben? Doch halt, der Vertreter fährt fort: ›Verzeihen Sie, falls ich den Eindruck erweckt habe, wir benötigen Ihre Zustimmung oder Ihre Unterschrift. Ich wollte Ihnen lediglich die Bedingungen mitteilen. Sie gelten, weil Sie auf unserem Territorium geboren wurden. Widerstand ist zwecklos.‹ Herzlich willkommen in der Hölle. Sie heißt Demokratie.

Jetzt stellen Sie sich vor, Sie schauen abends die Nachrichten. Mal wieder verkündet in der *Tagesschau* irgendein Politiker neue Gesetze. Er verbietet Ihnen das Rauchen, fettes Essen, Alkoholkonsum im Freien, Glühbirnen, Radfahren ohne Helm, Produkte mit CO_2, Sex gegen Bezahlung, den Genuss von Marihuana oder sagen zu können, was Sie wollen. Außerdem will er die Steuern erhöhen, weil er mehr Beamte braucht, die Sie überwachen und sicherstellen, dass Sie sich an die Verbote halten, und um neue Verbote zu erfinden.

Stellen Sie sich weiterhin vor, Sie könnten beim Sender oder bei einer anderen Stelle anrufen und sagen: ›Ich möchte das nicht. Bitte wechseln Sie diesen Politiker aus.‹ Und dabei wären Sie nicht darauf angewiesen, dass Millionen andere ebenfalls anrufen. Nicht einmal ein weiterer Anruf wäre nötig. Sie allein würden entscheiden!

Herzlich willkommen im Paradies. Das Paradies hat einen Namen, und der fängt ebenfalls mit P an: Privatrechtsgesellschaft.«[1]

2. Grundgedanken zur Marktwirtschaft: Staat vs. Kapitalismus oder Ungerechtigkeit vs. Freiheit

In öffentlichen Diskussionen und Reportagen wird oftmals die Armut thematisiert, die vielerorts in der Welt vorhanden ist. Nach Präsentation einiger dramatischer Zahlen und Statistiken oder noch viel dramatischerer und erschreckenderer Bilder dauert es dann oft auch nicht lange, um die Schuldigen für diese Misere zu analysieren. Es werden die Vertreter des »kapitalistischen Systems« genannt, in dem wir angeblich leben. Da werden schnell und bequem Begriffe wie Kapitalismus, Neokapitalismus und freie Marktwirtschaft usw. in einen Topf geschmissen und die zugehörigen Geisteshaltungen als Schuldige für die Probleme in der Welt an den Pranger gestellt.[2]

Aus dieser vermeintlichen »Analyse« resultieren umgehend die Lösungsvorschläge, wie man sie ebenso von unzähligen Autoren und Publizisten weltweit lesen kann: Der Kapitalismus, wobei dieser Begriff oft mit abschreckenden Attributen wie »zügellos«, »ungehemmt«, »gefräßig« oder »Raubtier« ergänzt wird, und den man sogar als »mörderisch« und auf alle Fälle als »ungerecht« bezeichnet, solle gezügelt werden, damit es zu mehr »Gerechtigkeit« auf unserer schönen Welt käme.

Fehlt es dem Kapitalismus also an »Gerechtigkeit« und »sozialer Verantwortung«? Verantwortet der Kapitalismus Armut in der Dritten Welt und eine Kapital- und Rohstoffabsaugung aus diesen Regionen hin zu den Reichsten dieser Welt, oder zumindest in die Erste Welt, also zu uns? Solche und weitere Behauptungen kann man bei Autoren wie Jean Ziegler, Viviane Forrester und vielen mehr zur Genüge lesen. Fazit: Der Kapitalismus, oder wie Viviane Forrester einen ihrer Buchtitel gewählt hat: *Der Terror der Ökonomie* (1996), gehört gezügelt, gebändigt, kontrolliert, in Schranken gewiesen und abgeschafft!

Und das Ganze – sonst würde es ja nicht funktionieren – auf übergeordnete staatliche Regulierung, das heißt Verordnung, was so viel bedeutet wie »Befehl«.

Bei solch harten Vorwürfen gegenüber der Marktwirtschaft, die man in geballter Ladung auch über unseren staatlichen Propagandafunk vermittelt bekommt, sei es einem Freidenker jedoch erlaubt, auch die Gegenfrage zu stellen: Kann es sein, dass wir vielleicht *mehr* Marktwirtschaft und nicht *weniger* benötigen? Haben wir vielleicht viel zu wenig Marktwirtschaft, also Freiheit? Anders ausgedrückt: Ist die Form der Marktwirtschaft, die wir haben, wirklich eine *freie* Marktwirtschaft?

Bei unserem Regulierungsdschungel merkt zwar fast jeder, dass wir keinen »freien Markt« haben, aber was kann man denn tatsächlich dem Markt überlassen? Wie viel kann der Markt regulieren, und wo gehört er gebändigt, weil er es nicht regulieren kann? Würde der Markt ohne einen Dompteur, der sich Staat nennt, ausbrechen wie ein Raubtier, alles mit sich reißen und verschlingen und dementsprechend großen Schaden anrichten?

Nun gut, viele Fragen und Gegenpositionen – versuchen wir uns mit etwas Logik an die Antworten heranzutasten, beginnend an der Basis, also nach dem Verursacherprinzip: Es wird allgemein angenommen, dass Wirtschaft, oder wirtschaftliche Stärke, mit Macht gleichzusetzen ist bzw. dass Wirtschaft mehr Macht hätte als die Politik. Um dies zu beantworten, muss man die Optionen von Wirtschaft und die Optionen von Politik zur Einflussnahme auf die Bevölkerung gegenüberstellen:

▶ In der Privatwirtschaft, also einer freien Wirtschaft, kann mich kein Unternehmen zwingen, seine Produkte zu kaufen, und wenn es ein noch so großer Konzern ist. Es kommt immer freiwillig zu einer Vereinbarung.

▶ Politik bzw. Politiker können nur durch Gesetze regulieren, das heißt immer durch Zwang, also Befehl. Letztendlich durch eine monopolistische Staatsgewalt, bei der es kein Entrinnen, keine freie Wahl oder Option gibt (hierauf werden wir später ausführlicher eingehen).

Man kann sagen, dass auch der reichste Mann der Erde niemanden zwingen kann, etwas zu tun, ohne sich strafbar zu machen, so wie eben jeder andere auch. Nur durch Bestechung, und die ist auch freiwillig, kann ein Unternehmen Macht ausüben.

Allein durch die Verquickung von Politik und Wirtschaft kann Wirtschaft zu Macht gelangen, indem Großkonzerne und/oder Interessenverbände den tatsächlichen Entscheidungsträgern hohe Anreize zur Entscheidungsbeeinflussung zu deren Gunsten in Aussicht stellen. Das braucht nicht einmal Bargeld zu sein, Verlockungen wie ein günstig überschriebenes Grundstück in der Karibik mit einer netten Villa darauf oder ein lukrativer Managementposten nach Beendigung der Politkarriere sind auch für den unbedarften Beobachter leicht zu erkennen. Man könnte hier unzählige Beispiele nennen. Hierfür gibt es ein Wort, klassisch:»Bestechung«; oder in Bezug auf Wirtschaft und Politik:»Lobbyismus«. Zwang und Gewalt sind also immer mit dem Staat verbunden. (Mafiöse oder paramilitärische Strukturen, die in jenen Bereichen entstehen, wo der Staat sein Gewaltmonopol verliert, sind eigens zu analysieren, gehen letztendlich aber ebenso als Gegenbewegung zu einem aus Unfreiheit bestehenden Umfeld hervor.)

Daraus ergibt sich ein Begriff, der das System, in dem wir leben, beschreiben soll:»Korporatismus«. Ein Zusammenspiel zwischen der Wirtschaft und dem Macht- und Gewaltmonopol (Staat), was den Meistbietenden große Einflussnahme ermöglicht.

Wirtschaft wäre völlig gewalt- und zwangsfrei, wenn sie nicht mit der Politik kooperieren würde. Die Probleme entstehen erst, sobald Einflussnahmen von großen Wirtschaftstreibenden auf die Politik erfolgen (können), was aber nichts mit Kapitalismus oder freier Marktwirtschaft zu tun hat.

Am deutlichsten zeigt sich diese Tendenz durch das absolut staatlich regulierte Währungssystem. Hier wird man gezwungen, wertlose Papierzettel als Tauschmittel anzunehmen, obwohl man zusätzlich noch durch Inflation enteignet wird. Wirklich unabhängige Alternativwährungen sind verboten, es ist mir auch kein einziger noch so liberal-demokratischer Staat bekannt, der den Bürgern die Wahl der Währung gelassen hätte. Ganz im Gegenteil, Bargeld soll durch elektronisches »Geld« ersetzt werden. Außer von Politikern habe ich noch nie von irgendjemandem gehört, der das befürworten würde. Daher werden alternative Kryptowährungen (unabhängig von deren Stabilität) auch möglichst bekämpft.

Das Thema Geld wäre jedoch ein eigenes Kapitel, einen Aufsatz oder ein Buch wert. Allerdings gibt es hierzu auch ausreichend empfehlenswerte Literatur, so wie Frank Schäffler den Geldsozialismus in seinem Buch *Nicht mit unserem Geld*[3] ausgezeichnet analysiert. (Als

Hinweis: am 10. März 2016 hat Frank Schäffler zu diesem Thema beim Hayek-Club Salzburg referiert.)

Nun würde aber ein staatsgläubiger Demokrat argumentieren, dass man als Wahlberechtigter (nicht alle »Bürger« sind wahlberechtigt) alle paar Jahre ein gewisses, marginales Mitbestimmungsrecht hat. Es wird aber in diesem System jedes Mal eine Minderheit durch eine Mehrheit zu etwas genötigt, was sie nicht möchte. Dies widerspricht sowohl dem individuellen Freiheitsgedanken als auch dem naturrechtlichen Gerechtigkeitsgedanken. Selbst wenn man mehrheitlich beschließt, dass man jemanden beraubt oder umbringt, bleibt es noch immer ungerecht, unbeeinflusst von der Übermacht der Stimmen.

Abgesehen davon ist die tatsächliche demokratische Mitbestimmung an der Zusammensetzung einer Regierung verschwindend gering und statistisch fast zu vernachlässigen, also kaum existent. Jedoch ist die Möglichkeit der Einflussnahme auf tatsächliche politische Entscheidungen noch viel geringer. (Ausführlichere Abhandlungen hierzu sind bei David Dürr nachzulesen.)[4]

3. Gefahr durch Marktdiktatur und Monopolbildung?

Die mögliche Gefahr einer eventuellen Monopolbildung oder eine plötzliche »Diktatur« durch Großkonzerne ist eine häufig angeführte Befürchtung bei einem unregulierten (also freien) Markt. So wird oft kritisiert, ein Großkonzern könne alle kleinen Mitbewerber verdrängen, zum Beispiel durch Tiefpreispolitik, dadurch zum Marktführer, wenn nicht gar zum Monopolisten mutieren, anschließend die Preise erhöhen, und der Konsument wäre schließlich dem ausbeuterischen Konzern ausgeliefert.

Das wäre jedoch bei einem System des freien Marktes kaum denkbar, da es ja keine mögliche Einflussnahme der Politik gäbe. Man nehme an, ein Lebensmittelkonzern namens »Teuer-Gen-Chemie-Lebensmittel« wird in unserem aktuellen System zum Marktführer, unterstützt durch Förderungen der EU. Man nehme nun weiter an, die Umfeldbedingungen würden sich plötzlich in eine 100-prozentig freie

Marktwirtschaft ändern – Politik würde also keine Rolle mehr spielen. Worüber würden dann die noch verbliebenen Medien berichten? Abgesehen von Sport, Wetter und aktuellen Forschungsergebnissen blieben nur noch Wirtschaft sowie die Bewertung der jeweiligen Unternehmen und ihrer Produkte übrig. Sollte der Konzern dann also nicht beste Qualität zum besten Preis liefern (da es keine Förderung mehr gibt, wird dies womöglich schwierig), würde dies in allen Medien berichtet werden. Würden dann nicht viele Konsumenten lieber hochqualitative Produkte oder wieder direkt beim Bauern kaufen? Das würde dazu führen, dass sich Bauernmärkte und kleine Läden wieder rentieren und das Bauerndasein gefördert wird. Letztendlich würde die Marktführerschaft des Lebensmittelkonzerns einknicken. Man darf ja nicht vergessen, es könnte jeder jederzeit mit einer eigenen landwirtschaftlichen Produktion beginnen, selbst wenn es nur im kleinsten Rahmen zur Selbstversorgung wäre. Es würde sich natürlich auch zwischen den einzelnen Erzeugern hochqualitativer Produkte oder zwischen den Erzeugern und ernährungsbewussten Konsumenten sofort ein Tauschhandel einstellen. (Das soll aber jetzt kein Plädoyer gegen eine industriell-optimierte Verarbeitung von Lebensmitteln sein, sondern nur als anschauliches Beispiel dienen.)

Nun gut, aber im Technikbereich könnte das komplizierter sein, da nicht jeder Laie als Produzent in den Markt einsteigen könnte. Jedoch sieht man speziell im Elektronikbereich, der einer der unreguliertesten Märkte ist, dass sich genau hier schnelle Veränderungen ergeben können. So war noch vor wenigen Jahren Nokia die Nummer eins bei den Mobiltelefonanbietern, mittlerweile ist der Konzern aber weit abgerutscht. Apple war mit seinem i-Phone führend bei Smartphones und wurde mittlerweile von Samsung überholt. Ebenso spielt Blackberry nur noch eine untergeordnete Rolle, obwohl das Unternehmen noch vor wenigen Jahren Vorreiter im Hochpreissegment war.

Weder ein großer Lebensmittelkonzern, ein Technikkonzern, noch sonst ein Marktführer kann einen Konsumenten dazu zwingen, bei ihm zu kaufen. Wäre er trotzdem Marktführer, dann nur deshalb,

weil er das beste Angebot hat, was auch dem Konsumenten zugute-
kommt. Aber es gibt im freien Markt keinen Zwang. Würde zum Beispiel Amazon, der Marktführer im Versandhandel, überhöhte Preise
verlangen oder einen schlechten Service bieten, so würden sich in
kürzester Zeit Konkurrenten vermehrt in den Vordergrund drängen.
Reine Monopole sind ohnedies ein seltenes Phänomen. Eine Mo-
nopolstellung erzielt man an erster Stelle durch politische Protektion.
Solche Unternehmen sind speziell in sozialistischen Systemen üblich
–in einer freien Marktwirtschaft gibt es so etwas nicht mehr. Dann
kann es noch zu Monopolstellungen in wirtschaftlichen Rand- bzw.
Kleinsegmenten kommen, die sich für Mitbewerber nicht rentieren.
Ebenso kann es zu Monopolstellungen kommen, wenn ein Unternehmen den alleinigen Zugang zu notwendigen Ressourcen hat. Das
ist aber meistens nur durch staatliche Verordnung möglich, wäre also
ebenso ausgeschlossen. Wenn ein Unternehmen jedoch eine Mono-
polstellung aufgrund einer technischen Innovation hat, die sonst kein
anderes Unternehmen vorweisen kann, dann ist es doch gut, dass zumindest ein Unternehmen dieses tolle Produkt anbieten kann.

Aber sollten aussterbende Berufe, die vom großen Markt und der
rasanten Entwicklung verdrängt werden, nicht geschützt werden?
Die Antwort liegt in einer Gegenfrage: Kann das nicht der Konsument entscheiden? Wollte der Konsument lieber Pferdekutschen statt
Autos, gäbe es heute keine Autos, sondern wir, oder die meisten von
uns, würden mit Kutschen fahren. Würden die Konsumenten Nokia
bevorzugen, dann wäre diese Marke bei den Smartphones/Handys
noch immer die Nummer eins. Bevorzugen wir Bio-Freilandeier,
dann müssten wir anstatt der Billigeier nur die Bioprodukte kaufen,
um somit Legebatterien zu verhindern. Gleiches gilt für Schreibma-
schinen vs. Computer.

Grundlegend ist: Der Markt allein hat keine Macht, in einem frei-
en Markt ist der Konsument der wahre Souverän.

In einem unfreien Markt nimmt die Politik Einfluss auf den Markt,
und die Konzerne wiederum nehmen Einfluss auf die Politik. Dadurch

kann es zu Verzerrungen kommen. Leidtragende sind meistens Klein- und Mittelunternehmen, aber letztendlich auch die Konsumenten.

4. Notwendigkeit intellektuellen Fachwissens?

Bleibt zu beantworten, wie viel Grundwissen über Marktwirtschaft und Ökonomie erforderlich ist, um in einer freien Marktwirtschaft angemessen agieren zu können. Sind nicht viel zu wenig Menschen »intellektuell« und gebildet genug, um für sich selbst die richtige Wahl zu treffen, was sie bevorzugen?

Kein Scherz – diese Frage wurde mir in Bezug auf eine freie Marktwirtschaft am häufigsten gestellt! Aber ist das nicht ein entsetzliches Menschenbild, wenn man fragend unterstellt: »Kann ein ›ungebildeter‹ Mensch überhaupt in der Lage sein, für sich nach seinen eigenen Bedürfnissen und Wünschen Entscheidungen zu treffen und selbst zu wissen, was er will (Unterstellung: ohne anderen und sich selbst damit zu schaden)?« Grenzt es nicht schon an Eugenik, manchen Menschen diese Grundkompetenz absprechen zu wollen, und nur einer kleinen »Elite«, die dann für alle anderen mitentscheiden soll, die Wahlfreiheit zuzugestehen?

Wer den freien Willen und die Entscheidungsfreiheit eines Menschen infrage stellt, kann dies nur mit einer Antwort lösen, die zwar viele Namen hat, aber immer aufs Gleiche hinausläuft: Totalitarismus, Faschismus, Kommunismus, Nationalsozialismus, internationaler Sozialismus, aber letztendlich auch Demokratie-Sozialismus. In allen diesen Varianten wird Menschen von anderen Menschen nach Willkür vorgeschrieben, was sie zu tun und zu lassen haben.

Man könnte fast darüber lachen, wenn es nicht so traurig wäre: Nach dieser Sichtweise ist ja die Mehrheit der Bürger nicht ausreichend intellektuell. Diejenigen, die meinen, sie müssten »niedrig Intellektuellen« ihre Freiheit absprechen, lassen sich von genau jenen angeblich »nicht ausreichend Gebildeten« durch deren Mehrheit wählen, um ihnen anschließend ihr Geld wegzunehmen und ihnen Vorschriften und Verbote aufzuzwingen. Daran zeigt sich, dass eben gerade jene »Intellektuellen« nicht den Widerspruch und die zerstörerische Kraft ihrer Annahmen erkennen.

Eine sehr gute Abhandlung über dieses Thema wurde von Roland Baader in seinem Buch *Totgedacht. Warum Intellektuelle unsere Welt zerstören*[5] verfasst. Ebenso weiterführend in dieser Thematik ist Andreas Tögel mit seinem Buch *Schluss mit Demokratie und Pöbelherrschaft*[6].

Besonders nimmt sich auch Hans-Hermann Hoppe dieses Themas an, der sich selbst als »intellektuellen Anti-Intellektuellen« bezeichnet. Hoppe: »Die erste und vorrangige Aufgabe der intellektuellen Anti-Intellektuellen ist es daher, diesem dogmatischen Schlummer der Massen entgegenzuwirken, indem eine präzise Definition des Staates vorgeschlagen wird [...] und dann zu fragen, ob eine Institution wie diese nicht wirklich ungewöhnlich, seltsam, unangenehm, lächerlich, sogar grotesk ist.«[7]

»Mainstream-Intellektuelle« scheuen natürlich, wie der Teufel das Weihwasser, eine Diskussion mit einem Anti-Etatisten wie Hoppe. Die bevorzugte Vorgehensweise ist totschweigen, ausgrenzen, diskreditieren und – falls das alles nichts mehr hilft – zensieren. Sollte es doch einmal zu einer öffentlichen Diskussion kommen – im Regelfall passiert das nur, wenn Mainstream-Intellektuelle ihren Diskussionsgegner nicht oder zu wenig kennen –, könnte es für sie argumentativ eng werden. So geschehen im Januar 2019, als Hoppe bei einer Diskussionsrunde über den Brexit und Nationalstaaten bei *Talk im Hangar-7* im Servus-TV[8] eingeladen war. Als Zuschauer hatte man den Eindruck, dass insbesondere der linksliberalen Politikerin und Mitteilnehmerin an der Diskussionsrunde, Irmgard Griss, ihre Hilflosigkeit ins Gesicht geschrieben stand, als sie durch Hoppe aus ihrem intellektuellen Luftschloss gerissen wurde. Und dies, obwohl Hoppe noch nicht einmal anarchistische Argumente vorbrachte, sondern unter anderem mit Schlagworten wie »Small is beautiful«, »[...] das hat doch schon der heilige Augustinus gesagt: Was ist der Staat anderes als eine große Räuberbande?« oder »Europa der 1000 Liechtensteins« für Minimalstaaten plädierte, so wie es auch im Sinne Hayeks gewesen wäre. Das kann Mainstream-Politiker natürlich aus dem Konzept bringen, bei Griss verursachte es Fassungslosigkeit, hilfloses Kopfschütteln und das Ringen um Argumente. Sie versuchte klassisch-sozialistische Umverteilungsbefürwortungen mit emotionaler Dialektik zu vermitteln. In ihrem Abschlussplädoyer äußerte sie noch die Forderung nach den »Vereinigten Staaten von Europa«. Dieses Thema wird in diesem Band von mir in einem anderen Beitrag aufgegriffen und diskutiert.

5. Die gute Nachricht ist: Marktwirtschaft funktioniert

Als Merksatz gilt:
>»Marktwirtschaft funktioniert von selbst. Man braucht weder Vorkenntnisse noch Einfluss von außen.«

Die meisten Menschen haben keine Ahnung von Wirtschaftstheorien, und das ist auch gar nicht notwendig. Menschen betreiben vermutlich Tauschhandel, seit die Menschheit existiert. Jeder Mensch kann Tauschhandel betreiben und erkennt den Marginalwert seines Einsatzes. Auch wenn manche durch Unwissenheit womöglich einmal »über den Tisch gezogen« werden – so kann man nur dazulernen. Darüber hinaus können solche Dinge auch nicht durch überbordende Gesetze des Staates verhindert werden.

Marktwirtschaft oder, um es zu verdeutlichen, »freie Marktwirtschaft« – ein Phänomen, das jeder von uns instinktiv kennt, das aber in unserem demokratischen System nur eingeschränkt existiert – ist uns von der Natur gegeben. Zumindest behaupte ich das, denn: Menschen tauschen.

Ohne Tausch würde auch kein Sozialismus funktionieren – na ja, okay, wenn man ihn als Sklavenherrschaft bezeichnet, in gewisser Weise vielleicht doch ein Stück weit. Aber trotzdem, selbst wenn Menschen ihre Arbeitsleistung hergeben, aufgrund der Bedrohung, ihr Leben zu verlieren, müssen sie zumindest eine Grundversorgung erhalten, sonst wären sie nach wenigen Tagen tot. Auch ein solcher Staat würde die erworbenen Reichtümer und Güter tauschen, egal ob staatsintern oder -extern. Allerdings floriert ein Zwangsmarkt nie so gut wie ein freier Markt, er kann es nicht. Das wurde (leider) viel zu oft bewiesen und kann als Naturgesetz angesehen werden. Das ist auch der Grund, warum sich eine freie Marktwirtschaft bzw. eine Privatrechtsgesellschaft auf Naturrecht beruft. Weil Naturrecht unumstößlich ist und immer über jedem positivistischen Recht steht.

6. Libertarismus

Es gibt zwei libertäre Grundströmungen, und als Autor sympathisiere ich mit beiden Varianten. Allerdings liegt mir persönlich die hier beschriebene zweite Variante näher:

▶ 1. Die Idee eines Minimalstaates, also eines Staates, der sich lediglich um seine Kernaufgabe »äußere und innere Sicherheit« kümmert. Die Volkswirtschaftslehre bezeichnet Libertarismus als »politische Philosophie, wonach der Staat Verbrechen bestrafen und für Einhaltung freiwilliger Verträge sorgen, nicht aber Einkommen umverteilen sollte«.[9] Diese Position sieht der Autor Stefan Blankertz in seinem libertären Manifest jedoch anders und kommentiert: »Das ist eine Illusion, weil die eigentliche Aufgabe des Staates die Ausbeutung ist. Alles weitere ist ideologischer Überbau.«[10] Diese Überlegungen von Blankertz scheinen logisch, denn es gibt keine Begründung, warum ein monopolistisches Rechtssystem besser oder effizienter sein sollte als ein frei konkurrierendes, so wie alle Produkte und Dienstleistungen am freien Markt von höherer Qualität sind als jene am zentral gesteuerten Markt. Zudem würden die Politiker eines Minimalstaates immer darauf bedacht sein, kontinuierlich mehr Macht an sich zu reißen, so lange, bis sich der Minimalstaat ebenso zu einem überregulierten »Hyperstaat« ausgedehnt hätte.

▶ 2. Anarchokapitalismus oder Privatrechtsgesellschaft: Diese Idee beschreibt ein politisches, wirtschaftliches und sozialphilosophisches Denkmodell, das jegliche Autorität als Form der Herrschaft von Menschen über Menschen verwirft. Es zielt auf eine Form des menschlichen Zusammenlebens auf der Basis unbeschränkter Freiheit des Individuums nach den Grundsätzen von Gerechtigkeit, Gleichheit und Brüderlichkeit. Dieses Modell muss aber nicht, wie oft von Kritikern angenommen, Chaos, Zügellosigkeit und Gewalt beinhalten – ganz im Gegenteil, es schließt diese Chaosszenarien aus.

Die wichtigsten Werke zum Libertarismus im Sinne einer Privatrechtsordnung stammen von Hoppe und Blankertz:
»Der Libertarismus behauptet nicht, das Prinzip der Freiwilligkeit und der Selbstbestimmung löse alle sozialen Probleme. Er behauptet jedoch, dass dieses Prinzip die gerechteste und funktionalste Form sei, soziale Probleme zu lösen.«[11]

7. Grundprinzipien einer Privatrechtsgesellschaft

Eine Privatrechtsgesellschaft, also ein Nullstaat, baut auf einigen Grundprinzipien auf. Diese Grundüberlegungen sollen im Folgenden in freier Formulierung dargestellt werden. Es gibt keinen Anspruch auf Vollkommenheit. Sollte ich eine allgemeingültige philosophische Grundaussage hierüber treffen wollen, würde ich diese Punkte wohl nochmals überdenken, oder vielleicht sogar einfach nur einschränken auf: »Du sollst nicht stehlen.«

▶ 1. Jeder Mensch ist alleiniger Eigentümer seines Körpers.
Niemand hat das Recht, über den Körper eines anderen, oder nur Anteile davon, zu bestimmen. Jeder hat das Recht, mit seinem Körper zu tun und zu lassen, was er will.

▶ 2. Herrschaftslosigkeit: Da es nicht möglich ist, andere Menschen als Eigentum zu besitzen, kann es auch keine Herrschaft über andere geben. Auch nicht durch angebliche demokratisch-freie Entscheidungen. Daher ist es abzulehnen, dass aufgrund von demokratischen Wahlen und deren Ergebnissen eigene Anteile an andere abzugeben seien. Es sei denn, es erfolgt freiwillig. In diesem Fall wäre sogar eine Art freiwilliger Sozialismus denkbar, solange man nicht dazu gezwungen werden und wieder aussteigen kann.

▸ 3. Recht auf Eigentum. Jeder Mensch hat das Recht auf Eigentum und den Ertrag seiner Tätigkeit. Aus diesem Grund sind Zwangsabgaben und Steuern Diebstahl.

▸ 4. Gewaltlosigkeitsprinzip: Es ist nicht legitim, Gewalt anderen gegenüber anzuwenden, um Menschen zu nötigen, zu bedrohen, zu verletzen, zu töten oder zu bestehlen. Sollte man jedoch bedroht werden, so gilt das Recht auf Selbstverteidigung, jedoch in angemessenem Ausmaß. Dementsprechend ist es legitim, sollte man mit einer Faustfeuerwaffe bedroht werden, auf den Angreifer zu schießen. Diese Handlung wäre aber übertrieben, würde man beispielsweise nur mit einem leichten Schlag ins Gesicht bedroht.

▸ 5. Soziale Umverteilung ist kein Grundrecht, denn jedes angebliche»Recht auf Leistung« heißt, dass jemand anders dafür bezahlen muss und dadurch zwangsenteignet wird. Es gibt nur ein Grundrecht: das Recht auf den eigenen Körper. Daher sind überstaatliche Verträge wie eine UNO-Menschenrechtscharta als ungerecht und als Eingriff in privates Eigentum abzulehnen. Anders jedoch die zwingende persönliche Verantwortung von Eltern zu ihren Kindern. Freiwillige soziale Zuwendungen sind selbstverständlich jederzeit möglich – sie entsprechen einem empathischen Menschenbild.

▸ 6. Eine Privatrechtsgesellschaft beruft sich auf Naturrecht.

▸ 7. Regeln erfolgen durch freie vertragliche Übereinkünfte, hierbei ist freie Konkurrenz möglich. Niemand kann gezwungen werden, eine»Unrechtsgesetzgebung« wider Willen zu akzeptieren.

▶ 8. Alle Vereinbarungen werden freiwillig getroffen. Trotzdem muss man sich an Grundregeln halten. Einer gesetzgebenden Instanz nicht freiwillig zuzustimmen bedeutet nicht, ungestraft Diebstahl oder andere Untaten begehen zu können.

9. Naturrecht

Jeder, der noch einen freien und nicht manipulierten Anteil an Verstand hat, sollte erkennen: Wenn Menschen andere ohne deren Einwilligung »besteuern« (also bestehlen) dürften, so wie es der Staat heute tut, oder wenn die Mehrheit der Gesellschaft sich zusammentäte, um festzulegen, dass Mord nicht mehr Mord und Raub nicht mehr Raub, sondern eigentlich ganz in Ordnung seien, dann wäre das Alltagsleben in einer solchen Welt unerträglich und könnte nicht gerecht sein.

Nach dem Ökonomen Jörg Guido Hülsmann besagt die Grundidee des Naturrechts: »Was recht und unrecht ist, hängt nicht von der menschlichen Willkür ab, sondern bestimmt sich nach objektiven (›natürlichen‹) Sachverhalten, die die menschliche Vernunft ergründen kann. Wenn ich beispielsweise einen Menschen, der mir nichts getan hat, ohne sein Einverständnis töte, so ist diese Handlung unrecht, und zwar völlig unabhängig davon, ob ich gerne hätte, dass sie recht sei. Ich mag alle anderen von der Richtigkeit meines Tuns überzeugen. Ich mag eine Abstimmung organisieren, in der mir alle beipflichten. Trotzdem ist meine Tat unrecht. Sie ist unrecht, auch wenn alle anderen Menschen meinen oder phantasieren, sie sei recht«.[12]

Naturrecht ist ein weitläufiges Thema, worüber es auch keine immer eindeutigen oder einheitlichen Meinungen gibt. Das tut dem Naturrecht aber keinen Abbruch, denn es steht im Wettbewerb der Meinungen. Definitiv muss es aber sachlich-logisch begründbar sein, weshalb es in den Kernregeln immer einen gemeinsamen Konsens gibt, beispielsweise: »Du sollst nicht stehlen.«

Naturrecht muss nicht zwangsläufig als »gottgegeben« betrachtet werden, sondern kann auch von Atheisten oder Agnostikern als »Gesetz der Logik« gesehen und akzeptiert werden. So sieht es auch Hoppe, der selbst Agnostiker ist. Ich würde es auch als Ethik der Logik bezeichnen, obgleich ich kein Atheist bin.

Hülsmann: »Nur die Annahme, dass es natürliches Recht gibt, kann mithin die Grundlage einer freien Gesellschaft bilden – einer rationalen Gesellschaftsordnung, in der dauerhaft friedliches Zusammenleben und Arbeitsteilung möglich sind.«[13]

Lediglich der Missbrauch von Naturrecht zum Zwecke der Manipulation von Menschen, beispielsweise im Interesse der Politik oder aufgrund von Machtbestrebungen, ist aus Sicht des Naturrechts selbst Unrecht und daher abzulehnen.

10. Sicherheit, Recht und Ordnung

In einer Privatrechtsgesellschaft existiert kein Monopol auf Rechtsprechung, diese Aufgabe würde von privaten Schlichtungsorganisationen übernommen werden. Wenn sich zwei Parteien uneinig sind, würden sich deren Versicherungen an eine unabhängige Schlichtungsorganisation wenden.[14]

Stefan Molyneux erklärt: »Ein wesentlicher Aspekt des Wirtschaftslebens ist die Fähigkeit, Verträge durchzusetzen und unlösbare Streitigkeiten beizulegen. Wie kann eine staatenlose Gesellschaft diese Funktionen ohne Regierung erfüllen? Das Erste, was man über Verträge verstehen muss, ist, dass sie eine Form der Versicherung sind, insofern sie versuchen, das Risiko der Nichteinhaltung zu minimieren.«[15]

Der Großteil von solchen Schlichtungsaufgaben wären Standardentscheidungen, so wie Gewährleistungsfälle. Würde ein Schlichter schlechte oder ungerechte Entscheidungen fällen, würde er sofort vom Markt verschwinden. Das ist der essenzielle Unterschied zwischen freiem Markt und Gewaltmonopol. In einem freien Markt kann es auch viel schwieriger zu Bestechungen kommen als bei einem monopolisierten Staatsunternehmen. So würde die Qualität der Rechtsprechung drastisch gesteigert werden können.

Ebenso würden auch private konkurrierende Sicherheitsunternehmen zu wesentlich günstigeren Preisen für wesentlich hochwertigere Sicherheitsleistungen sorgen, als eine staatlich monopolisierte Polizei es anbieten könnte. Würde man nicht ausreichend von einem privaten Sicherheitsunternehmen gegen beispielsweise kriminelle Ausländergruppierungen geschützt werden, würde man den Anbieter wechseln. In einem Staatsmonopol ist diese Option nicht gegeben. Eine Statistik besagt, dass 82,6 Prozent [16] aller Wohnungseinbrüche in Deutschland derzeit nicht aufgeklärt werden. Unser aktuelles Rechts- und Polizeisystem bietet also viel Raum für Verbesserungen.

11. Straßen

Um dieses Thema nur kurz zu behandeln, möchte ich hier wieder Oliver Janich zitieren, der es am trefflichsten und einprägsamsten dargestellt hat:

»Die Frage, wer ohne Staat die Straßen baut, wird so häufig gestellt, dass sie unter Libertären schon ein Running Gag ist. Die kürzeste Antwort auf diese Frage ist: Menschen. Aber Scherz beiseite, die eigentliche Frage lautet natürlich: Wer plant und bezahlt sie? Stellen Sie sich einmal folgende Straße vor: Sie ist aus Marmor, gesäumt von exotischen Pflanzen und Wasserspielen, deren Plätschern die Alltagshektik vertreibt, alles ist hell erleuchtet, aus Lautsprechern dringt angenehme Musik, überall informieren Sie Hinweistafeln, wo Sie was finden. Freundliche Sicherheitsleute passen auf Sie auf und helfen Ihnen mit dem Gepäck. Tja, solche Straßen gibt es tatsächlich – in privaten Einkaufscentern. Sie sind privat geplant, privat gebaut und privat bezahlt von den Geschäftsleuten, die ein Interesse daran haben, dass Sie sich wohlfühlen, schließlich wollen sie durch die Befriedigung Ihrer Bedürfnisse auch ihre eigenen Bedürfnisse befriedigen. Für die allermeisten

Straßen, auf denen Sie in einer Privatrechtsgesellschaft fahren würden, müssten Sie gar nicht bezahlen. Straßen, an denen Geschäfte liegen, würden von den Inhabern bezahlt.«[17]

12. Keine Arbeitslosigkeit

Der Arbeitsmarkt ist ein Markt wie jeder andere auch: umso niedriger der Preis (Gehalt) für eine angebotene Arbeitskraft, umso höher ist die Nachfrage der Arbeitgeber. Und umso höher der Preis (Gehalt) für eine Arbeit ist, umso höher steigt das Angebot der Arbeitskräfte.

Der Markt – ja, jede Entscheidung – ist ein Resultat von Angebot, Nachfrage und persönlicher Präferenz. Der freie Markt, also eine Privatrechtsgesellschaft, ist daher ein Jobgenerator.

Unternehmen können auch unmöglich die Löhne beliebig drücken, denn die Arbeitnehmer würden dann den Anbieter wechseln. Das ist der Grund, warum Unternehmen aus Eigennutz vernünftige Löhne zahlen müssen, um nicht ihre Mitarbeiter an die Konkurrenz zu verlieren.[18]

Andererseits reduziert jeder Staatseingriff und jede Regulierung des Staates die Reallöhne der Arbeitnehmer und auch die Beschäftigungsquote. Daher gäbe es ohne Staatseingriff keine Arbeitslosigkeit und wesentlich höhere Einkommen für die Arbeitnehmer.

13. Vom »Mindestlohn« zum Millionär

Der Begriff »Mindestlohn« soll hier nur als Synonym für eine sehr gering bezahlte Tätigkeit benutzt werden, da es ja in einem freien Markt keinen staatlich regulierten »Mindestlohn« gibt.

Man nehme an, eine Putzfrau würde 10 Euro pro Stunde verdienen. In Wahrheit wird man aber nur sehr schwer jemanden bekommen, der für dieses Geld Reinigungsarbeiten verrichtet. Wir schätzen, aber sehr konservativ: Ein solcher Stundenlohn ergäbe ein Monatseinkommen von 1600 Euro pro Monat – ungelernt und ohne Spezialkenntnisse.

Entscheidend zu berücksichtigen ist, dass seit Einführung des Papiergeldes in Deutschland (in Österreich kaum anders), also der D-Mark im Jahr 1948 und einschließlich der Zeit des nachfolgenden Euro, dieses Geld rund 95 Prozent seiner Kaufkraft verloren hat. Es gibt dazu zahlreiche Berechnungen, die hier nicht angeführt sind.

Man kann mit einer sehr konservativen Einschätzung davon ausgehen, dass die besagte Reinigungskraft das Dreifache an Kaufkraft zur Verfügung hätte. Gäbe es keine Steuern und Abgaben, entspräche das im Monat einem Realwert von 4800 Euro, bei zwölf Monatsgehältern also 57 600 Euro im Jahr.

Schätzungen ergeben, dass eine Person für alle Sozialabgaben, inklusive Sicherheit, kaum mehr als 3–5 Prozent ihrer Realeinkommen bezahlen müsste, wobei die Leistungen danach noch wesentlich effizienter wären als jene des Staates.

Es wäre unserer im Beispiel erwähnten Putzfrau wohl möglich, sich pro Jahr einen Betrag von 10 000 Euro auf die Seite zu legen. Würde sie dies mit einem realistischen Zinssatz von 5 Prozent anlegen (was ohne staatliches Papiergeld sehr gering angesetzt ist), hätte sie nach 5 Jahren 56 800, nach 10 Jahren über 129 200, nach 20 Jahren 339 600 und nach 40 Jahren über 1 240 000 Euro angespart.

Die Putzfrau könnte als Millionärin ihren Lebensabend genießen und könnte dieses Vermögen selbstverständlich auch an die nächsten Generationen weitervererben.

Quelle siehe »Das Kapitalismuskomplott«.[19]

14. Und wer fällt durch den Rost?

Menschen aus unserer Gesellschaft zählen zu den Spendenweltmeistern, obwohl ihnen der Staat 50–70 Prozent ihres Vermögens wegnimmt. Trotzdem ist die Spendenbereitschaft für andere Menschen in Not noch sehr hoch.

Wäre die Arbeitslosigkeit faktisch auf null reduziert und hätten die Menschen mindestens doppelt – mit Inflationsbereinigung um ein Mehrfaches – so viel Geld wie heute, wäre die Spendenbereitschaft ebenfalls um ein Mehrfaches höher. Andererseits gäbe es aber automatisch weniger Bedarf an Spenden, da durch den vermehrten Wohlstand automatisch weniger Bedürftigkeit bestünde.

Zudem ginge es jedem Obdachlosen augenblicklich um mindestens 20 Prozent besser, da beim Einkauf die Mehrwertsteuer wegfiele. Zudem wären Produkte wesentlich billiger, wodurch sich augenblicklich eine weitere Verbesserung der Lebensqualität einstellen würde.

15. Zitate zum Abschluss

Als Abschluss dieses Aufsatzes noch einige Zitate:

»Das Wesen eines Politikers ist zu stehlen, da er nur handeln kann, wenn er Geld hat. Da er jedoch selbst nichts produziert, muss er über Steuern und Abgaben das Volk bestehlen. Erst ein Politiker, der kein Geld hat, ist ungefährlich, denn er kann nicht mehr handeln.« *Christoph Braunschweig, Vortrag beim Hayek-Club Salzburg (Januar 2016)*

»Dieser Krieg ist bereits gewonnen. Das Böse liegt bereits am Boden. Jeder Mensch auf der Welt ist bereit, sich zu erheben und die Ketten, die ihn festhalten, zu zerbrechen. Diese Welt wird frei sein. Wenn du deinen eigenen Wert erkannt hast, dann stehe aufrecht. Du bist zur Freiheit berufen.« *Jeremy Locke* [20]

16. Quellenverzeichnis
16.1. Weiterführende Literatur

Baader, Roland: *Das Kapital am Pranger: Ein Kompaß durch den politischen Begriffsnebel (Politik, Recht, Wirtschaft und Gesellschaft),* Resch Verlag, Gräfelfing 2005.

Baader, Roland: *Totgedacht. Warum Intellektuelle unsere Welt zerstören,* Resch Verlag, Gräfelfing 2002.

Blankertz, Stefan: *Das libertäre Manifest. Zur Neubestimmung der Klassentheorie.* Edition g 104, BoD – Books on Demand, Berlin 2012.

Dürr, David: *Das Wort zum Freitag. Anarchistische Kolumnen,* Münster Verlag, Basel 2014.

Hayek, Friedrich August v.: *Die Verfassung der Freiheit.* 3. Auflage, Mohr Siebeck, Tübingen 1991.

Hoppe, Hans-Hermann: *Der Wettbewerb der Gauner. Über das Unwesen der Demokratie und den Ausweg in die Privatrechtsgesellschaft,* Holzinger-Verlag, Berlin 2012.

Hülsmann, Jörg Guido: *Ordnung und Anarchie. Essays über Wirtschaft, Politik und Kultur,* Lichtschlag Verlag, Grevenbroich 2007.

Janich, Oliver: *Das Kapitalismuskomplott: Die geheimen Zirkel der Macht und ihre Methoden,* 6., erweiterte Auflage, Finanzbuchverlag, München 2012.

Janich, Oliver: *Die Vereinigten Staaten von Europa. Geheimdokumente enthüllen: Die dunklen Pläne der Elite,* 3. Auflage, Finanzbuchverlag, München 2014.

Locke, Jeremy: *Das Ende des Bösen,* deutsche Ausgabe übersetzt und herausgegeben von Rudolf Engemann, CreateSpace Independent Publishing Platform, 2015.

Mankiw, Gregory N.: *Grundzüge der Volkswirtschaftslehre,* 2., überarbeitete Auflage, Schäffer-Poeschel Verlag, Stuttgart 2001.

Molyneux, Stefan: *Anarchie in der Praxis. Die Freiheit der Zukunft,* 1. Auflage, 2018.

Schäffler, Frank: *Nicht mit unserem Geld! Die Krise unseres Geldsystems und die Folgen für uns alle,* Finanzbuchverlag, München 2014.

Tögel, Andreas: *Schluss mit Demokratie und Pöbelherrschaft: Über die Illusion der Mitbestimmung,* Lichtschlag Nr. 23, Grevenbroich 2015.

16.1. Onlinequellen

Statista: »Polizeiliche Aufklärungsquote beim Straftatbestand Wohnungseinbruchdiebstahl in Deutschland nach Bundesländern im Jahr 2019«, *https://de.statista.com/statistik/daten/studie/563518/umfrage/polizeiliche-aufklaerungsquote-bei-wohnungseinbruechen-nach-bundeslaendern/.*

Talk im Hangar-7 – »Das Brexit-Chaos: Zurück zum Nationalstaat?«, 23. Januar 2019, *https://youtu.be/Mw9HeUDKeYw.*

Alle Onlinequellen wurden am 8. Januar 2021 aufgerufen.

16.2. Anmerkungen

1. Oliver Janich: *Die Vereinigten Staaten von Europa. Geheimdokumente Enthüllen: Die dunklen Pläne der Elite*, (2014), S. 15 f.
2. Ausführlicher: Roland Baader: *Das Kapital am Pranger: Ein Kompaß durch den politischen Begriffsnebel (Politik, Recht, Wirtschaft und Gesellschaft)*, 2005.
3. Ausführlicher: Frank Schäffler: *Nicht mit unserem Geld! Die Krise unseres Geldsystems und die Folgen für uns alle* (2014).
4. Ausführlicher: David Dürr: *Das Wort zum Freitag. Anarchistische Kolumnen* (2014).
5. Roland Baader: *Totgedacht. Warum Intellektuelle unsere Welt zerstören* (2002).
6. Andreas Tögel: *Schluss mit Demokratie und Pöbelherrschaft: Über die Illusion der Mitbestimmung* (2015).
7. Hans-Hermann Hoppe: *Der Wettbewerb der Gauner. Über das Unwesen der Demokratie und den Ausweg in die Privatrechtsgesellschaft* (2012), S. 18.
8. *Talk im Hangar-7*: »Das Brexit-Chaos: Zurück zum Nationalstaat?«, 23. Januar 2019, *https://youtu.be/Mw9HeUDKeYw*.
9. Gregory N. Mankiw: *Grundzüge der Volkswirtschaftslehre* (2001), S. 468.
10. Stefan Blankertz: *Das libertäre Manifest. Zur Neubestimmung der Klassentheorie* (2012), S. 21.
11. Stefan Blankertz: *Das libertäre Manifest. Zur Neubestimmung der Klassentheorie*, (2012), S. 202.
12. Jörg Guido Hülsmann: *Ordnung und Anarchie. Essays über Wirtschaft, Politik und Kultur* (2007), S. 9.
13. Ebd., S. 17.
14. Vgl. Oliver Janich: *Die Vereinigten Staaten von Europa. Geheimdokumente enthüllen: Die dunklen Pläne der Elite* (2014), S. 31.
15. Stefan Molyneux: *Anarchie in der Praxis. Die Freiheit der Zukunft* (2018), S. 104 f.
16. Statista: »Polizeiliche Aufklärungsquote beim Straftatbestand Wohnungs-einbruchdiebstahl in Deutschland nach Bundesländern im Jahr 2019«, *https://de.statista.com/statistik/daten/studie/563518/umfrage/polizeiliche-aufklaerungsquote-bei-wohnungseinbruechen-nach-bundeslaendern/*.
17. Oliver Janich: *Die Vereinigten Staaten von Europa. Geheimdokumente enthüllen: Die dunklen Pläne der Elite* (2014), S. 42.
18. Ebd.
19. Vgl. Oliver Janich: *Das Kapitalismuskomplott: Die geheimen Zirkel der Macht und ihre Methoden* (2012), S. 99 ff.
20. Jeremy Locke: *Das Ende des Bösen* (2015).

Teil 6

Klimahysterie

DIETER BER

Klimasozialismus – über den Unsinn der Klimapolitik

1. Einführende Gedanken und Fragen

Wissen Sie eigentlich, welche Gase in der Atmosphäre vorherrschen und wie hoch der Anteil an CO_2 davon ist? Die Atmosphäre besteht aus 78 Prozent Stickstoff, 21 Prozent Sauerstoff und 0,9 Prozent Argon: Das sind zusammen 99,9 Prozent, übrig bleiben noch 0,1 Prozent, das ist aber noch nicht der CO_2-Anteil. Welche Gasmoleküle/ Atome sind weiterhin Bestandteil in der Luft/Atmosphäre? Kohlendioxid (CO_2) 0,04 Prozent oder 400 ppm (Parts per million) und andere Spurengase wie Ne = Neon, O3 = Ozon, He = Helium, Kr = Krypton, Methan etc.

Vom Kohlendioxid (CO_2) wiederum sind 97 Prozent oder 388 ppm natürlichen Ursprungs und durch den Menschen nicht beeinflussbar.

Der CO_2-Anteil ist so klein, dass er grafisch kaum darstellbar ist. Woher rührt nun die Aufregung um das CO_2? Müssten nicht alle Gesetze, Verordnungen und Maßnahmen, die man mit »dem angeblich so zerstörerischen Charakter« des CO_2 begründet, unverzüglich abgeschafft oder eingestellt werden? Ohne CO_2 gäbe es keine Photosynthese, kein Pflanzenwachstum und kein Leben auf der Erde. Mehr CO_2 bedeutet mehr Wachstum und damit mehr Nahrung für alle Lebewesen. Die Frage wird zu stellen sein: Wer wird die Verantwortung übernehmen für den in die Billionen gehenden volkswirtschaftlichen Schaden und die Verblendung der Menschen, die man glauben lässt, dass CO_2 ein Schadstoff sei? Diese seit Jahren in unseren Medien verbreitete Ansicht hat mittlerweile einen Umfang erreicht, dass man nur noch von einer neuen Form der Indoktrinierung der Menschen durch eine CO_2-Religion sprechen kann.

CO_2 wird dafür verantwortlich gemacht, dass sich die Erde erwärmt. Es werden Gesetze beschlossen, die das Leben der Menschen in negativer Hinsicht stark beeinflussen und »erneuerbare Energien« zum Stein der Weisen machen; sehr wohl wissend, dass es die physikalischen Gesetzmäßigkeiten gar nicht zulassen, verbrauchte Energien jemals wieder zu erneuern.

Anmerkung: Die Grundlagen für diese Ausarbeitungen basieren auf dem Buch *Klimasozialismus*, das in den Jahren 2010–2017 entstanden ist. Da es sich hierbei um eine Zusammenfassung handelt, kann das Quellenverzeichnis in diesem Artikel leider nicht vollständig angeführt werden. Vielmehr sollen durch den Text Impulse alternativer Sichtweisen dargestellt und gefördert werden, um auch eine Antwort auf eine totalitäre Klimapolitik zu geben.

2. Hauptteil: Klimaschutz, die moderne Art der Umweltzerstörung

Klimaschutz ist bei näherer Betrachtung das völlig überflüssige Gegenteil des unzweifelhaft sehr wichtigen Umwelt- und Naturschutzes. Wer daran zweifelt, der sollte sich die Folgen der angeblichen »Klimaschutzmaßnahmen« für die uns umgebende Natur einmal genauer anschauen. Wie die Pest breiten sich Windradungetüme gerade dort aus, wo bisher noch unberührte und schützenswerte Natur in unserem eh schon dicht besiedelten Land vorherrschen.

Riesige Landschaftszerstörung, das massenhafte Töten von Vögeln und Fledermäusen und sogar die gesundheitliche Schädigung der Anwohner durch Infraschall werden für den angeblich so wichtigen Klimaschutz von Politik und Lobbygruppen gern in Kauf genommen.[1]

Die Diskrepanz zwischen dem angeblichen »Klimaschutz« und echtem Naturschutz soll im Folgenden anhand des Beispiels des ehemaligen Bundestagsabgeordneten (1998–2013) der Grünen, Hans-Josef Fell, veranschaulicht werden. Sein politisches Engagement galt und gilt nach wie vor der vollständigen Umstellung unserer konventionellen Energieversorgung auf sogenannte »erneuerbare Energien«.

Fell gilt, neben dem SPD-Abgeordneten Hermann Scheer, als der eigentliche Vater des »Erneuerbare-Energien-Gesetzes (EEG)«. Neben Fell und Scheer waren noch Michael Husted (Grüne) und Dietmar Schütz (SPD) maßgeblich an der Schaffung dieses planwirtschaftlichen Umverteilungsmonsters zum Schaden der deutschen Bevölkerung aktiv beteiligt.

Passend zum 40. Gründungstag des BUND (Bund für Umwelt- und Naturschutz Deutschland)[2] kündigte besagter Herr Fell am 20. Juli 2015 schriftlich (und äußerst medienwirksam) seine Mitgliedschaft beim BUND. In seiner schriftlichen Begründung für den Austritt übte der selbsternannte »Umweltpolitiker« besonders scharfe Kritik am BUND Naturschutz in Bayern (BN), den er als Mitverursacher und starken Bremser dafür bezeichnete, dass der Ausbau »erneuerbarer Energien« in Deutschland massiv zurückgeht.

Der BN, aber auch der BUND insgesamt, nimmt nach seiner Ansicht eine allzu kritische Haltung bei Themen wie Netzausbau, Windenergie, Biogasanlagen, Solarfreiflächenanlagen und dem Ausbau bestehender Wasserkraftanlagen ein. Die Organisationen nehmen den Naturschutz und damit natürlich auch den Umweltschutz nach Fells Meinung sogar wichtiger als den Ausbau der »erneuerbaren Energien«. Aus dem von der Energiewende getrübten Blickwinkel des Herrn Fell werde damit nicht nur der von den Grünen so beharrlich geforderte »Atomausstieg« gefährdet – nein, der BUND behindere mit seinem Engagement für den Umweltschutz auch besonders den Klimaschutz.

Nach Ansicht von Hans-Josef Fell haben Umwelt und Natur für den völlig fiktiven »Klimaschutz« also genauso große Opfer zu bringen wie der ständig zahlende Bundesbürger. Dabei ist der BUND weiß Gott keine heilige Organisation des Umweltschutzes. Der Vorsitzende des BUND Weigert wies in seiner Antwort auf Fells Kündigung darauf hin, dass man »die gleichen Ziele« verfolge, jedoch der Naturschutz beim Ausbau »erneuerbarer Energien« zu berücksichtigen sei.

Nach Ansicht von Herrn Fell darf der unsäglichen Energiewende offensichtlich nichts im Wege stehen. Die Energiewende hat überall und generell Vorrang. Natur und Umwelt haben sich gefälligst genauso hinten anzustellen wie der Mensch.

Die Auswirkungen solch ideologisch begründeter Politik sehen wir schon heute. Es drängt sich folgender Rückschluss auf: Sozialistische Planwirtschaft verdrängt Vernunft und Marktwirtschaft. Beispielsweise erkennt man das an den Regeln des EEG und den damit verbundenen horrenden Subventionen. Auf einem Großteil der nutzbaren landwirtschaftlichen Flächen Deutschlands werden bereits sogenannte »Energiepflanzen« wie Mais oder Raps in hochintensiven Monokulturen angebaut. Kunstdünger und Pestizide belasten die Umwelt und das wichtige Trinkwasser in wachsendem Ausmaß. Kartoffeln, Kohl und Gemüse findet man hingegen immer weniger, was zu immer größerer Abhängigkeit vom Ausland bei diesen Grundnahrungsmitteln führt. Die meisten Kartoffeln stammen beispielsweise heute schon aus Ägypten. Obst und Gemüse kommen aus den südlichen Gefilden Europas, aus Südamerika, Nordafrika oder aus Asien.

Dafür wandert über ein Drittel der Maisernte in Deutschland direkt in eine der etwa 8000 deutschen Biogasanlagen. Etwa ein Quadratkilometer wertvoller Anbaufläche geht allein dafür verloren, eines dieser überflüssigen Subventionsmonster mit Mais zu füttern. Der Rest der Maisernte wandert als Futtermittel an Rinder, die das angeblich »eingesparte CO_2« der Biogasanlagen durch »Darmwinde« sofort wieder ersetzen. Aus dem ebenfalls stark zunehmenden Rapsanbau wird zu über 90 Prozent Rapsmethylester gewonnen, der in Biotreibstoffen beigemischt wird.

Insgesamt werden die vorhandenen Ackerflächen Deutschlands heute vermutlich schon zur Hälfte mit Maisanbau belegt. Insgesamt sind fast 80 Prozent der deutschen Anbauflächen in irgendeiner Weise für die Erzeugung »erneuerbarer Energien« in Anspruch genommen. Auch der Wald wird so zum Opfer von modernen Pellets- und Hackschnitzelheizungen.

Dank großzügiger Subventionen lohnt sich dieser Raubbau an der Natur. Denn wegen genau dieser EU-Subventionspolitik [3] entstanden in den letzten Jahren auch bei uns immer mehr und immer größere Agrarfabriken, welche die landwirtschaftlichen Klein- und Mittelbetriebe praktisch flächendeckend verdrängen. Hinzu kommt in Deutschland die lohnende Verpachtung von landwirtschaftlichen Flächen für den Bau von Windkraftanlagen. Unzählige Tierarten verlieren wegen der oben beschriebenen Monokulturen und durch die hemmungslose Verwendung von Pestiziden und Kunstdüngern weltweit ihren angestammten Lebensraum.

Aber wir glauben weiterhin an das Mantra von den aussterbenden Eisbären, deren Population sich in Wahrheit ständig vergrößert. Der aussterbende Eisbär ist nichts weiter als eine erfolgreich umgesetzte Marketingkampagne zur emotionalen Beeinflussung vieler Menschen.[4]

Mit der Förderung von Biokraftstoffen wird auch der Raubbau an den letzten Regenwäldern der Erde gefördert. Großflächige Abholzungen sind überall zu beobachten. Dort entstehen statt der Regenwälder massenweise Palmölplantagen für die Biospriterzeugung. Die Produktion von Biosprit geht mit schweren Menschenrechtsverletzungen und erheblichen Umweltschäden einher.

In dem seit Jahren von Indonesien besetzten West-Papua findet gerade eine schleichende Kolonialisierung mit Palmölplantagen statt. Dafür werden ohne Genehmigung riesige Urwälder niedergebrannt, um Platz für Ölpalmkulturen zu schaffen, deren Produkte in den westlichen Industriestaaten hauptsächlich als Agrartreibstoffe und Tierfutter Verwendung finden.[5]

So gab es in den letzten Jahren Hunderte von Fällen gewaltsamer Vertreibung ganzer Urvölker und indigener Stämme allein in Indonesien. Landraub und Brandrodungen ganzer Landstriche gehören dort seit Jahren zur Tagesordnung, weil der Regenwald als ungenutztes Brachland betrachtet wird. Die angestammten Eigentumsrechte der Ureinwohner finden kein Gehör.[6]

Das geschieht alles im Namen des Klimaschutzes. Welch eine verkehrte Welt. In Brasilien haben Soja und Zuckerrohr eine ähnliche

Bedeutung erlangt wie das Palmöl für Ecuador und Indonesien. Beide sind zu lohnenden Exportprodukten geworden, denn beide sind Grundlage für Tierfutter und Biokraftstoffe. Allerdings sind beide auch die Triebfeder für Umweltzerstörungen. Allein auf brasilianischen Plantagen wurden im letzten Jahr 7000 Sklavenarbeiter befreit. Besonders schlimme Bedingungen findet man immer wieder in den Zuckerrohrplantagen vor. Die Ausbeutung der Menschen und die Zerstörung der Natur sind die Grundlage dafür, dass vor allem amerikanische Autofahrer »klimafreundlich« mit ethanolversetztem Sprit herumfahren. Dass die Produktion von sogenanntem Biosprit auch jede Menge konventioneller Energieträger verbraucht und dabei logischerweise auch jede Menge des als Teufel abgestempelten CO_2 entsteht, schreiben wir auf ein ganz anderes Blatt.[7]

Noch schlimmer wird die Bilanz, wenn man den Wasserverbrauch dieser »umweltfreundlichen Technologie« näher betrachtet. Das britische Energieministerium hat hierzu einige Kennzahlen veröffentlicht. Während für die Produktion von einer Million britischer Wärmeeinheiten (btu) mittels »Fracking« 6 Liter Frisch- oder Brackwasser benötigt werden, verbraucht die maisbasierte Produktion der gleichen Menge 29 000 Liter Frischwasser. Noch schlechter sieht es bei der Verwendung von Soja aus, da werden 75 000 Liter Wasser verbraucht.

Aber man muss nicht einmal so weit in die Welt blicken, Deutschland bietet ebenfalls genügend Beispiele für den ständigen Raubbau der »Klimaindustrie« an der Natur. Allein in Bayern wurden seit 2004 über 700 Unfälle mit Biogasanlagen registriert. Als Folge starben zahlreiche Fische und andere Tiere in Flüssen und Bächen. Wäre es in der chemischen Industrie – von Kernkraft ganz abgesehen – zu einer derartigen Häufung von Vorfällen gekommen, hätten wir längst einen bundesweiten, medial komplett ausgeschlachteten Umweltskandal.

Vogelschutz- und Rastgebiete werden durch den Bau von Windkraftanlagen vernichtet. Vögel und Fledermäuse sterben in großer Zahl durch Rotorblätter, oder sie werden aus ihren angestammten

Revieren verjagt. Die berüchtigten »Vogelschredder« sind jedes Jahr für Hunderttausende von toten Flugtieren allein in Deutschland verantwortlich zu machen.

Das Wattenmeer, ein weltweit einzigartiges Naturerbe[8], wird mit Windrädern gespickt und mit Stromkabeln durchzogen. Meerestiere wie Schweinswale, aber auch Zugvögel werden von diesen Anlagen irritiert und fehlgeleitet. Trotzdem wird an ein Ende dieser Umweltzerstörung seitens der Profiteure nicht gedacht. Es gilt eher das Motto »größer, höher, immer weiter«. Triebfeder ist ein nie enden wollender Geldstrom aus den Börsen der großzügig geschröpften Normalbürger.

Gewaltige Stromtrassen sollen unser Land durchziehen und somit Städte und Landschaften zerschneiden. Kein Mensch kennt die Folgen dieser Leitungen, die Gleichstrom mit Höchstspannung durch unser dicht besiedeltes Land transportieren sollen.

»Klimaschutz« ist eben politisch gewollt. Eine Ideologie, die es der Politik ermöglicht, den Bürgern auf einfache Weise viel Geld aus den Taschen zu ziehen. Dass dabei auch die eigentlichen Initiatoren des Schwindels gut partizipieren, ist selbstverständlich.

Man nennt die Zusammenarbeit von sozialistischer Politik und wenigen großen Profiteuren in der Wirtschaft üblicherweise Faschismus. Natur- und Umweltschutz werden von den Protagonisten des ideologisch geprägten Klimamärchens hingegen nur als Vehikel zum Eindringen in unsere Köpfe benutzt. In Wahrheit ist Klimaschutz nichts weiter als eine neue Form von Umweltverschmutzung.

Nein, schlimmer noch: Klimaschutz schadet nicht nur erheblich der Natur und unserer Umwelt, er vernebelt dank Massenpropaganda zusätzlich sogar noch die Gehirne der Menschen.

3. Quellen

Bundesinitiative Vernunftkraft: »Mythos 8«, *http://www.vernunftkraft.de/mythos-8/*.

Deutsche UNESCO-Kommission: »Ort der Extreme, Spielball der Gezeiten«, 2014, *https://www.unesco.de/kultur-und-natur/welterbe/ welterbe-deutschland/wattenmeer*.

Detlef Kleinert: »›Alternativlos‹ ist ein anderes Wort für ›Denkverbote‹«, in: *Die Presse:* »Die EU löst keine Probleme, sie ist ein Problem …« (mwN: Die Presse, Print-Ausgabe, 07. Januar 2013), *https://eu-austritt. blogspot.com/2013/01/tageszeitung-die-presse-die-eu-lost.html.*

Daniel Lingenhöhl in *Spektrum.de:* »Blut für Öl«. 07. Dezember 2007, *https://www.spektrum.de/news/blut-fuer-oel/914171.*

Kathrin Hartmann in *Spiegel.de:* »Das schmutzige Geschäft der Palmöl-produzenten«. 07. März 2015, *https://www.spiegel.de/wirtschaft/ unternehmen/palmoel-aus-indonesien-das-schmutzige-geschaeft-der-produzenten-a- 1011854.html.*

Thorsten Schmitt in *ExtremNews.com:* »Meteorologe Klaus-Eckart Puls schämt sich für frühere Aussagen zum Klimawandel«. 09. Mai 2012, *https://www.extremnews.com/nachrichten/natur-und-umwelt/ 51b913ea8ec4b01.*

Christiane Zander / Klaus Schenck in *Hintergrund.de:* »Palmöl – Die indonesische Tragödie«. 31. Mai 2011, *https://www.hintergrund.de/ globales/umwelt/palmoel-die-indonesische-tragoedie/.*

Alle Onlinequellen wurden am 8. Januar 2021 aufgerufen.

4. Anmerkungen

1. Vgl. Mythos 8, auf Bundesinitiative Vernunftkraft e.V., *http://www.vernunftkraft.de/mythos-8/.*

2. Bund für Umwelt und Naturschutz Deutschland – BUND e.V., *https://www.bund.net/.*

3. D. Kleinert in: *Die Presse, https://eu-austritt.blogspot.com/2013/01/ tageszeitung-die-presse-die-eu-lost.html.*

4. T. Schmitt in: *ExtremNews.com.,* 09. Mai 2012, *https://www.extremnews.com/nachrichten/natur-und-umwelt/ 51b913ea8ec4b01.*

5. Vgl. D. Lingenhöhl in: *Spektrum.de,* 07. Dezember 2007, *https://www.spektrum.de/news/blut-fuer-oel/914171.*

6. Vgl. K. Hartmann in: *Spiegel.de,* 07. März 2015, *https://www.spiegel.de/ wirtschaft/unternehmen/palmoel-aus-indonesien-das-schmutzige-geschaeft-der-produzenten-a-1011854.html.*

7. Vgl. C. Zander, K. Schenck in: *Hintergrund,* 31. Mai 2011, *https://www.hintergrund.de/globales/umwelt/ palmoel-die-indonesische-tragoedie/.*

8. Deutsche UNESCO-Kommission, 2014, *https://www.unesco.de/ kultur-und-natur/welterbe/welterbe-deutschland/wattenmeer.*

GÜNTER DEDIÉ

Klimarealismus statt Klimahysterie

1. Motivation

Ein Staat muss in echten Notsituationen von seinem Gewaltmonopol Gebrauch machen. Er darf eine Notsituation aber nicht selbst durch die Erzeugung einer unangemessenen Massenhysterie herbeiführen, weil das der Gewaltenteilung widerspricht. Jede Krise in der Gesellschaft ist aber eine große Versuchung für Politiker, Maßnahmen dauerhaft durchzusetzen, die sie unter normalen Bedingungen nicht durchbekommen hätten. Je größer die Krise, umso wahrscheinlicher der Erfolg und umso mehr Geld kann ausgegeben werden. »Die Welt zu retten« ist ein probates und inzwischen bewährtes Argument dafür. Wiederholte »Ausnahmezustände«, die besondere Maßnahmen zu erzwingen scheinen, werden mit der Zeit zum Normalzustand, wenn die Gesellschaft immer wieder in einen Zustand der Hysterie versetzt werden kann. Seit einiger Zeit haben die modernen Staaten ein perfides, äußerst wirksames Mittel in der Hand, um eine Hysterie zu erzeugen: die von den allgegenwärtigen Mainstream-Medien per Text und Bild generalstabsmäßig verbreiteten Meinungen und Stimmungen von Politikern und anderen Prominenten, die politisch erwünschte Ideologien vertreten oder vertreten müssen.

2. Zur Klimahysterie

In Deutschland wurde »Klimahysterie« zum Unwort des Jahres 2019 gewählt. Die Jury aus vier Sprachwissenschaftlern und einem Journalisten wollte damit zwar die Bemühungen um den »Klimawandel« schützen, hat aber gleichzeitig der dabei geschürten Hysterie zu großer Bekanntheit verholfen. Nach ein paar Wochen werden die Konsumenten der Medien nur noch »Klima« mit »Hysterie« verbinden und nicht mehr wissen, ob es kritisch gemeint war oder nicht.

Wie konnte es in den letzten Jahrzehnten zu der hysterischen und von geradezu religiösem Fanatismus geprägten Einstellung zum Klima kommen? Dafür gibt es mehrere Gründe, die sich gegenseitig verstärkt haben: der rasche Anstieg des CO_2-Gehalts der Atmosphäre (seit etwa 1950), der von der industriellen Gesellschaft in den westlichen Ländern und immer mehr auch vom Rest der Welt erzeugt wird, die unzulässige Gleichsetzung von CO_2- und Temperaturanstieg, aber auch viele Profiteure der Hysterie in Politik und Gesellschaft.

Da das Klima der Erde ein äußerst komplexes System mit vielen Rückkopplungen ist, gibt es viele Möglichkeiten zur Desinformation und zur Erzeugung von Verunsicherung und Angst. Damit lassen sich trefflich Geschäfte machen: politische, ökonomische, weltanschauliche und andere, die aber die freie Selbstorganisation der Gesellschaft verhindern, insbesondere dann, wenn sie »alternativlos« zu sein scheinen und populistisch vermarktet werden. In unserer höchst komplexen Welt helfen aber nicht Fanatismus und Eloquenz, sondern nur Kompetenz sowie nüchternes und wissenschaftlich nachvollziehbares Vorgehen.

3. Zum Klimawandel

Die Grundlagen des irdischen Klimasystems sind »im Prinzip« relativ einfach und übersichtlich:

1. Die Sonne erwärmt die Erde durch ihre Strahlungsenergie, die mal stärker und mal schwächer ist.
2. Die Erde wird durch ihre Atmosphäre und die darin vorhandenen Treibhausgase wie Wasserdampf und CO_2 gegen zu starke Auskühlung wärmeisoliert.
3. Innerhalb des Klimasystems gibt es verstärkende und abschwächende Wechselwirkungen, die von der Temperatur abhängig sind.

Über diese Grundlagen wird seit Jahrzehnten von den Medien sehr einseitig berichtet: Der Einfluss der Sonne wird verschwiegen oder

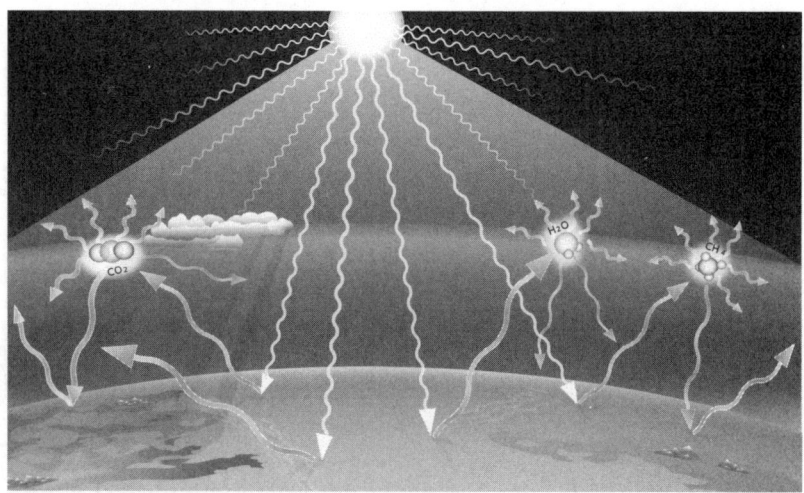

Bild 1: Der Treibhauseffekt (Quelle: Wikimedia*)*

heruntergespielt und der Einfluss der Treibhausgase falsch und über-trieben dargestellt. Das Klima beginnt in der Berichterstattung der Medien beispielsweise immer erst um 1880, weil die Temperatur seit-her um ca. 2 °C zugenommen hat und dadurch den populistisch ge-wollten Eindruck von der menschengemachten Klimaerwärmung »seit Beginn der Industrialisierung« vermittelt. Die Verhältnisse da-vor und deren Gründe werden fast immer verschwiegen. Der Tempe-raturanstieg und der Rückgang der Gletscher waren aber bisher nur als späte Folgen der sogenannten Kleinen Eiszeit empirisch nach-weisbar, die eine Folge des Maunder-Minimums um 1700 und des Dalton-Minimums um 1800 der Sonnenflecken und der Solarkons-tante war. Das von der Menschheit freigesetzte CO_2 ist erst seit etwa 1950 von 270 ppm (Parts per million) auf inzwischen 410 ppm ange-stiegen (siehe Bild 2). Dieser rasche Anstieg hat auch einen Einfluss auf das Klima, denn CO_2 ist ein Treibhausgas. Die Größe des Beitrags ist aber bisher noch nicht empirisch nachweisbar, weil man ihn von der »natürlichen« Erwärmung nicht unterscheiden kann. Alle Aussa-gen dazu sind noch spekulativ.

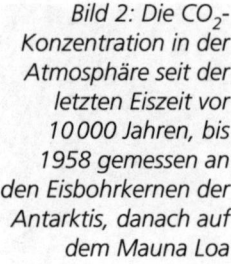

Bild 2: Die CO_2- Konzentration in der Atmosphäre seit der letzten Eiszeit vor 10 000 Jahren, bis 1958 gemessen an den Eisbohrkernen der Antarktis, danach auf dem Mauna Loa

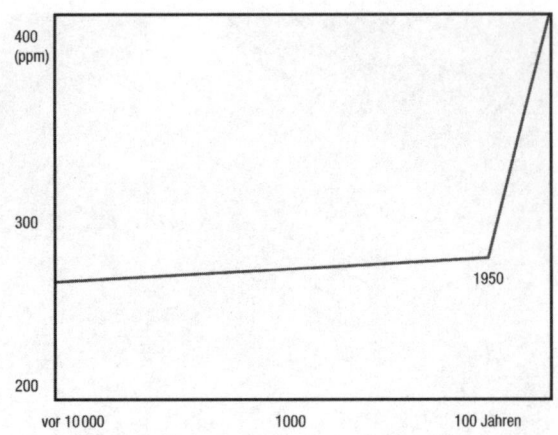

Hinweise dazu: 1. Da der Nullpunkt der Daten unterdrückt wurde, scheint sich der Anteil des CO_2 ab 1950 verdoppelt zu haben. Tatsächlich ist er nur von 280 ppm auf 410 ppm angestiegen, also um 46 Prozent. 2. Erst seit 1950 beträgt der Anteil des CO_2 mehr als 280 ppm, dem maximalen Wert seit der letzten Eiszeit. Außerdem

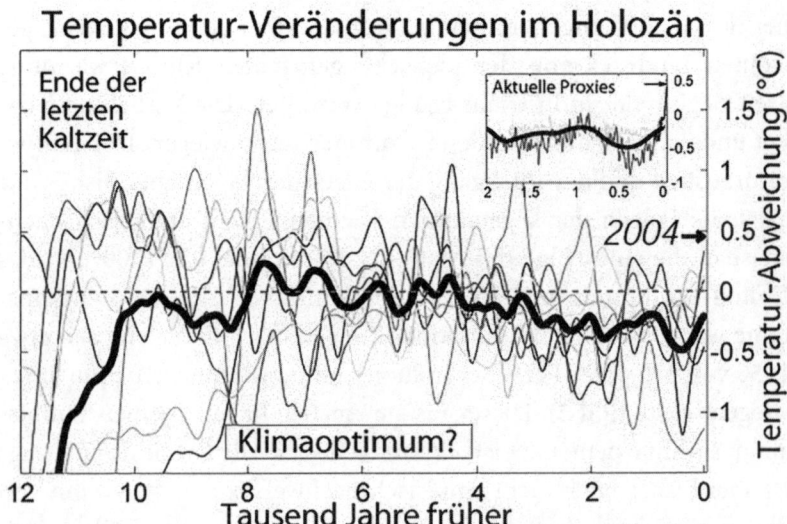

Bild 3: Änderungen der Temperatur im Holozän

suggeriert die Kurve, dass die Temperatur proportional zum CO_2-Anteil steigt, und das ist falsch.

Betrachtet man die Klimaentwicklung in der Zeit davor, so stellt man fest: Es gab nach der Eiszeit erhebliche Klimaschwankungen, obwohl der CO_2-Gehalt der Atmosphäre sich kaum geändert hat. Während der römischen Warmzeit um das Jahr 0 herum war es wärmer als heute, und die Gletscher waren deutlich kleiner als heute.[1] Damals wuchsen sogar weit über der heutigen Baumgrenze in den Alpen Bäume, die man seit vielen Jahren unter den abschmelzenden Gletschern findet. Die Wald- und Baumgrenze lag etwa 100–150 Meter höher als heute, es war also noch um etwa 1 °C wärmer als in der Gegenwart. Hannibal wäre sonst wohl kaum mit seinen 37 Elefanten über die Alpen gekommen. Um das Jahr 500 herum gab es eine Kaltzeit, in der es um ca. 1–2 °C kälter war als in den Warmzeiten (vgl. Bild 3).

Während der Warmzeit des Mittelalters um das Jahr 1000 herum war es so warm, dass in England Wein angebaut wurde. Bis zum Jahr

Bild 4: Hannibal (Quelle: Wikimedia*)*

1700 wurde es dann wieder deutlich kälter, sodass dafür die Bezeichnung «Kleine Eiszeit» üblich ist. Seither ist es wieder um ca. 2 °C wärmer geworden. In der Kleinen Eiszeit sind die Alpengletscher (sowie die anderen Gletscher und Eisschilde der Welt) stark gewachsen und seither wieder geschrumpft. Wegen der immensen Größe der Gletscher und der geringen Temperaturänderung hat das aber viele Jahrhunderte gedauert. Ursache dieser Änderungen des Klimas waren die periodischen Schwankungen der Sonnenaktivität.

Auch in den Jahrtausenden vor der Zeitenwende war die Baumgrenze in den Alpen immer wieder deutlich höher als heute. Vor ca. 7000 Jahren waren die Alpen offenbar gletscherfrei, bei nur ca. 270 ppm CO_2[1]. Auch aus der Warmzeit des Mittelalters wurden Bäume unter den gegenwärtig schmelzenden Gletschern gefunden[2], und ebenso aus den Warmzeiten vor der Zeitenwende (siehe Bild 5).

Bis ins 20. Jahrhundert wurden die Warmzeiten übrigens Klimaoptimum genannt, heute werden sie von den Klimawandelfanatikern als Weltuntergang verteufelt.

Gepatschferner – Eisfreiheit im Gletschervorfeld

1855

2 v.–336 n. Chr.

• ca. 2500 v. Chr.

• 1819–1626 v. Chr.

• 6800–1600 v. Chr.

• 2200–1633 v. Chr.

1988   1997

Bild 5: Standort und Wachstumsperioden von Bäumen, die durch den gegenwärtigen Rückgang des Gepatschferners eisfrei geworden sind

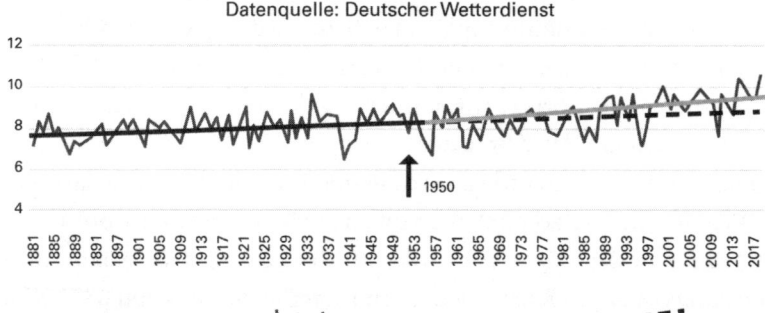

Bild 6: Jahresmittel der Lufttemperatur in Deutschland von 1881 bis 2018,
plus mögliche Trends: rote Linie: mittlerer Trend von 1880 bis 2019;
grüne Linie: mittlerer Trend von 1950 bis 2019 (eigene Grafik)

Die bekannteren »großen« Eiszeiten, deren Zyklen Zehntausende
von Jahren dauerten, haben übrigens ganz andere Ursachen: Sie sind
die Folge von periodischen Änderungen mehrerer astronomischer
Parameter wie der Erdbahn und der Stellung der Erdachse sowie von
geoklimatischen Einflüssen wie der Landverbindung zwischen Nord-
und Südamerika seit ca. 3 Millionen Jahren.

Regionale Unterschiede des Klimas werden hauptsächlich durch
die Topologie der Kontinente, der Gebirge und die der kalten oder
warmen Meeresströmungen beeinflusst sowie von vorherrschenden
Windrichtungen. Die Basis des Weltklimas ist aber immer die Sonneneinstrahlung und die Zusammensetzung der Atmosphäre, die im
jährlichen Mittel überall gleich ist.

4. Der Einfluss der Sonne

Bei Diskussionen über den Klimawandel werden regelmäßig die fast
8 Milliarden Menschen der Welt, die vielen Megastädte, der Ver-
brauch fossiler Energien, die unzähligen Autos usw. als Probleme genannt, die doch ganz sicher eine Auswirkung auf das Klima haben.

Das sind natürlich alles eindrucksvolle Zahlen, aber was ist die menschliche Zivilisation im Vergleich zur Erde als Ganzes? Betrachten wir beispielsweise die Energieeinstrahlung der Sonne auf die Erde im Vergleich zur gesamten Energieproduktion der Menschheit. Beides wirkt sich auf das Klima aus.

Die ständig auf die Erde einstrahlende Energie der Sonne lässt sich als Produkt der Solarkonstante von ca. 1360 W/m^2 (Watt pro Quadratmeter) mit der Fläche der Erdkontur berechnen. Die Erdkontur ist näherungsweise ein Kreis mit dem mittleren Erdradius von 6371 Kilometern. Die gesamte der Erde zugeführte Strahlungsleistung der Sonne beträgt demnach ca. 174 Peta-Watt, also 174 Peta-Wattstunden pro Stunde (Erläuterung: 1 Peta-Watt = 10^{15} Watt).

Zum Vergleich: Der Weltenergiebedarf im Jahr 2010 betrug 140 Peta-Wattstunden. Die Sonne strahlt also in einer Stunde mehr Energie auf die Erde, als der jährliche Weltenergiebedarf 2010 betrug, das heißt im Jahr das ca. 10 000-Fache des Energiebedarfs der Welt. Oder anders ausgedrückt:

Eine Änderung der Energieproduktion der Sonne um ca. 0,01 Prozent entspricht dem gesamten Energieumsatz der Menschheit!

Kurzfristige Schwankungen der Energieproduktion der Sonne sind aber – abhängig von der Wellenlänge der Strahlung – im Bereich von 0,1 Prozent bis zu einem Faktor 100 000 nicht ungewöhnlich.

Die Schwankung von 0,1 Prozent entspricht dem Zehnfachen des Energieumsatzes der Menschheit!

Die Entwicklung der Solarkonstante wird bei Yndestad und Solheim [8] beschrieben: Die Strahlungsleistung der Sonne ist von 1700 bis in die Gegenwart angestiegen, wenn auch mit großen Schwankungen. Nach 1950 ist die Strahlungsleistung der Sonne bis 2000 angestiegen und schwankt seither auf einem relativ hohen Niveau.

Fazit: Aus unserer menschlichen »Froschperspektive« erscheint die Energieproduktion der Menschheit gewaltig, aus Sicht des Energiehaushalts der Natur ist sie nur ein sehr kleiner Anteil des Energiehaushalts der Erde.

5. Der Strahlungshaushalt der Erde

Die primäre Energiequelle für die Erde ist die Sonne. Die Erdatmosphäre ist für den Bereich des sichtbaren Lichtes sowie der sogenannten Infrarotstrahlung nahezu durchsichtig. Deshalb kann die intensive Sonnenstrahlung dieser Wellenlängenbereiche die Erdoberfläche gut erreichen. Das eingestrahlte Licht erwärmt die Erdoberfläche und die Atmosphäre. Die erwärmte Erde wiederum strahlt langwellige Wärmestrahlung (Infrarotstrahlung) in den Weltraum ab. Die Wärmeabstrahlung ins All erfolgt nur zu einem kleineren Teil aus bodennahen Atmosphärenschichten, denn die Infrarotstrahlung der unteren Schichten der Atmosphäre wird, wie Bild 1 zeigt, teilweise von den Treibhausgasmolekülen der darüberliegenden Schichten der Atmosphäre wieder absorbiert und anschließend in alle Richtungen abgestrahlt.

Die Temperatur der Erde stellt sich nun so ein, dass die Einstrahlung von der Sonne und die Abstrahlung der Erde gleich groß und im

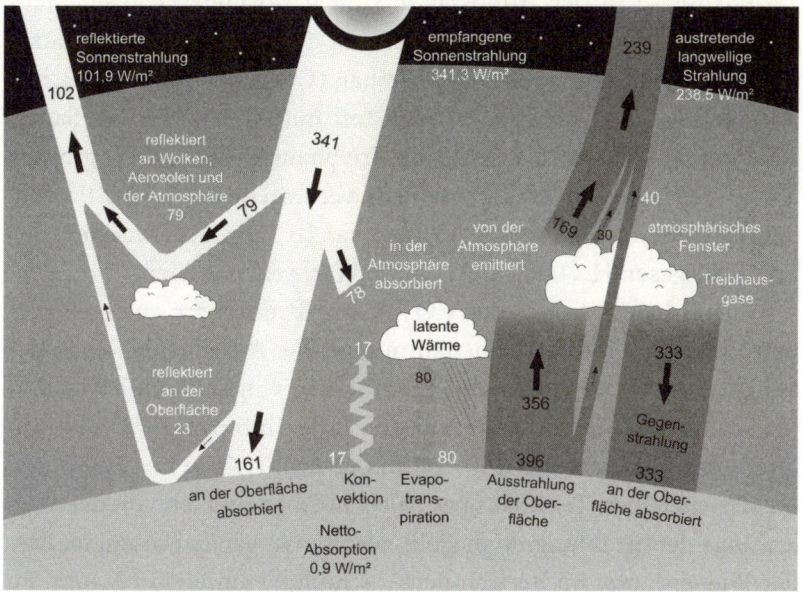

Bild 7: Strahlungshaushalt der Erde (Quelle: Wikimedia*)*

dynamischen Gleichgewicht sind (siehe Bild 7). Die aus dem Erdinneren kommende und die von der Menschheit erzeugte Wärme sind im Vergleich zur Sonnenenergie klein und haben wenig Einfluss auf den Wärmehaushalt.

Der Treibhauseffekt in der Atmosphäre wirkt deshalb wie eine Wärmedämmung der Erde und verstärkt die Wärmewirkung der Sonnenenergie. Ohne den natürlichen Treibhauseffekt wäre es auf der Erde um etwa 33 Grad kälter, und die Erde wäre komplett vereist. Der Treibhauseffekt kann aber nicht mehr Energie umsetzen, als von der Sonne auf der Erdoberfläche ankommt. Da die Energieabstrahlung der Sonne schwankt, schwankt auch die Temperatur der Erdoberfläche und die der erdnahen Atmosphäre.

Die Treibhauswirkung hängt von der Art und der Menge der Treibhausgase in der Atmosphäre ab. Die Treibhauswirkung eines Gases ergibt sich aus dessen Konzentration in der Atmosphäre und der Stärke seiner Absorption der Wärmestrahlung. Die wichtigsten Treibhausgase in der Atmosphäre sind gasförmiges Wasser, meist »Wasserdampf« genannt (H_2O; bis zu 5 Prozent), Kohlendioxid (CO_2; aktuell 0,04 Prozent) und Methan (CH_4). Die hauptsächlichen Bestandteile der Atmosphäre, Stickstoff mit 78 Prozent und Sauerstoff mit 21 Prozent, haben keine Treibhauswirkung. Den größten Anteil des aktuellen Treibhauseffekts verursacht mit ca. 60 Prozent der Wasserdampf, es folgt CO_2 mit ca. 26 Prozent. Zwischen den Treibhausgasen H_2O und CO_2 gibt es Wechselwirkungen.

Warum liefert das wenige CO_2 in der Atmosphäre einen so großen Beitrag zu ihrer Wärmedämmung? Die Antwort deutet Bild 8 an: Es zeigt im oberen Teil die Einstrahlung von der Sonne (sichtbares Licht) und die Abstrahlung der Erde (infrarote Wärmestrahlung), und darunter die Absorption der Atmosphäre insgesamt und die der einzelnen Treibhausgase, alles in Abhängigkeit von der Wellenlänge der Strahlung. Man sieht, wenn man genau hinschaut, dass der Wasserdampf im Bereich der Abstrahlung ein breites Minimum

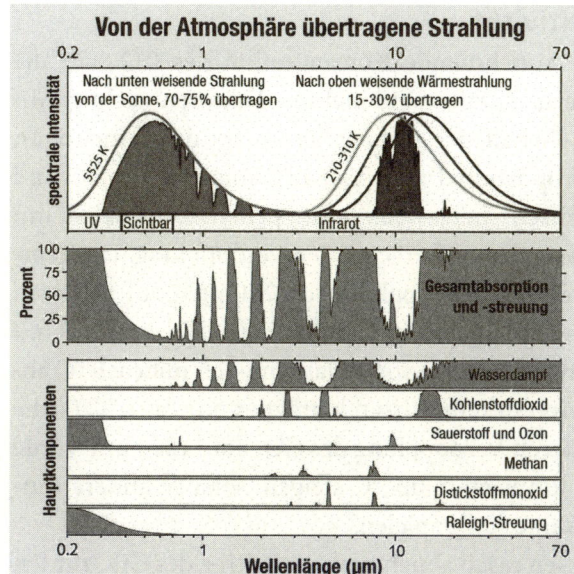

Von der Atmosphäre übertragene Strahlung

Bild 8: Absorption der Atmosphäre und der Wellenlänge der Strahlung (Quelle: Wikimedia)

hat, also wenig absorbiert, das CO_2 aber am Rand des Bereichs ein Maximum hat, das sich mit dem Bereich der Abstrahlung überlappt.

Werfen wir noch einen Blick auf das Gas Methan (CH_4), das bei den Treibhausgasen mit ca. 6 Prozent Beitrag an dritter Stelle liegt. Seine spezifische Wirkung ist zwar um den Faktor 20–30 stärker als die von CO_2, sein Anteil in der Atmosphäre aber etwa 200-mal kleiner. Methan hat in der Atmosphäre von ca. 0,7 ppm um 1700 auf gegenwärtig ca. 1,9 ppm zugenommen. Besonders stark war der weltweite Anstieg seit 2006; er könnte mit der Förderung von Schiefergas durch *Fracking* zusammenhängen, oder mit Lecks in Raffinerien und beim Transport von Öl und Erdgas. Methan ist mit 85–98 Prozent der Hauptbestandteil von Erdgas. Die atmosphärische Verweildauer von Methan beträgt aber nur 9–15 Jahre; das ist verglichen mit anderen Treibhausgasen kurz. Die zunehmende Dekarbonisierung der Wirtschaft von der Kohle zum Erdgas führt tendenziell zu einem wachsenden Methangehalt der Atmosphäre.

6. Die Klimasensitivität

Wie wirkt sich eine zunehmende Konzentration des CO_2 auf die Temperatur der Erde aus? Dafür sind mehrere Faktoren wichtig: Mit zunehmendem CO_2-Gehalt der Atmosphäre steigt die Temperatur, aber nicht linear (proportional zum Gehalt), sondern zunehmend langsamer (logarithmisch): bei jeweils verdoppeltem CO_2-Gehalt um jeweils den halben Wert der vorhergehenden Verdopplung. Die Temperaturdifferenz durch die Verdopplung von 280 ppm auf 560 ppm nennt man auch Klimasensitivität (im Hinblick auf CO_2; in Bild 9 mit TCR abgekürzt). Der Wert wurde vor 20 Jahren noch mit ca. 5 °C abgeschätzt, nach neueren Erkenntnissen beträgt er nur ca. 1 °C (siehe Bild 9). Bei einer weiteren Verdopplung des CO_2 auf 1120 ppm würde die Temperatur nur um weitere 0,5 °C steigen, solange andere Einflüsse (siehe unten) keine Rolle spielen.

Wie kann man diesen rasch abnehmenden Beitrag des CO_2 zur Erwärmung verstehen? Dazu wenden wir in einem *Gedankenexperiment* die Physik der Wärmedämmung sowohl auf das »Treibhaus« Atmosphäre als auch auf ein normales Haus an. So wie die Erdober-

Klimasensibilität (°C)

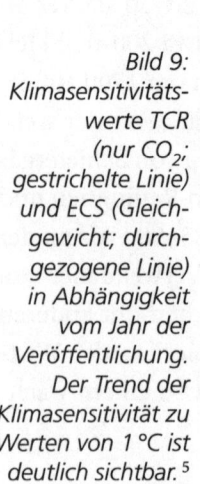

Bild 9:
Klimasensitivitäts-
werte TCR
(nur CO₂;
gestrichelte Linie)
und ECS (Gleich-
gewicht; durch-
gezogene Linie)
in Abhängigkeit
vom Jahr der
Veröffentlichung.
Der Trend der
Klimasensitivität zu
Werten von 1 °C ist
deutlich sichtbar. [5]

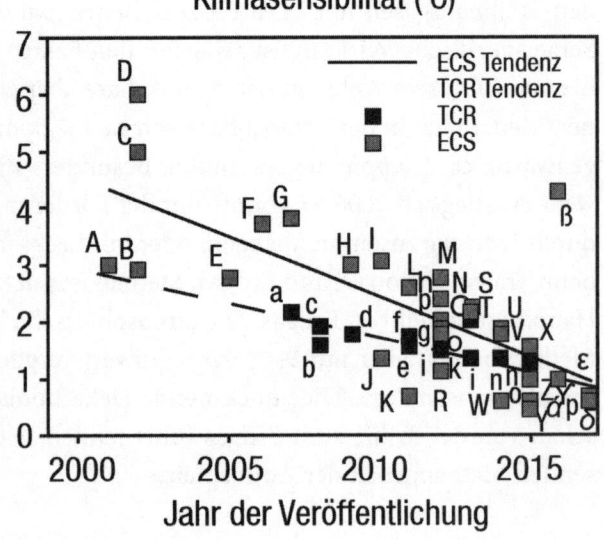

fläche von der Sonne erwärmt wird, wird das Haus von einer Zentralheizung geheizt. Die Wärmedämmung der Erde besteht aus der Atmosphäre mit ihren Treibhausgasen, die Wärmedämmung des Hauses aus den Außenwänden plus Wärmedämmung. Der Unterschied besteht darin, dass beim Haus die Wärme im Haus bleiben soll, damit es im Haus nicht zu kalt wird. Bei der Erde soll aber aus heutiger Sicht ein ausreichender Anteil der Wärme in den Weltraum entweichen, damit es auf der Erde nicht zu warm wird. Die abnehmende Wirkung der zunehmenden Wärmedämmung ist jedoch in beiden Fällen die gleiche.

Der *Wärmeverlust* eines Hauses ergibt sich aus der Temperaturdifferenz zwischen innen und außen, multipliziert mit dem *Wärmedämmungsfaktor*. Verdoppelt man die Wärmedämmung des Hauses, wird der Wärmeverlust nicht halbiert, sondern nur um die Hälfte des vorherigen Wertes reduziert. Der Grund ist, dass für den reduzierten Wärmefluss aufgrund der zusätzlichen Wärmedämmung nur die Hälfte der ursprünglichen Temperaturdifferenz wirksam ist, und zwar wegen der Wirkung der bereits vorhandenen Dämmung. Wie groß der Wärmeverlust in beiden Fällen ist, hängt natürlich von der Qualität des Materials für die Wärmedämmung ab.

Bei der Atmosphäre verhält es sich genauso: Die Wärmedämmung der Erde durch CO_2 verdoppelt sich nicht, wenn sich der CO_2-Gehalt verdoppelt, sondern vergrößert sich nur um 50 Prozent des vorherigen Wertes, bei einer weiteren Verdopplung um 25 Prozent usw. Dieser Zusammenhang wird *logarithmisch* genannt und beispielsweise bei Wikipedia[6] mit Formeln beschrieben: Der sogenannte *Strahlungsantrieb* ΔF (in W/m^2), der den Beitrag des CO_2 zum Treibhauseffekt beschreibt, wird über eine lineare Beziehung mit der Änderung der globalen Gleichgewichtstemperatur an der Erdoberfläche ΔTs verknüpft:

$$\Delta Ts = \lambda \, \Delta F$$

mit λ = *Klimasensitivität* mit der Einheit K/(W/m^2). Der durch die Zunahme der CO_2-Konzentrationen verursachte Strahlungsantrieb ΔF lässt sich wie folgt näherungsweise berechnen:

ΔF = 5.35 ln (C/C$_0$) (Hinweis: »ln« ist die Abkürzung für den *natürlichen Logarithmus.*)

mit C = CO_2-Konzentration in ppm, und C$_0$ = Vergleichskonzentration in ppm. Das heißt, die Beziehung zwischen der CO_2-Konzentration und dem Strahlungsantrieb ist *logarithmisch*, und zunehmende Konzentrationen leisten deshalb einen zunehmend geringeren Beitrag zur Erwärmung der Atmosphäre. Die beschriebene Wirkung des Strahlungsantriebs gilt für CO_2-Konzentrationen bis etwa 3000 ppm und die Verhältnisse der *irdischen* Atmosphäre.[6] (Für die Atmosphäre der Venus beispielsweise gelten die obigen Formeln nicht.)

Ergebnis: Der gegenwärtige CO_2-Anteil von 400 ppm hat bereits 87 Prozent der maximal möglichen Wirkung von CO_2 auf die Temperatur der Erde ausgeschöpft. Bis 1000 ppm sind nur noch weitere

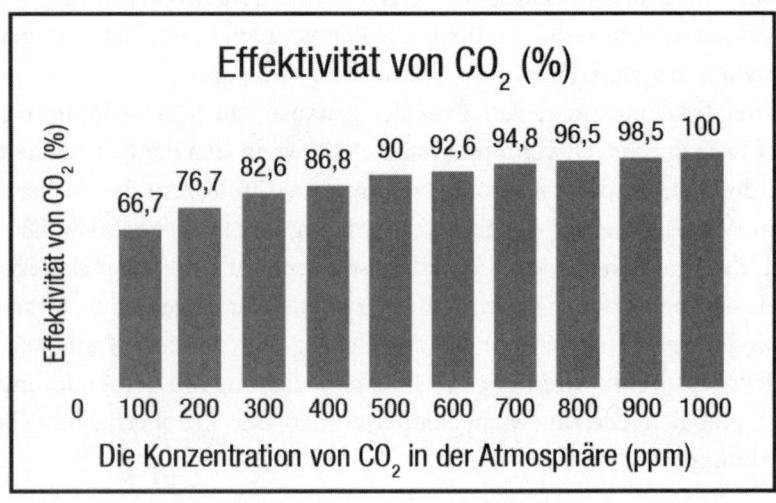

*Bild 10: Abnehmende Wirkung des Treibhausbeitrags
bei wachsendem CO$_2$-Gehalt*

13 Prozent der Wirkung möglich. Bezogen auf den bisherigen Anteil des CO_2 von ca. 26 Prozent an der Gesamt-Treibhauswirkung von ca. 33 °C ist das nur ca. 1 °C! Die Temperatur steigt also nicht proportional zum CO_2-Gehalt, sondern sehr viel langsamer.

Nur in dem Maße, wie die Wärmedämmung durch die Atmosphäre zunimmt, muss die Temperatur der Erdoberfläche und der erdnahen Atmosphäre ansteigen, damit die Erde im thermischen Gleichgewicht zwischen Einstrahlung und Abstrahlung bleibt: Also nicht proportional zum CO_2-Gehalt, sondern sehr viel langsamer (logarithmisch).

Berechnet man nach dem gleichen Schema die Temperaturerhöhung durch CO_2 von 1950 bis heute, so ergibt sich ein Wert von ca. 0,35 °C. Dieser geringe Beitrag des CO_2 bewirkt keine signifikante Änderung des solaren Beitrags zum Temperaturanstieg von ca. 2 °C seit der *Kleinen Eiszeit* vor ca. 200 Jahren bis zum gegenwärtigen *Klimaoptimum*. Der Beitrag des CO_2 kann wegen der großen jährlichen Schwankungen der Temperatur, wie Bild 6 zeigt, empirisch nicht zuverlässig von statistischen Schwankungen und/oder dem Einfluss der Sonne unterschieden werden.

Für die Überlagerung der Beiträge des von Menschen erzeugten CO_2 und des Verlaufs der Solarkonstante spricht, dass der Trend der Temperatur nach 1950 (siehe Bild 6) nicht sofort dem Anstieg des CO_2 folgt (siehe Bild 2), sondern erst ab etwa 1990, denn von 1950 bis 1990 hatte die Solarkonstante ein relatives Minimum[8]. Die aktuelle Differenz zwischen der roten und der grünen Linie in Bild 6 entspricht etwa dem Beitrag des CO_2-Anstiegs seit 1950. Das sind Indizien dafür, dass natürliche und von den Menschen gemachte Einflüsse zusammenwirken könnten, aber keine Beweise, weil sie nicht signifikant genug sind.

Zwischen dem CO_2 und dem Wasserdampf der Atmosphäre gibt es im Hinblick auf das Klima zwei wichtige Wechselwirkungen:

▶ Die Wasserdampf-Rückkopplung: Bei der Erwärmung der Atmosphäre durch einen zunehmenden CO_2-Gehalt verdampft aus den Weltmeeren mehr Wasser, weil warme Luft mehr Wasserdampf aufnehmen kann. Dadurch wird die Erwärmung durch CO_2 verstärkt.

▶ Die Wasserdampf-Gegenkopplung: Mehr Wasserdampf in der Luft führt zu mehr Wolken. Wolken sind kondensierte Wassertropfen; sie reflektieren die Sonneneinstrahlung, schließen die Mechanismen des Treibhauseffekts kurz und wirken dadurch abkühlend.

Die Auswertung von Ballon- und Satellitenmessungen hat ergeben, dass die Gegenkopplung überwiegt, die Wechselwirkungen von CO_2 und H_2O also unterm Strich abkühlend wirken.

7. Die Gleichgewichts-Klimasensitivität

Die sogenannte *Gleichgewichts*-Klimasensitivität, in Bild 9 mit ECS abgekürzt, beschreibt den Temperaturanstieg, der sich als Folge aller Faktoren des Klimasystems ergibt, wenn es nach einer natürlichen oder von den Menschen verursachten Veränderung des Strahlungshaushalts einen neuen Gleichgewichtszustand erreicht hat. Dafür sind Jahrhunderte bis Jahrtausende nötig, vor allem wegen der langsamen Reaktion der Ozeane. Auch der Wert der Gleichgewichts-Klimasensitivität wurde früher für die Verdoppelung des CO_2-Gehalts der Atmosphäre von 280 auf 560 ppm mit ca. 5 °C abgeschätzt und beträgt nach neueren Erkenntnissen nur noch 1 °C (siehe Bild 9).

Wenn die Atmosphäre und die Ozeane CO_2-mäßig im Gleichgewicht sind, wie nach dem Ende der letzten Eiszeit bis zum Jahr 1950, bleibt das neu erzeugte CO_2 zum größten Teil in der Atmosphäre und ein Teil wird von den Pflanzen aufgenommen. Die Ozeane nehmen kein CO_2 auf, weil der sogenannte *Partialdruck* des CO_2 in der Atmosphäre und in den Ozeanen gleich hoch ist. Seit 1950 gibt es wegen der schnellen industriellen Emission und der Trägheit der Ozeane aber kein Gleichgewicht mehr, und es verbleiben nur etwa die Hälfte der CO_2-Emissionen in der Atmosphäre. Etwa ein Viertel wird von den Ozeanen aufgenommen, weil der Partialdruck des CO_2 in der Atmosphäre größer ist als der in den Ozeanen und der Rest von den Photosyntheseprozessen auf dem Land und im Meer verbraucht wird.

Es ist wenig bekannt, dass bei gleichbleibender CO_2-Emission über eine längere Zeit der Anteil des CO_2 in der Luft *nicht* zunimmt. Wenn beispielsweise die jährlichen CO_2-Emissionen der Menschheit ab sofort konstant blieben, würde der CO_2-Gehalt der Atmosphäre nach einer kurzen Übergangszeit bei 410 ppm stehen bleiben, denn zwischen der Atmosphäre und den Ozeanen stellt sich ein Gleichgewichtszustand ein: Bei gleichbleibenden CO_2-Emissionen wird wegen der CO_2-Partialdruckdifferenz zwischen Luft und Ozean eine gleichbleibende Menge CO_2 von den Ozeanen aufgenommen. Die Ozeane können aber – im Verhältnis zu den Emissionen der Menschheit – sehr viel CO_2 aufnehmen, denn ihre Kapazität ist ca. 40-mal so groß wie die der Atmosphäre. Außerdem wird CO_2 von Meereslebewesen zum Aufbau ihrer Kalkskelette verbraucht und nach ihrem Ableben allmählich auf dem Meeresgrund »endgelagert«.

Auch eine Bedeckung der Erdoberfläche mit Gletschern oder Meereis beeinflusst das Gleichgewicht, denn Eis reflektiert die Energieeinstrahlung der Sonne unmittelbar in den Weltraum zurück und schließt so den Treibhauseffekt kurz. Das trägt zu einer Abkühlung des Klimas bei. Wenn die Gletscher oder das Meereis schmelzen, weil sich die Temperatur erhöht und/oder sich die Niederschläge verringern, wird die Temperaturerhöhung verstärkt. Diese Vorgänge dauern aber mehrere Jahrhunderte.

8. Simulation von Klimamodellen

Die Ergebnisse der Simulationen von Modellen des Klimasystems der Erde sollten, wenn sie alle Einflüsse und lange Zeiträume berücksichtigen, die Gleichgewichts-Klimasensitivität ECS ergeben. Die

Modellierungen liefern bisher aber, wie Bild 9 zeigt, sehr unterschiedliche Prognosen. Dafür gibt es viele Gründe. Die Modelle sind sehr komplex, und das Klima steckt voller *nichtlinearer* Abhängigkeiten, die bei der Modellierung zu den bekannten Problemen des deterministischen Chaos nichtlinearer Prozesse führen: Kleine Änderungen in den Anfangswerten können zu sehr großen Abweichungen der Ergebnisse führen.[3] Die Modelle haben, wie Bild 9 zeigt, über die Jahre Ergebnisse von 6 bis 1 °C bei einer Verdopplung des CO_2-Gehalts der Atmosphäre geliefert, das heißt, die Qualität der Prognosen und damit die der Modelle ist bisher unzureichend. Ein entscheidendes Problem ist, dass es bisher offenbar keine Verifikation der Modelle anhand der Entwicklung des Klimas vor 1880 (bzw. vor 1950) gibt; zumindest sind mir keine bekannt. Der Grund dafür dürfte sein, dass CO_2-basierte Modelle die Temperaturschwankungen in den Jahrtausenden seit der letzten großen Eiszeit (siehe Bild 3) nicht wiedergeben können, wenn der CO_2-Gehalt fast unverändert 270–280 ppm betragen hat (siehe Bild 2).

9. Kippelemente beim Klimawandel

Kippelemente sind definiert als größere diskontinuierliche, irreversible Ereignisse im Zusammenhang mit einer globalen Erwärmung um mehrere Grad. Seit 2008 gibt es dafür acht Kandidaten,[4] wie beispielsweise die Abschwächung des Golfstroms oder erneuter Regen und Pflanzenwuchs in Teilen der Sahara. Als größte »Bedrohung« wird das Schmelzen des arktischen Meereises und des grönländischen Eisschilds betrachtet. 2014 wurden noch weitere potenzielle Kippelemente hinzugefügt[4], wie die CO_2-Emissionen aus auftauenden Permafrostböden oder Methan-Ausgasungen aus Methanhydrat-Lagerstätten.

Ein Beispiel dazu: Wenn Permafrostböden auftauen, können Mikroorganismen die dort lagernden organischen Reste zersetzen. Modellstudien lassen aber nur eine relativ langsame Auswirkung dieses

Prozesses auf den Treibhauseffekt im Laufe von mehreren Hundert Jahren erwarten.[4]

Ein paar kritische Anmerkungen dazu:

Alle diese »Nebenwirkungen« sind anscheinend während der römischen Warmzeit nicht aufgetreten, obwohl es damals um ca. 1 °C wärmer war als heute. Hinzu kommt, dass gravierende Ereignisse wie die Abschwächung des Golfstroms oder Methanhydrat-Ausgasungen erst bei deutlich mehr als einem weiteren Grad Klimaerwärmung eintreten dürften. Das ist aber aufgrund des logarithmischen Zusammenhangs zwischen CO_2-Gehalt und Erdtemperatur sowie dem Trend der Klimasensitivitäten in Bild 10 sehr unwahrscheinlich.

Einige der genannten Kippelemente wie der Pflanzenwuchs in der Sahara, die Schmelze des arktischen Meereises oder das Auftauen von Permafrostböden verlaufen ganz offensichtlich als kontinuierliche, teilweise sehr langsame Prozesse, und sie sind reversibel. Hier wird der Begriff »Kipppunkt« als Bedrohung populistisch missbraucht.

Mehr Berechtigung als langfristig bedrohliches Kippelement hätte eine neue (große) Eiszeit: Die CO_2-Konzentration war nach der letzten Eiszeit bis zum Jahr 1950 mit 260–280 ppm erdgeschichtlich außerordentlich niedrig. Wie die letzten 3 Millionen Jahre gezeigt haben, ist aufgrund dieser sehr niedrigen CO_2-Werte die Gefahr groß, dass langfristig bei einer entsprechenden astronomischen Konstellation (den sogenannten Milanković-Zyklen) weitere Eiszeiten auftreten können. Insofern kann man die industriellen CO_2-Emissionen auch als Vorsorge gegen eine neue Eiszeit ansehen, die eine weitaus größere Katastrophe für die Menschheit wäre als die gegenwärtige Warmzeit und der Anstieg des Meeresspiegels um ein paar Zentimeter. Warmzeiten wurden bis vor einigen Jahrzehnten noch Klimaoptimum genannt, solange unsere Vorfahren noch die gravierenden Probleme der ausklingenden Kleinen Eiszeit in Erinnerung hatten. Die mit der Kleinen Eiszeit verbundenen jahrelangen Missernten sollen einer der Auslöser der Französischen Revolution gewesen sein.

10. Gesellschaftliche Folgen der Klimahysterie

Auch in der Gesellschaft drohen verstärkend wirkende »Kippelemente«, beispielsweise aufgrund der sensationsorientierten und desinformativen Klimaprognosen der grünen Weltklimaaktivisten und ihrer Multiplikatoren und Propagandasprachrohre, des Staatsfernsehens und der Leitmedien. Die dadurch erzeugte Hysterie in der deutschen Gesellschaft (und teilweise auch anderswo) führt zu fehlgesteuerter Forschung, zu gravierenden Fehlentwicklungen der Realwirtschaft und fördert die immensen weltweiten Finanzspekulationen. Sie ist nur nützlich für die Auflagen der Leitmedien, die Einschaltquoten des Staatsfernsehens, die Wahlergebnisse der Grünen, die »Unverzichtbarkeit« der Politiker und die Subventionierung der Geschäfte von Teilen der Industrie und der Landwirtschaft (zum Beispiel den ca. 9000 Biogasanlagen der BRD, die die Umwelt erheblich belasten).

In der Industrie könnte bei Emissionen schnell Abhilfe geschaffen werden, wenn bei den Produkten und Prozessen nach dem Verursacherprinzip gehandelt würde. Das *Verursacherprinzip* benennt Themen und Verursacher und macht sie persönlich verantwortlich für die Erledigung von Auflagen wie die Reduzierung der Emissionen von FCKW (Fluorkohlenwasserstoffe), CO_2, Methan usw. Ein zielführendes, ergebnisorientiertes großes Projektbündel hilft gründlicher und schneller als Steuern, die vom Publikum und nicht von den Verursachern zu zahlen sind. Steuern sind ungerecht, weil sie alle treffen statt gezielt die Verursacher der Probleme.[7] Auch der Handel mit Emissionszertifikaten spart weltweit kein CO_2, wie Hans-Werner Sinn im Dezember 2019 in seinem Münchner Vortrag begründet hat.

Statt der realistischen Bewertung des Weltklimas wird eine weitere Radikalisierung der Klimahysterie in den Medien diskutiert; zum Beispiel eine »Grüne Armee Fraktion« oder andere radikale Aktionen. Gemeinsam ist ihnen, dass die Demokratie durch eine fundamentalistische Diktatur zur Durchsetzung der Klimareligion abgelöst werden soll. Und das alles nur aufgrund von höchst unzulänglichen Klimamodellen und damit verbundenen spekulativen Prognosen sowie unter desinformativer Missachtung der natürlichen Ursachen des Klimawandels. Wichtiger als die einseitigen und lokalen Bemühungen um die Reduzierung der CO_2-Emissionen wäre deshalb, sich vorsorglich und *so weit wie nötig* auf die Folgen eines Klimawandels vorzubereiten, unabhängig davon, ob er von der Natur oder den Menschen verursacht wurde und weiter verursacht wird.

Die gesinnungsethische Herrschaft der Klimahysterie bedeutet, dass in der Gesellschaft das staatlich verordnete *Herdenverhalten* dominiert. *Kollektive Intelligenz, Pluralismus* und *Freiheit* werden unterdrückt, Innovationen und Wettbewerbsfähigkeit bleiben auf der Strecke.

Seit März 2020 wird die Klimahysterie von der Corona-Hysterie abgelöst und weiter verstärkt. Die Dressur der bereits gut konditionierten Bürger zu staatsgläubigen, auf Schritt und Tritt überwachten Untertanen kommt immer besser voran.

11. Verzeichnisse
11.1. Literatur und Onlinequellen

1. H. Schmundt: »Puzzle aus dem Eis«, *Spiegel* 21, 2005, S. 166–168.
2. H. Holzhäuser: »Rekonstruktion von Gletscherschwankungen mit Hilfe fossiler Hölzer«, *Geographica Helvetica* 1984, Nr. 1.
3. G. Dedié: *Die Kraft der Naturgesetze – Emergenz und kollektive Fähigkeiten von den Elementarteilchen bis zur menschlichen Gesellschaft*, 2. Auflage, tredition, Hamburg 2015.
4. *Wikipedia:* »Kippelemente im Erdklimasystem«, *https://de.wikipedia.org/wiki/Kippelemente_im_Erdklimasystem.*
5. F. Gervais: »Anthropogenic CO2 warming challenged by 60-year cycle«, *https://www.sciencedirect.com/science/article/abs/pii/ S0012825216300277, April 2016.*
6. *Wikipedia:* »Strahlungsantrieb«, *https://de.wikipedia.org/wiki/Strahlungsantrieb.*
7. H. Clemm, persönliche Mitteilung, 2020.
8. H. Yndestad, J.E. Solheim: »The influence of solar system oscillation on the variability of the total solar irradiance«; *New Astronomy,* 51 S. 135–152 (2016), sowie University of Colorado Boulder / Laboratory for Atmospheric and Space Physics / Projekt SORCE, *http://lasp.colorado.edu/home/sorce/data/tsi-data/.*

11.2. Verzeichnis der Grafiken

Bild 1: *Wikimedia Commons*, »File:Greenhouse-effect-t2.svg«,
https://commons.wikimedia.org/wiki/File:Greenhouse-effect-t2.svg.

Bild 2: Eigene Grafik, nach UC San Diego, Scripts Institution of Oceanography,
*https://scripps.ucsd.edu/programs/keelingcurve/wp-content/
plugins/sio-bluemoon/graphs/co2_10k.png?fbclid=IwAR3sXMXEYCZ-
jezawboTbNtjvalNXVt4aDz9njf9r9jj-NgBTSW7_Fq6I8Q.*

Bild 3: Holocene Temperature Variations, *https://upload.wikimedia.org/
wikipedia/commons/8/86/Holocene_Temperature_Variations_German.png,*
aus *https://de.wikipedia.org/wiki/Klimageschichte.*

Bild 4: *Wikimedia Commons:* File: Hannibal in Italy by Jacopo Ripanda – Sala
di Annibale – Palazzo dei Conservatori – Musei Capitolini – Rome 2016
(2).jpg, *https://upload.wikimedia.org/wikipedia/commons/b/b4/Hannibal_
in_Italy_by_Jacopo_Ripanda_-_Sala_di_Annibale_-_Palazzo_dei_
Conservatori_-_Musei_Capitolini_-_Rome_2016_%282%29.jpg.*

Bild 5: EIKE, Europäisches Institut für Klima & Energie:»Klimawandel und
die Gletscher in den österreichischen Alpen als Zeitzeugen!«,
*https://www.eike-klima-energie.eu/2010/01/07/klimawandel-und-die-
gletscher-in-den-oesterreichischen-alpen-als-zeitzeugen/.*

Bild 6: Jahresmittel der Lufttemperatur in Deutschland von 1881 bis 2019,
Eigene Grafik nach Daten des Climate Data Center des Deutschen Wetter-
dienstes.

Bild 7: *Wikimedia Commons,* Datei: Sun climatesystem alternative (German)
2008.svg, *https://de.wikipedia.org/wiki/Datei:Sun_climate_system_
alternative_(German)_2008.svg.*

Bild 8: *Wikimedia Commons:* Datei: Atmospheric Transmission de.png;
prepared by Robert A. Rohde for the Global Warming Art project.

Bild 9: François Gervais in *Science Direct:* »Anthropogenic CO_2 warming
challenged by 60-year cycle«, *https://www.sciencedirect.com/science/article/
abs/pii/S0012825216300277.*

Bild 10: Eigene Grafik nach: Percentage effectiveness of CO_2 as a
Greenhouse Gas; Quelle: *edmh WordPress.com site,
https://edmhdotme.wordpress.com/2014/09/.*

Online- und Grafikquellen wurden am 8. Januar 2021 aufgerufen.

CARLOS A. GEBAUER

Kann man im Flug gegen das Klima sündigen? – Ethisch-methodologische Entscheidungshilfen

1. Einleitung

Nachstehend will und kann ich nicht als Klima- oder Naturwissenschaftler argumentieren, sondern ich möchte mich mit – seit jeher erprobten und anerkannten – juristischen, prozesstechnischen, insbesondere aber logischen, wissenschaftstheoretischen und nicht zuletzt handlungsethischen Methoden einer Antwort auf die Frage nähern, ob ein gesetzlich angeordnetes Flugverbot zum Zwecke der Stabilisierung des Weltklimas rational und legitim in Betracht käme. Dazu vorab einige nötige Vorbemerkungen:

Erste Vorbemerkung: Ich stelle zunächst eine konkretere Eingrenzung meines Themas vor. Gibt es einen politischen, ethischen, juristischen oder naturwissenschaftlichen Legitimationsgrund für den deutschen Gesetzgeber, ein generelles Verbot von Inlandsflügen (oder aber wenigstens eine Beschränkung) anzuordnen? Falls nein: Gibt es – hilfsweise – ein außergesetzliches ethisches Gebot, dass Menschen sich der Reisen per Flugzeug innerhalb Deutschlands tunlichst enthalten sollten?

Anlass zu der Fragestellung ist die Überlegung, dass derartige Verbote oder Beschränkungen dazu führen sollten, die durch Flugverkehr in Deutschland entstehenden Kohlendioxidemissionen zu reduzieren.

Eine solche Reduktion des Kohlendioxidausstoßes durch Verzicht auf Flugreisen (und Nutzung anderer Verkehrsmittel an deren Stelle) nur in Deutschland würde für den derzeit steigenden Gesamtsaldo aller globalen Kohlendioxidemissionen keine unmittelbar naturwis-

senschaftlich relevante Verminderung des globalen Ausstoßes insgesamt bewirken können, da andere Länder bzw. Volkswirtschaften ihren Ausstoß derzeit kontinuierlich erhöhen.

Die im Ergebnis erhoffte faktische Reduktion wenigstens der Emissionen in Deutschland könnte jedoch auf politischer Ebene dazu führen, dass andere Länder der Erde sich diese Vorgehensweise in
Deutschland als beispielhaft und erstrebenswert zum Vorbild näh-
men, den dort erzielten Ergebnissen dann anschließend nacheiferten,
sodann ebenfalls Flugverbote oder Flugrestriktionen anordneten,
den eigenen Binnentransport also auf andere Verkehrsmittel verla-
gerten, hierdurch ihrerseits eine Emissionsreduktion erzielten, dadurch einen planetenweiten Handlungsdruck auf alle Regierungen
des Globus auslösten und eine effektive Gesamtreduktion aller derjenigen Kohlendioxidemissionsanteile erreichten, die durch Flugverkehr weltweit verursacht werden.

Durch die Reduktion des Flugverkehrsanteils an weltweiten Kohlendioxidemissionen sollte dann die Emission insgesamt so unter
eine kritische Gesamtemissionsmenge gedrückt werden, dass Kohlendioxid nicht mehr in einer für den Treibhausgaseffekt relevanten
Menge in die Erdatmosphäre aufsteigt und alle weltweiten Lokal-
temperaturen dadurch so stabilisiert werden, dass der aus sämtli-
chen Werten rechnerisch gebildete Mittelwert in 80 Jahren nicht
mehr als 1,5 °C über dem heute gemessenen liegen wird (angestreb-
tes Endziel).

Zweite Vorbemerkung: Die folgenden Darlegungen zum Thema
stammen nicht von einem Klimaforscher. Sie kommen nicht einmal
von einem Naturwissenschaftler. Sie gehen stattdessen auf einen Ju-
risten zurück, der sich für den hiesigen Erörterungszweck der Sache
mit denjenigen hergebrachten juristischen, prozessualen, logischen
und ethischen Handwerkszeugen – anders gesagt: mit derjenigen
Methodik – nähert, die auch in jedem juristischen, namentlich gerichtlichen Streitverfahren seit jeher angewendet werden, um einen

teils bekannten, teils unbekannten Sachverhalt in einer Weise zu behandeln und zu entscheiden, die es nach Möglichkeit ausschließt, vermeidbare Fehler zu begehen.

Allen diesen Methoden ist gemeinsam, dass sie keinesfalls den Anspruch erheben, einen nicht vollständig aufklärbaren – namentlich in der Zukunft liegenden – Sachverhalt trotz abschließender Unkenntnis aller seiner Dimensionen jedenfalls richtig zu beurteilen. Ziel ist vielmehr, (1) das sicher Richtige zu tun, (2) das sicher Unrichtige nicht zu tun und (3) innerhalb des Bereiches der verbleibenden Unsicherheiten nach aller menschenmöglichen Annäherung an die Realität das Falsche zu vermeiden, um dort überwiegend sicher das Richtige zu tun.

Dritte Vorbemerkung: Die Kunst, auf unsicheren Tatsachengrundlagen richtig zu handeln, besteht also wesentlich darin, auf bekannter Basis Richtiges zu tun, auf unbekannter Basis Unrichtiges zu vermeiden und im Bereich völligen Unwissens möglichst nichts zu tun, was uns schaden oder unsere Handlungsmöglichkeiten nach Aufklärung von Ungeklärtem einschränken könnte.

Der Bamberger Psychologe Dietrich Dörner hat beschrieben, warum man in unübersichtlichen Situationen nicht der Versuchung erliegen sollte, intuitiv zu handeln, da derartige Intuitionen nur dazu angetan seien, überschaubare Lagen schnell zu bewältigen, nicht aber hyperkomplexe innerhalb endloser Kausalketten. Dörner formuliert (Dietrich Dörner S. 191 ff.):

»Wir Menschen scheinen eine starke Tendenz zu haben, uns die Zukunft als Fortschreibung der Gegenwart vorzustellen. […] Die Vorschau zukünftiger Szenarios scheint gewöhnlich entweder durch eine Strukturfortschreibung oder durch eine Strukturinversion zu geschehen. […] Unsere Annahme ist, dass die ständige Bildung von ›kleinen‹ Erwartungen über die Zukunft, die uns vernünftiges Handeln überhaupt erst ermöglicht, im Wesentlichen automatisch erfolgt und nach dem Mechanismus der Strukturextrapolation funktioniert. [...] Nach unserer Meinung spielt die Bewahrung eines positiven Bildes von der eigenen Kompetenz und Handlungsfähigkeit eine sehr große Rolle als Determinante der Richtung und des Ablaufs von Denkprozessen. Menschen [...] brauchen die Erwartung, dass ihr Handeln letztlich erfolgreich sein könnte. [...] Wenn ich durch exzessives Planen und Informationssammeln jeden direkten Kontakt mit der Realität vermeide, so hat die Realität auch keine Gelegenheit, mir mitzuteilen, dass das, was ich mir ausgedacht habe, nicht funktioniert oder grundfalsch ist.«

Bei allem bleibt das Handeln unter Ungewissheiten eine der großen Herausforderungen für den Menschen überhaupt. Die Unzufriedenheit mit der Unsicherheit hat geschichtlich unter anderem zu Berufen wie dem des Wahrsagers, des Vogelflugdeuters, des Opferritualveranstalters, des Astrologen, des Chartanalytikers oder des Ballbesitzstatistikers geführt. Das offenbar tiefe anthropologische Bedürfnis nach Sicherheiten auch in der Zukunft wird daher seit jeher gerne durch entsprechende Angebote gedeckt. Risikoforscher wie Gerd Gigerenzer attestieren uns Menschen nicht zuletzt deswegen schon eine Art kollektive Amnesie: Obwohl wir zum Beispiel ständig vorgeführt bekommen, dass Aktienmarktvorhersagen immer wieder unzutreffend sind, nehmen wir sie doch immer wieder neu – gläubig – zur Kenntnis (Gigerenzer S. 31).

Bisweilen sind Irrtümer sogar überlebenssichernd, wenn sich die verschiedenen Irrtümer innerhalb einer Gemeinschaft gegenseitig aufheben und – schwarmintelligent – zu »richtigen« Gesamtergebnissen führen: Irren sich 50 Prozent der Bäcker einer Stadt in die eine und 50 Prozent der Bäcker in die andere Richtung bei der Abschätzung des künftigen Brotbedarfs der Stadt, wird der tatsächliche Bedarf der Einwohner (wie ich von Erich Weede einmal überzeugend lernte) vollständig gedeckt.

2. Hauptteil

1. Die öffentliche Klimadiskussion ist im Wesentlichen kein Wissenschaftsstreit, sondern ein Glaubensstreit. Denn die überwiegende Anzahl der Faktoren, die sich klimabildend und klimaändernd auswirken, sind derzeit noch nicht bekannt (zum Beispiel die Rolle des aktuell modellkonträr auftretenden Methangases). Typisch für Debatten um Glaubensfragen ist, dass sie besonders erbittert geführt werden.

2. Wenn man keine (das heißt keine letzte) Sicherheit über die Fakten hat, innerhalb derer man handelt, steht die Frage nach einem richtigen Handeln vor besonderen Herausforderungen. Denn das richtige Handeln leitet sich hier davon ab, ob die richtigen Wahrscheinlichkeitsannahmen getroffen und ob die zutreffenden Wahrscheinlichkeitsschlüsse gezogen worden sind.

3. Wesentlich für den Umgang mit »Wahrscheinlichkeiten« ist die Erkenntnis, dass eine Wahrscheinlichkeit im Ausgangspunkt dasselbe ist wie eine »Falschscheinlichkeit«. Wenn ein Handelnder nämlich bereits positiv weiß, dass er einen bestimmten Sachverhalt nicht sicher kennt, sondern ihn nur durch Möglichkeiten annäherungsweise beschreiben kann, dann muss er sich zwangsläufig eingestehen, nicht auf der Basis »wahrer« Tatsachen zu handeln. Der Handelnde muss also an dieser Stelle zunächst differenzieren, was er sicher weiß und was dagegen für ihn zum Handlungszeitpunkt unsicher ist. Sicheres Tatsachenwissen und sicheres Wissen über prozedurale Kausalverläufe können helfen, die Möglichkeitsspektren innerhalb des Ungewissen, das heißt innerhalb des nicht primär sicher Gewussten, enger einzugrenzen. In geschlossenen Systemen (Glücksspiel ...) lässt sich eine verlässliche Risikoadjustierung implementieren; in offenen Systemen hingegen nicht. Letzteres ist der Grund, warum Risikomanagementsysteme, die für geschlossene Systeme erdacht wurden, in offenen Systemen keine belastbaren Ergebnisse liefern (können).

4. Der Handelnde hat des Weiteren wertend zu ermitteln, welche Faktoren die von ihm vorgefundene Lage wesentlich prägen (relevante Faktoren) und welche Faktoren für die in Rede stehende Betrachtung umgekehrt konkret definitiv nicht kausalitätsrelevant sind (irrelevante Faktoren). Dazu bietet sich an, zu ermitteln, wie sich die faktische Handlungsgrundlage in der Vergangenheit entwickelt hat, wohin diese Entwicklung tendenziell gegangen ist (Trendcharakteristika), wohin sie mutmaßlich in der Zukunft gehen dürfte und, gestützt auf diese Erkenntnisse, ob (zielgerichtet steuernde oder nicht steuerbare, weil unbeherrschbare) eigene kausale Einflussnahmen auf die Entwicklung durch den Handelnden jetzt und künftig mit Auswirkungen in der Zukunft überhaupt möglich sein können.

5. Basierend auf diesen allgemeinen Überlegungen ergeben sich für die Frage nach einer Steuerung des künftigen Weltklimas an dieser Stelle folgende Konkretisierungen:

Eingangs ist (komplexitätsreduzierend abschichtend) zu fragen, was *Klima* überhaupt ist. Es bedarf folglich einer *Definition* dieses Begriffes.

(a) Das Umweltbundesamt definiert: *Wetter* ist der physikalische Zustand der Atmosphäre an einem bestimmten Ort oder in einem Gebiet zu einem bestimmten Zeitpunkt oder in einem kurzen Zeitraum von Stunden bis hin zu wenigen Tagen. Dieser Zustand wird durch meteorologische Größen beschrieben, die an den meteorologischen Beobachtungsstationen regelmäßig gemessen und aufgezeichnet werden. Dazu zählen unter anderem Lufttemperatur, Luftdruck, Windgeschwindigkeit und Windrichtung, Luftfeuchte, Bewölkung und Niederschlag. Als *Witterung* bezeichnen die Meteorologen den durchschnittlichen Charakter des Wetterablaufs an einem Ort oder in einem Gebiet über mehrere Tage bis zu mehreren Wochen. Dieser Zeitraum ist wesentlich kürzer als jener, der der Definition des Klimas zugrunde liegt. *Klima* ist der mittlere Zustand der Atmosphäre an einem bestimmten Ort oder in einem bestimmten Gebiet über einen längeren Zeitraum. Als Zeitspanne empfiehlt die Weltorganisation für Meteorologie (WMO – World Meteorological Organization) mindestens 30 Jahre, aber auch Betrachtungen über längere Zeiträume wie Jahrhunderte und Jahrtausende sind bei der Erforschung des Klimas gebräuchlich. Das Klima wird durch statistische Eigenschaften der Atmosphäre charakterisiert, wie Mittelwerte, Häufigkeiten, Andauerverhalten und Extremwerte meteorologischer Größen.

(b) Anknüpfend an diese Begriffsdefinition ist sodann zu fragen, was ein *Weltklima* in diesem Sinne sein kann. Dazu gehört die Erörterung der Frage, ob der Klimabegriff als solcher lokal oder ubiquitär fortgeschrieben werden kann, das heißt, ob ein einmal erkanntes und benanntes Klima in diesem Sinne auch für die Zukunft mit diesen Definitionsmerkmalen erfasst werden kann.

(c) Auf Basis der operationalen Annahme, dass es möglich ist, ein konkretes Weltklima als Spezialfall des »Klimas an sich« zu beschreiben, ist nun zu untersuchen, wie ein solches Weltklima in seinem Zustand und seiner Entwicklung valide festgestellt werden kann. Dies kann denknotwendig nur in *drei Teilschritten* gelingen: (aa) Für die *Vergangenheit* sind konkrete Messungen in Echtzeit unmöglich. Es bedarf daher der Rückschlüsse aus noch vorgefundenen Indiztatsachen. (bb) Für den jeweiligen *Gegenwartszeitpunkt* können aktuelle Messungen vorgenommen werden. Insoweit bedarf es der Festlegung von Messpunkten und Methoden der Messung, die mit den gezogenen Rückschlüssen für die Vergangenheit in einer begründbaren Korrelation stehen. (cc) Für *zukünftige Zeiträume* sind derzeit weder indiziengestützte Rückschlüsse noch aktuelle Tatsachenmessungen möglich. Die Zukunft kann ausschließlich über mutmaßliche, die vorherige Entwicklung fortschreibende Prognosen erfasst werden. Prognosen sind dabei nicht lediglich zeitlich derjenige Bereich von Modellen, der sich auf die Zukunft bezieht. Die Beschreibung des Zukunftszeitraumes ist vielmehr inhaltlich abhängig davon, welche einzelnen Faktoren in der Vergangenheitsbeschreibung und in der Ge-

genwartserfassung des jeweiligen Modells als relevant systemprägend angenommen worden sind.

6. Zum Bereich des sicheren Wissens (und also nicht nur in den Bereich bloßer Wahrscheinlichkeiten) gehört die Erkenntnis, dass es Klimawandel auf der Erde seit jeher real gegeben hat. Hierfür spricht eine vielgestaltige und lange bekannte, gesicherte historische Empirie. Historisch unbestreitbar ist also die Existenz von Klimawandel (auch von »Weltklimawandel«) in der Vergangenheit. Auf Basis dieser Feststellung erscheint es – mindestens bis zum Beweis des Gegenteils – legitim, mit der Annahme zu arbeiten, dass es auch in der Zukunft unter den zur Debatte stehenden Annahmen einen globalen Klimawandel geben wird. Es spricht eine »tatsächliche Vermutung« dafür, dass das, was sich in der Vergangenheit mindestens einmal ereignet hat, auch in der Zukunft wieder eintreten kann und wird.

7. Rein messtechnisch ist jenseits einzelner, isolierter lokaler Einzelbereiche rein faktisch nicht zu überprüfen, ob und inwieweit der Mensch Einfluss auf das weltweite Klima nimmt. Denn ein experimenteller Versuchsaufbau, in dem eine Welt mit und eine Welt ohne menschliche Einflussnahmen hergestellt werden könnten, scheidet ersichtlich als unmöglich aus. Folgerichtig bewegen sich Beschreibungen und Annahmen über einen menschlichen Einfluss auf das Weltklima nicht auf der Basis von dezidiert feststellbarem Wahrheitswissen, sondern ausschließlich auf der Basis von spekulativen Wahrscheinlichkeiten.

8. Der Betrachtungsbereich derartiger Wahrscheinlichkeiten kann aber gleichwohl noch weiter eingegrenzt werden. Die Frage kann nämlich dahin lauten, ob der als wahrscheinlich anzunehmende Einfluss des Menschen auf das Weltklima so wesentlich ist,

(a) dass sich daraus messtechnisch erfassbare Differenzen ergeben und

(b) ob sich ein konkretes Schädigungspotenzial für irgendjemanden oder irgendetwas aus dieser Differenz als Konsequenz ergibt.

9. Diese Fragen wiederum können nur dann beantwortet werden, wenn zunächst die jeweilige Einflussgröße auf den relevanten Kausalverlauf weiter konkretisiert wird. Zu differenzieren ist in unserem hiesigen Zusammenhang, wie hoch der anthropogene Anteil an Kohlendioxidemissionen weltweit insgesamt ist und wie groß der Anteil der Emissionen aus Deutschland ist.

Ein häufiges Argument in diesem Zusammenhang ist, dass der Anteil deutscher Emissionen so gering ist, dass ein kausaler Schädigungsanteil überwiegend unwahrscheinlich wäre. Immer wieder liest man beispielsweise: »Luft hat rund 21 Prozent Sauerstoff, 78 Prozent Stickstoff und 0,038 Prozent an CO_2; davon produziert die Natur 96 Prozent, den Rest, also 4 Prozent, der Mensch. 4 Prozent von 0,038 Prozent sind also 0,00152 Prozent. Der Anteil Deutschlands hieran ist 3,1 Prozent. Damit beeinflusst Deutschland 0,0004712 Prozent des CO_2 in der Luft.«

Diesem Argument der fehlenden Relevanz wird entgegengehalten, dass die bloße Menge einer Substanz nichts über ihr Schädigungspotenzial besage. Beispielhaft wird angeführt, dass auch eine sehr geringe Menge von Arsen ausreicht, um für einen Gesamtorganismus ein Schädigungspotenzial zu entfalten.

Gegen dieses Argument wird wiederum eingewendet, der Vergleich mit Arsen verfange nicht, denn Kohlendioxid sei nicht per se toxisch.

Für unseren Zusammenhang soll daher gelten: Wir wissen es nicht!

10. Welche Konsequenzen ergeben sich aus den bisherigen Überlegungen? Wenn der Handelnde nicht weiß, wie sich die Tatsachen konkret darstellen, innerhalb derer er agiert, so sollte dem Vorsorgeprinzip entsprechend der vorsichtige Grundsatz lauten: *In dubio pro reductione.*

11. Dies führt zu folgendem *Zwischenergebnis:* Solange ein möglicher Treibhauseffekt nicht sicher ausgeschlossen werden kann und solange nicht sicher feststeht, dass dieser für die natürlichen Lebensgrundlagen mindestens auch des Menschen irrelevant wäre, sollten Schritte zur Einsparung anthropogener Kohlendioxidemissionen unternommen werden.

12. Ist auf Grundlage dieser Annäherungsüberlegungen Einigkeit darüber hergestellt, dass Schritte unternommen werden sollten, um – aus Gründen der Vorsorge – anthropogene Kohlendioxidemissionen zu reduzieren, dann ist nun zu konkretisieren, welche Schritte genau dies sein sollten. Zu fragen ist also: Wer genau soll wann genau was genau machen?

13. In der Handlungsethik ist bekanntlich, jedenfalls unter Verantwortungsethikern, der Grundsatz anerkannt: Unter der Annahme des Fehlens anderer Handlungsvarianten ist es ethisch dezidiert nicht legitim, einen sicher feststehenden konkreten Nachteil zu verursachen, um eine demgegenüber nur unsichere, abstrakt mögliche Gefahr abzuwenden.

14. Dieser Grundsatz bedarf der Erläuterung. Ein Krankenwagen darf beispielsweise an einer Ampel bei Rotlicht »gefährlich« bzw. »gefährdend« weiterfahren, da die dadurch nur abstrakt als möglich begründete Gefährdung eines anderen Verkehrsteilnehmers hinter der konkret greifbaren Lebensrettung für den Patienten in diesem Krankenwagen zurückzustehen hat. Desgleichen darf ein Polizeifahrzeug die angeordnete Höchstgeschwindigkeit auf einer Straße überschreiten, da das nur abstrakt mögliche Gefährdungsrisiko aus einer Überschreitung der erlaubten Geschwindigkeit hinter dem konkreten Vorteil zurückzustehen hat, einen verfolgten Straftäter verhaften zu können.

15. Darüber hinausgehend ist sogar erlaubt, konkrete Gefährdungs-potenziale zweier vergleichbarer Gefahrenlagen miteinander abzu-gleichen und die weniger schädliche von diesen zwei Konstellationen bewusst anzusteuern. Beispiel: Ein Arzt darf ein Körperteil amputie-ren, um dadurch den Gesamtkörper eines Patienten zu erhalten. Ein Polizist darf einen Angreifer rechtmäßig gezielt erschießen, wenn er dadurch ein konkret bevorstehendes Attentat verhindern kann.

16. Aus diesen ethischen Überlegungen und ihren weithin konsen-tierten Ergebnissen folgt: Ein grundsätzlich konkret unerlaubtes Handeln ist in bestimmten Konstellationen erlaubt, wenn durch eine bestimmte Handlung ein konkretes Gut geschützt oder bewirkt wird.

17. In weiterer Ableitung hieraus ergibt sich wiederum: Wenn es ethisch gestattet ist, sehenden Auges einen konkreten Schaden zu verursachen, um – nach Abwägung – einen höherwertigen anderen Schaden abzuwenden, dann muss es erst recht ethisch erlaubt sein, eine nur abstrakte Schädigungsmöglichkeit in Kauf zu nehmen, wenn dadurch jedenfalls ein konkretes höherwertiges Gut hergestellt oder erhalten wird. Es bedarf folglich an dieser Stelle einer Abwägung zweier Lagen miteinander und ihrer Wertung.

Vorsorglich ist an dieser Stelle nochmals daran zu erinnern, in welcher thematischen Fragestellung wir uns hier gerade bewegen. Thema ist: Wer genau soll was genau tun?

18. Um eine dahin gehende ordnungsgemäße Abwägung und – auf ihr basierend – eine Wertungsentscheidung für alles Weitere treffen zu können, muss über das Handlungsziel jeder jeweiligen Aktivität des Handelnden Klarheit herrschen: Alles menschliche Handeln ist für sich gesehen subjektiv zielorientiert. Mit jeder einzelnen Hand-lung oder jeder kumulierten gemeinschaftlichen Handlung mehrerer Menschen wird ein bestimmter Zweck verfolgt. Erforderlich ist also

die differenzierende Beantwortung der Frage: Wer verfolgt mit welchem Tun welches Handlungsziel?

Zu postulieren ist hierbei wiederum, dass jeder Handelnde seiner konkreten Handlung zum Zwecke seiner individuellen Zielerreichung bereits eine eigene Analyse und Abwägung ihrer Rahmenbedingungen vorgeschaltet hat. Dieses Postulat lässt sich mit einem einfachen Beispiel plausibilisieren: Jeder, der heute hier in diesem Raum anwesend ist, hat in einer vorherigen Abwägung aller ihm präsenten Gesamtumstände seines Lebens entschieden, dass es für ihn genau hier und genau heute aktuell vorteilhafter ist, jetzt hier zu sein als an irgendeinem anderen Ort.

Eine solche Analyse und Abwägung nimmt jeder handelnde Mensch beständig vor. Dies gilt insbesondere auch für solche Menschen, die an einer Gesetzgebung beteiligt sind.

19. Daraus folgt: Auch jedes einzelne Mitglied einer gesetzgebenden oder sonst regelgebenden Körperschaft ist bei seinen Entscheidungshandlungen innerhalb dieser jeweils subjektiv überzeugt, auf Basis seiner Gesamtanalytik und seiner Gesamtabwägung jeweils konkret die angemessenste und richtigste aller möglichen Entscheidungen zu treffen.

Grenzt man in dieser Konstellation solche hypothetischen Fälle aus, in denen gesetzgebende Individuen entweder ihre eigenen selbstsüchtigen oder aber böswillig illegitime andere Zwecke verfolgen, bleibt zu untersuchen, inwieweit sie besten Wissens und Gewissens adäquat und »richtig«, das heißt sachangemessen, handeln können.

Jede menschliche Handlung innerhalb einer gesetzgebenden Körperschaft aus intelligenten, gebildeten, vertrauenswürdigen, sachkundigen und gutwilligen Mitgliedern stellt sich *per definitionem* als eine gewollte Einflussnahme auf künftige anderweitige Kausalverläufe menschlichen Handelns in der Welt dar, die sorgsam an ermittelte und anerkannte Situationen anknüpft, die eigenen Einflusschancen wissenschaftlich valide abschätzt und ihre Erfolgsmöglichkeiten auf dem Weg zur individuell verfolgten Zielerreichung verlässlich und zielgenau prognostiziert.

20. Dieser allgemeine Satz kann wiederum durch eine beispielhafte Konkretisierung plausibilisiert werden. Wenn ich mittels eigener Handlungen von Köln nach Gummersbach reisen möchte, dann muss ich zunächst feststellen, dass ich mich auch in Köln befinde. Ich kann auch nur nach Gummersbach mit Erfolg reisen, wenn mir dies theoretisch möglich erscheint. Die geplante Reise wird mir faktisch gelingen, wenn meine Handlungen dazu den gewünschten und angestrebten Erfolg herbeiführen können. Schließlich werde ich nur dann von Köln nach Gummersbach reisen wollen, wenn mir das Ergebnis dieser Handlungsabsicht für mich selbst subjektiv gesamthaft von Vorteil erscheint.

21. Für jedwede Regelgeber, das heißt Menschen, die durch ihre Handlung Normen festlegen, an die andere sich später zu halten haben, gilt in diesem Kontext eine Besonderheit. Regelgeber formulieren Wenn-Dann-Sätze: Die künftigen Regelunterworfenen sollen sich in bestimmten Situationen (wenn) in einer bestimmten Weise verhalten (dann). Regelgeber müssen folglich auf einer Tatsachenbasis entscheiden, die den künftigen Wenn-Dann-Situationen der Regelunterworfenen auf einer Metaebene vorgelagert ist: Gesetzgeber handeln in ihrer Eigenschaft als Regelgeber niemals in der Situation, die sie durch ihre Regel normieren, sondern sie antizipieren derartige Situationen in der Theorie, beschreiben sie abstrakt und nehmen im Vorhinein eine dann rechtsverbindlich geltende Abwägung für später konkret in solchen Situationen handelnde Individuen vor.

22. Für die Frage nach den Möglichkeiten eines legitimen gesetzlichen Flugverbotes, mittels dessen menschliche Kohlendioxidemissionen in Deutschland reduziert werden und dadurch positive Effekte auf das Weltklima ausgelöst werden sollen, bedeutet dies: Die Über-

zeugung der handelnden Regelgeber muss also dahin lauten, dass immer dann, wenn ein Mensch künftig seinen Ort unter Zuhilfenahme eines Flugzeuges ändern möchte, die von ihm mit dieser Handlung verfolgte Zweckerreichung für sich und/oder andere unter allen denkbaren Umständen in der Abwägung mit jeder anderen Lage für jedermann weniger vorteilhaft wäre. Unter dieser Annahme wäre es legitim, ein generelles Flugverbot anzuordnen.

23. Diese Legitimitätsanforderung wirft notwendig die Frage auf: Verfügt ein Gesetzgeber über das hinlängliche Faktenwissen, um sämtliche künftigen Ausgangssituationen, die er mit der beabsichtigten Norm regeln möchte, zutreffend und verlässlich erkennen zu können? Verfügt er, mit anderen Worten, über das Wissen, alle angestrebten künftigen Individualziele der potenziellen künftigen Normadressaten eines Flugverbotes in dieser Weise verlässlich und legitim zu beurteilen?

24. Ein Regelgeber kann ein bestimmtes künftiges Verhalten anderer Menschen in ihm noch unbekannten (weil in ihren Details für ihn noch nicht vollständig konkretisierbaren) Situationen der Zukunft demnach allenfalls dann legitim vollständig verbieten, wenn er zum Zeitpunkt seiner Verbotsanordnung bereits sicher wissen kann und weiß, dass die Konsequenzen aus der dann unterbleibenden Handlung jedenfalls für alle Regelbeteiligten gesamthaft günstiger ausfallen, als sich die Konsequenzen darstellten, die einträten, würde das von ihm nun verbotene Verhalten später realisiert. Ein solches Wissen kann der Gesetzgeber bei einem Kohlendioxid einsparenden Flugverbot aber greifbar nicht haben. Als ein Beispiel zur Plausibilisierung mag gelten: Der Flug eines Löschflugzeuges zu einer brennenden Insel.

25. Legitim könnte daher allenfalls noch ein eingeschränktes gesetzliches Flugverbot sein, das schon jetzt abstrakt alle solchen Sachverhal-

te beschriebe, in denen von vornherein sicher ausgeschlossen ist, dass die Durchführung des Fluges irgendwelche vergleichsweise positiven konkreten Effekte im Abgleich mit den möglicherweise nachteiligen abstrakten Konsequenzen aus seinen Kohlendioxidemissionen ergäbe. Auch das ist aber faktisch angesichts der Vielgestaltigkeit und Unabschätzbarkeit möglicher künftiger Situationen nicht möglich.

26. Klarzustellen ist also, dass nicht nur ein völliges Flugverbot insgesamt, sondern auch die bloße gesetzliche Einschränkung von Fluggelegenheiten in künftigen, unbekannten Situationen legitim mangels überlegenen Gesetzgeberwissens nicht in Betracht kommt.

27. Als weiteres Zwischenergebnis ist somit festzuhalten: Das Unterbinden von Flugreisen mit dem dadurch angestrebten Ziel, das Weltklima möglicherweise positiv beeinflussen zu können, ist für einen Gesetzgeber ethisch vertretbar nicht möglich.

28. Mit dieser Feststellung, die lediglich gesetzgeberisch tätige Menschen betrifft, ist indes nichts darüber gesagt, wie sich handelnde individuelle Menschen im Übrigen verhalten können oder sollen, deren konkrete eigene Handlung nicht darauf gerichtet ist, für andere mit staatlichem Autoritätsanspruch handlungsanweisende Normen und Gesetze zu formulieren. Für diese Fallkonstellation ist zu fragen: Ist das Unterlassen von Flügen für Individuen – ohne gesetzliche Regelanordnung dazu – möglicherweise freiwillig geboten oder wenigstens sinnvoll?

Diese Frage lässt sich nur beantworten, wenn ein valides Vergleichspaar zur Betrachtung und Beurteilung aus

(a) Situationen mit Flug und

(b) Situationen ohne Flug

gebildet und untersucht wird.

Dass ein Mensch überhaupt in Gestalt eines Fluges handelt, findet seine Ursache wiederum in einer individuellen Zielerreichungsdisposition auf Basis einer individuellen Lageerkenntnis und Nutzenabwägung: Niemand fliegt von A nach B, wenn er sich dadurch per Saldo schlechter stellen würde. Die bloße Tatsache, dass der Flug ernstlich in Erwägung gezogen wird, indiziert bereits die Vermutung des Handelnden, ohne den Flug nachteiliger zu stehen als mit ihm.

Das ethische Postulat, den eigenen Kohlendioxidausstoß zu reduzieren, bedeutet daher, die flugbedingte Kohlendioxidproduktion in die eigene Abwägung mit einzubeziehen. Zu fragen ist also, ob der abstrakte Vorteil einer positiven Klimabeeinflussungschance den konkret greifbaren Vorteil der in Rede stehenden Flugreise übersteigt.

29. Um den möglichen Einfluss auf das Weltklima als positiv erkennen zu können, falls eine bestimmte Kohlendioxidproduktion unterbleibt, muss das erreichbare Ziel dieser Handlungsvariante umrissen werden. Zu fragen ist: Erreiche ich durch meinen insgesamt unterstellten Einfluss auf das Weltklima dann einen Vorteil für dieses insgesamt, wenn ich auf eine mir selbst im Übrigen vorteilhafte Flugreise verzichte? Diese Frage kann nur dann mit »Ja« beantwortet werden, wenn ein der Welt definitiv günstiges Klimaziel dezidiert bestimmt und gezielt angestrebt werden kann.

Da indes bereits sicher feststeht, dass sich das Weltklima historisch immer wieder verändert hat, spricht mindestens eine erste Vermutung dagegen, dass ein unverändertes Klima, das heißt eine sogenannte Klimastabilität, als ein menschenunabhängig vorgegebener Naturzustand angesehen werden könnte. Mithin spricht wiederum mindestens eine Vermutung dafür, dass eine Klimastabilität zum Erhalt der natürlichen Gegebenheiten nicht ohne Weiteres erstrebenswert ist. Anders gesagt: Finde ich einen Zustand der Natur vor, in dem Änderungen den Regelfall darstellen, so kann ich diesen Ursprungszustand nicht dadurch erhalten, dass ich nun Handlungen entfalte, die – abweichend vom Urzustand – künftig anstelle seines Wandels seine Stabilität bewirken.

Das Handeln in äquivalenten, erst recht aber in adäquaten Kausalitäten ist folgerichtig nicht möglich (!). Zurechnungsfragen lassen sich hier nicht mehr intellektuell redlich beantworten.

30. Dies führt im hiesigen Kontext zu folgender Schlusserkenntnis: Wir wissen nicht, in welchem Maße anthropogene Kohlendioxidproduktion sich bislang auf die abstrakt und aktuell feststellbare Gestalt des Weltklimas kausal ausgewirkt hat.

Wir wissen folglich nicht, in welchem Maße ein Unterlassen dieser Emissionen künftig Einfluss nehmen kann.

Wir wissen nicht, welches Klimaziel für alle Menschen das richtige ist und mit welchen Mitteln wir ein solches konkretes Klimaziel sicher oder überwiegend wahrscheinlich erreichen könnten.

Wir wissen nicht, ob dieses Klimaziel insgesamt Auswirkungen hervorruft, die sich im Vergleich zu der Situation, die entstehen wird, wenn alle Anstrengungen statt in eine Reduktion von Kohlendioxidemissionen in davon unabhängige Zweckverfolgungen investiert werden, als gesamthaft positiver darstellen würde.

Das Streben nach einem Ziel, dessen potenzielle Sinnhaftigkeit auf Modellszenarien beruht, die ihrerseits auf unsicheren Annahmen basieren und somit die Tendenz haben, unrichtige Prognosen zu liefern, bei gleichzeitigem Verzicht auf konkret erreichbare Vorteile, ist ethisch nicht zu legitimieren. Dies gilt sowohl für den Einzelnen als auch – erst recht – für einen Regelgeber. Die Anordnung von Flugverboten oder von Flugbeschränkungen zur Steuerung des Weltklimas ist daher ethisch nicht zu rechtfertigen.

3. Schluss

Der frühere US-Verteidigungsminister Donald Rumsfeld sagte am 12. Februar 2002 auf einer Pressekonferenz:

> »There are known knowns; there are things we know we know. We also know there are known unknowns; that is to say we know there are some things we do not know. But there are also unknown unknowns – there are things we do not know we don't know.«

Meine eigene Übertragung ins Deutsche:

> Es gibt bewusstes Wissen, das heißt Dinge, von denen wir wissen, dass wir sie wissen. Und es gibt bewusstes Unwissen; mit anderen Worten: Wir wissen, dass wir bestimmte Dinge nicht wissen. Aber es gibt auch das nicht bewusste Unwissen – Dinge also, von denen wir nicht wissen, dass wir sie nicht wissen.

4. Weiterführende Literatur

Die vorstehenden Verweise auf Dörner und Gigerenzer beziehen sich auf die Werke:

Dietrich Dörner: *Die Logik des Misslingens – Strategisches Denken in komplexen Situationen*, Hamburg 1992, erweiterte Neuausgabe 2003.

Gerd Gigerenzer: *Risiko – Wie man die richtigen Entscheidungen trifft*, München, 6. Auflage, 2014.

Teil 7

Corona-Tyrannei

BERNHARD PICHLER

Tod durch Coronavirus – Eine Wahrscheinlichkeitsrechnung

1. Fragestellung

Wir leben im Zeitalter der totalen Corona-Panik, die sowohl unsere Wirtschaft als auch unser Alltagsleben massiv beeinflusst und lahmlegt. Nachdem wir also ständig mit Warnungen, Regulierungen, Verboten und sogar Hausarresten zwangsbeglückt wurden, bietet es sich an, die Wahrscheinlichkeit zu berechnen, an einem Coronavirus zu erkranken und daran zu sterben. Die präzise Frage, die hier näher untersucht werden soll, lautet: »Wie wahrscheinlich ist es, sich als gesunder Mensch mit dem Coronavirus zu infizieren und daran zu sterben?«

Um diese Frage zu klären und die Wahrscheinlichkeit dafür zu berechnen, bedienen wir uns im Wesentlichen offiziell statistisch belegter Zahlen und lassen uns vom Ergebnis überraschen.

Dieser Artikel zeigt die Wahrscheinlichkeit sich mit dem Coronavirus zu infizieren und daran zu sterben. Basis sind Zahlen vom 28. März 2020 und 13. Dezember 2020.

2. Infektion

Die Wahrscheinlichkeit, sich mit dem Coronavirus zu infizieren, liegt laut der deutschen Kanzlerin Angela Merkel zwischen 60 und 70 Prozent.[1] Diese hohe Zahl wird auch von Christian Drosten, Direktor des Instituts für Virologie an der Charité in Berlin, genannt.[2] Obwohl diese Einschätzung zwar sehr hoch erscheint und es zahlreiche Mediziner gibt, die eine wesentlich niedrigere Schätzung abgeben, werden wir diesen Wert in dieser Untersuchung so uneingeschränkt übernehmen. Das ergibt also einen Wahrscheinlichkeitsfaktor von 0,7.

1. Wahrscheinlichkeit: 0,7

3. Sterben

Wie wahrscheinlich ist es nun, im Falle einer Infektion mit dem Virus auch daran zu sterben? Sehen wir uns dazu die offiziellen Zahlen vom Robert Koch-Institut an, das für ganz Deutschland eine Statistik führt, wie viele infizierte Personen gemeldet sind und wie viele »Corona-Tote« bekannt sind. Diese Zahlen werden pro Bundesland und kumuliert auch für Gesamtdeutschland angeführt. Mit Stand 28. März 2020, also zum Höhepunkt der »ersten Welle«, sind die Zahlen auf der Seite für Deutschland wie folgt: Gemeldete Personen mit Coronavirus infiziert: 48 582, davon »Corona-Tote«: 325.[3]

Daraus ergibt sich also eine Wahrscheinlichkeit von 325/48 582 =0,00668972. 2. Wahrscheinlichkeit: 0,00668972. Am 13. Dezember 2020, also auf dem vorläufigen Höhepunkt der sogenannten zweiten Welle und nur wenige Tage vor dem vor Weihnachten beginnenden harten Lockdown in Deutschland, zeigt ein erneuter Blick auf die Zahlen: 1 320 716 positiv auf Corona getestete Personen und 21 787 daran verstorbene Personen (Quelle: RKI). Das ergibt eine Wahrscheinlichkeit von 0,0165.

4 Vorerkrankungen

Nun ist aber offiziell bekannt, dass als Corona-Tote all jene Verstorbenen gelten, die zum Todeszeitpunkt mit dem Virus infiziert waren, unabhängig davon, ob das Virus die Todesursache war oder nicht. Wenn man also beispielsweise an Herzversagen gestorben ist und zudem positiv auf das Coronavirus getestet wurde (auch post mortem), gilt man statistisch gesehen als »Corona-Toter«, also als einer der 325 in Deutschland registrierten Fälle. Die Fragestellung lautet aber: »Wie wahrscheinlich ist es, sich als *gesunder Mensch* mit dem Coronavirus zu infizieren und daran zu sterben?« Diese statistische Vereinheitlichung der »Corona-Toten« wird übrigens in allen Ländern so vorgenommen, also auch in Österreich, Italien usw. Eine Aufschlüsselung dieser Statistik zeigt jedoch, dass lediglich 0,8 Prozent aller Corona-Toten ausschließlich an Corona erkrankt waren, alle anderen Fälle hatten mindestens eine, die meisten aber mehrere Vorer-krankungen.[4]

Bei den verbliebenen 0,8 Prozent ist allerdings nicht bekannt, ob es sich nicht einfach um Personen handelt, die an Altersschwäche eines natürlichen Todes verstorben sind. Wir übernehmen hier aber diese Wahrscheinlichkeit so, wie sie offiziell in der Statistik angeführt ist.

3. Wahrscheinlichkeit: 0,008

5. Testverfahren

Bei der Ermittlung der Corona-Opfer muss die Genauigkeit des Test-verfahrens ebenso berücksichtigt werden. Die Testverfahren auf eine Corona-Infektion sind allerdings keinesfalls so eindeutig, wie man das meinen möchte. Eine wissenschaftliche Untersuchung, die im U. S. National Center for Biotechnology Information bzw. der U. S. National Library of Medicine veröffentlicht wurde, zeigt, dass die falsch-positive Rate der positiven Ergebnisse bei 80,33 Prozent liegt. Die Studie wird gestützt durch die Basisfall-Ergebnisse, die eine falsch-positive Rate der Ergebnisse mit über 47 Prozent angibt. Das Resümee der Studie besagt, dass mindestens 50 Prozent oder mehr der positiv getesteten Corona-positiv-Testergebnisse falsch sind,[5] also eine Wahrscheinlichkeit von 0,5. Das bedeutet, dass 50 Prozent der »Corona-Toten«, also verstorbenen Personen, die positiv auf Co-rona getestet wurden, gar nicht mit Corona infiziert waren.

4. Wahrscheinlichkeit: 0,5.

Die Ungenauigkeit der Testverfahren hat aber noch eine weitere Kon-sequenz: Je mehr Tests durchgeführt werden, desto mehr »Infizierte« werden festgestellt – unabhängig davon, ob die Menschen wirklich infiziert sind oder nicht. Das heißt also, wenn Regierungen Zwangs-maßnahmen und Kontrollmechanismen aufgrund von Corona durchsetzen wollen, müssen sie lediglich umfangreiche Tests durch-führen – aufgrund der falsch-positiven Rate wird man immer neue »Corona-Herde« finden. Daher sollte es auch nicht verwundern, dass

Regierungen die Testrate ständig in die Höhe treiben wollen. Mit den Ergebnissen, die ja vorab schon feststehen, können sie alle ihre Maßnahmen begründen.

6. Zwischenergebnis

Schauen wir uns nun das Zwischenergebnis an. Anhand der bisherigen Zahlen lässt sich an dieser Stelle folgende Wahrscheinlichkeit errechnen, sich als gesunder Mensch mit einem Coronavirus zu infizieren und daran zu sterben:

$$0{,}7 \times 0{,}00668972 \times 0{,}008 \times 0{,}5 = 0{,}00001873121$$

Ergebnis 1 in Prozent: 0,00187 Prozent

In Worten formuliert: »Die Wahrscheinlichkeit, sich als gesunder Mensch mit Corona zu infizieren und daran zu sterben liegt bei 0,00187 Prozent!«

Ersetzt man in der Berechnung die zweite Wahrscheinlichkeit vom 28. März 2020 (0,00668972) mit der aktualisierten Zahl vom 13. Dezember 2020 (0,0165), so erhält man das Ergebnis von: 0,0000462. In Prozent: 0,00462.

7. Ergänzung

Dieses Ergebnis wird hier – sagen wir zum Spaß oder einfach deshalb, weil wir aufgrund der Zwangsverordnungen ausreichend Zeit haben – um einen weiteren, etwas spekulativen Faktor ergänzt. Denn schließlich wird sogar von Ärzten bezweifelt, dass die anscheinend zahlreichen Todesfälle allein auf das Coronavirus zurückzuführen sind.[6]

Immer mehr Mediziner, darunter auch Virologen und Universitätsprofessoren, behaupten, dass die derzeitigen Maßnahmen extrem überzogen sind, und warnen zugleich vor gesundheitsgefährdenden Folgen als Resultat davon. Stellvertretend für die zahlreichen kritischen Stimmen von Ärzten wird hier der Internist Claus Köhnlein genannt und durch seine Aussagen herangezogen. Laut Köhnlein liegt eine der Gefahren darin, dass Corona-Patienten eine extreme Übermedikation erhalten, die das Immunsystem des Körpers zum Kollabieren bringt. Seiner Einschätzung zufolge hat die Überdosierung der pharmazeutischen Medikationscocktails auch jüngere Menschen, die ansonsten gesund waren, das Leben gekostet.[7]

Da es für diese Argumentation, und mag sie noch so plausibel klingen, weder exakte noch annähernde Zahlen gibt, bleibt hier eine reine Schätzung übrig. Deshalb ist dieser Punkt auch als zusätzliche »Ergänzung« angeführt, die man so glauben mag oder auch nicht. Nehmen wir einfachheitshalber eine Wahrscheinlichkeit von 0,5, die aufgrund der Argumentation von Köhnlein als glaubwürdig erscheint. Zur Klarstellung: Dieser letzte Punkt unterliegt nicht mehr der Prämisse »offiziell anerkannter Zahlen«.

5. Wahrscheinlichkeit: 0,5 (geschätzt)

Ergänzen wir also abschließend das erste Ergebnis mit der geschätzten (aber plausiblen) 5. Wahrscheinlichkeitsquote. Et voilà:

Wir haben eine Wahrscheinlichkeit von
$0,00001873121 \times 0,5 = 0,0000093656$

In Prozent ausgedrückt:
Ergebnis 2 in Prozent: 0,0009366 Prozent

Ob das letzte Argument in der Wahrscheinlichkeitsgleichung Berücksichtigung finden sollte, kann jeder für sich entscheiden. Das Argument scheint aber ausreichend interessant, um zumindest angeführt werden zu können, unabhängig davon, welchen Schluss jeder daraus zieht.

8. Resümee

Die Fragestellung über die Wahrscheinlichkeit, sich als gesunder Mensch mit dem Coronavirus zu infizieren und daran zu sterben, liefert ein Ergebnis, das zwischen 0,00187 Prozent und 0,0009366 Prozent liegt. Das heißt andersherum, die Wahrscheinlichkeit als gesunder Mensch nicht am Coronavirus zu erkranken und daran zu sterben, liegt zwischen 99,99813 und 99,9990634 Prozent.

Zum Vergleich: Im Jahr 2019 sind in Deutschland laut ADAC 3059 Menschen im Straßenverkehr gestorben.[8] Bei einer Einwohnerzahl von 83 019 213[9] ergibt das eine Wahrscheinlichkeit von 1 zu 27139, also 0,000036847 bzw. in Prozent: 0,00368 Prozent.

Nimmt man also das etwas spekulative Ergebnis der zweiten (ergänzten) Wahrscheinlichkeitsrechnung, ist es nahezu viermal so wahrscheinlich (exakt: 3,9-mal), dass ein gesunder Mensch im Straßenverkehr stirbt, als dass er am Coronavirus erkrankt und zu Tode kommt. Nach dem ersten Zwischenergebnis, das Schätzungen ausspart, ist es »lediglich« fast doppelt so gefährlich (exakt: 1,96-mal), als gesunder Mensch im Straßenverkehr zu sterben als an einer Infektion mit Corona.

Das heißt also: Jeder, der aus Angst vor dem Coronavirus zu Hause bleibt, sollte konsequenterweise auch nie wieder am Straßenverkehr teilnehmen, da die Wahrscheinlichkeit, im Straßenverkehr zu verunglücken, mindestens doppelt so hoch ist, wie durch eine Infektion mit Corona seine Tage zu beenden.

Wie gefährlich ist jedoch eine Infektion mit dem Virus für Menschen mit Vorerkrankung? Das kann nicht eindeutig beantwortet werden, man darf aber schätzen: genauso gefährlich wie jedweder andere grippale Infekt. Jede Krankheit kann für gesundheitlich schwer angeschlagene Menschen das sogenannte Zünglein an der Waage sein – womöglich auch Corona, die Wahrscheinlichkeit dafür ist aber offensichtlich nicht höher.

9. Anmerkung zur Maskenpflicht

Menschen daran zu hindern, wirtschaftlich aktiv zu sein, ist ein Eingriff in die persönlichen Freiheitsrechte. Aber auch der Zwang, Masken zu tragen, verletzt nicht nur die persönlichen Freiheitsrechte, sondern zugleich die grundlegenden Eigentumsrechte. (Wir erinnern uns:»Mein Körper gehört mir.«)

Abgesehen von der Verletzung von Persönlichkeitsrechten, ist eine Maskenverordnung auch mit Logik nicht zu erklären, denn: Würde das Tragen von Masken wirklich einen Schutz vor dem Virus bieten, wären alle Menschen automatisch geschützt, die eine Maske tragen. Man muss also aus Selbstschutz andere nicht verpflichten, ebenso eine Maske zu tragen, diese Personen würden ja für Maskenträger ohnehin kein Risiko darstellen (sie sind ja durch die eigene Maske geschützt).

Die Gruppe der Maskenverweigerer würde also nur im Selbstrisiko handeln, dieses muss ihnen aber im Sinne der Eigenverantwortung gewährt bleiben, so wie es Menschen erlaubt ist, Extremsport zu betreiben oder beispielsweise in ein Malariagebiet zu reisen.

Hinzu kommen die psychologischen Aspekte, die durch eine Maskenverordnung Stress und Unsicherheit auslösen und dadurch negative gesundheitliche Folgen verursachen können.

Tatsächlich ist das Tragen von Stoffmasken aus medizinisch-virologischer Sicht nutzlos, so erklären Fachmediziner:

▸ »Punkt 1) Es gibt keinen wissenschaftlichen Beleg dafür, dass symptomfreie Menschen ohne Husten und Fieber die Erkrankung verbreiten.

▸ Punkt 2) Einfache Masken halten die Viren nicht zurück, gerade wenn man hustet.

▸ Punkt 3) Sie schützen bekanntermaßen auch nicht vor Ansteckung. Größe Coronavirus: 160 Nanometer (0,16 Mikrometer), Größe »Poren« in einfachen Baumwollmasken: 0,3 Mikrometer. Sie fliegen durch herkömmliche Masken oder Mund-Nase-Bedeckung aus Stoff durch wie durch ein offenes Fenster.

Durch die Empfehlung der Bundesregierung, Masken zu tragen, glauben viele ältere Menschen, dass diese einen Schutz bietet und dass es sinnvoll sein muss. Doch ganz im Gegenteil, das Tragen einer Maske birgt ernste gesundheitliche Risiken, insbesondere für Menschen mit Lungenerkrankungen, Herzschwäche, aber auch für Patienten mit Angst- und Panikstörungen.

Selbst die WHO gab klar zu verstehen, dass das generelle Tragen von Masken in der Öffentlichkeit keinen Zweck erfüllt.«[10]

Menschen dazu zu zwingen, Masken zu tragen, ist also nicht nur nutzlos, sondern birgt zudem ein medizinisches Risiko. Auf jeden Fall ist es ein Eingriff in die Freiheitsrechte der Menschen.

10. Quellen

ADAC: »Verkehrstote 2019: Weniger Menschen bei Unfällen gestorben«, 27. Februar 2020, *https://www.adac.de/news/bilanz-verkehrstote/.*

Bloomberg: »99% of Those Who Died From Virus Had Other Illness, Italy Says«, 18. März 2020, *https://www.bloomberg.com/news/articles/ 2020-03-18/99-of-those-who-died-from-virus-had-other-illness-italy-says.*

BZ-Berlin: »Merkel zum Coronavirus: ›60 bis 70 Prozent werden sich infizieren‹«, *https://www.bz-berlin.de/deutschland/ merkel-zum-coronavirus-60-bis-70-prozent-werden-sich-infizieren.*

Der fehlende Part: Dr. med. Claus Köhnlein im Interview: »Die Wahrheit über Corona: ›Die Epidemie, die nie da war‹«, 20. März 2020 auf Youtube, *https://www.youtube.com/watch?v=RUXb_u3Gv18.* (Das Video wurde inzwischen gelöscht.)

National Center for Biotechnology Information: »Potential false-positive rate among the 'asymptomatic infected individuals' in close contacts of COVID-19 patients«, 05. März 2020, *https://www.ncbi.nlm.nih.gov/ pubmed/32133832?fbclid=IwAR0XkNgFn8JzZCLVMawhnx7irbd_ -MPcCHgJLRGqLSbrlAZpO5I_quO8T-k.*

ORF: »Italien: Arzt bezweifelt CoV als Todesursache«, 10. März 2020, *https://noe.orf.at/stories/3038269/.*

Reiss, Karina / Bhakdi, Sucharit: *Corona Fehlalarm? Zahlen, Daten, Hintergründe,* 4. Auflage, Goldegg Verlag, 2020.

Robert Koch-Institut: »COVID-19: Fallzahlen in Deutschland und weltweit. Fallzahlen in Deutschland«, Stand: 28. März 2020, 00:00 Uhr, *https://www. rki.de/DE/Content/InfAZ/N/Neuartiges_Coronavirus/Fallzahlen.html.*

RP Online: »Virologe rechnet mit hoher Infiziertenzahl bei Coronavirus«,
28. Februar 2020, *https://rp-online.de/panorama/deutschland/coronavirus-virologen-rechnen-mit-60-bis-70-prozent-infizierten_aid-49280275.*

Wikipedia: »Deutschland«, *https://de.wikipedia.org/wiki/
Deutschland#cite_note-Bev%C3%B6lkerungsstand-2.*

Wikipedia: »Worldometers«, *https://en.wikipedia.org/wiki/Worldometer.*

Worldometers, *https://www.worldometers.info/coronavirus/#countries.*

Online- und Grafikquellen wurden am 8. Januar 2021 aufgerufen.

11. Anmerkungen

1. *BZ-Berlin:* »Merkel zum Coronavirus: ›60 bis 70 Prozent werden sich infizieren‹«, *https://www.bz-berlin.de/deutschland/
merkel-zum-coronavirus-60-bis-70-prozent-werden-sich-infizieren.*
2. *RP Online:* »Virologe rechnet mit hoher Infiziertenzahl bei Coronavirus«, *https://rp-online.de/panorama/deutschland/coronavirus-virologen-rechnen-mit-60-bis-70-prozent-infizierten_aid-49280275.*
3. Robert Koch-Institut: »COVID-19: Fallzahlen in Deutschland und weltweit. Fallzahlen in Deutschland«, *https://www.rki.de/DE/Content/
InfAZ/N/Neuartiges_Coronavirus/Fallzahlen.html.*
4. Bloomberg: »99% of Those Who Died From Virus Had Other Illness, Italy Says«, *https://www.bloomberg.com/news/articles/2020-03-18/
99-of-those-who-died-from-virus-had-other-illness-italy-says.*
5. National Center for Biotechnology Information: »Potential false-positive rate among the 'asymptomatic infected individuals' in close contacts of COVID-19 patients«, *https://www.ncbi.nlm.nih.gov/pubmed/32133832?fbcl
id=IwAR0XkNgFn8JzZCLVMawhnx7irbd_-MPcCHgJLRGqLSbrlAZpO5I_
quO8T-k.*
6. ORF: »Italien: Arzt bezweifelt CoV als Todesursache«, *https://noe.orf.at/stories/3038269/.*
7. Der fehlende Part: Dr. med. Claus Köhnlein im Interview: »Die Wahrheit über Corona: ›Die Epidemie, die nie da war‹«, *https://www.youtube.com/
watch?v=RUXb_u3Gv18.* (Dieses Video wurde inzwischen gelöscht.)
8. ADAC: »Verkehrstote 2019: Weniger Menschen bei Unfällen gestorben«, *https://www.adac.de/news/bilanz-verkehrstote/.*
9. *Wikipedia:* »Deutschland«, *https://de.wikipedia.org/wiki/
Deutschland#cite_note-Bev%C3%B6lkerungsstand-2.*
10. Mit weiteren Nachweisen: Katarina Reiss / Sucharit Bhakdi:
Corona Fehlalarm? Zahlen, Daten, Hintergründe, (2020), S. 64 f.

VERA LENGSFELD

Meinungsfreiheit in Zeiten der Corona-Krise

1. Gibt es Meinungsfreiheit in Deutschland?

Um es gleich am Anfang zu sagen: Es gibt Meinungsfreiheit in Deutschland, aber sie steht nur noch auf dem geduldigen Papier, auf dem unser Grundgesetz gedruckt ist. Das war in der DDR auch so. Art. 27 der DDR-Verfassung begann mit dem Satz: »Jeder Bürger der DDR hat das Recht, seine Meinung frei und öffentlich zu äußern.« Der Pferdefuß war in einem Nebensatz versteckt und lautete: »Im Rahmen dieser Verfassung«. Dieser Rahmen erwies sich als sehr eng, wie ich selbst mehrfach erfahren habe, am krassesten, als ich im Januar 1988 versuchte, mit einem Plakat, auf dem dieser Satz stand, an einer von der SED organisierten Demo teilzunehmen, die zu Ehren von Rosa Luxemburg veranstaltet wurde, der wir den Satz verdanken: »Freiheit ist immer die Freiheit der Andersdenkenden.«

Auf meinem Transparent stand der Anfang von Art. 27 der Verfassung der DDR: »Jeder Bürger der DDR hat das Recht, seine Meinung frei und öffentlich zu äußern.« Dieser Satz brachte mich ins Stasigefängnis nach Hohenschönhausen. Als die DDR unterging, war ich der Überzeugung, im neuen Deutschland würde ich nie wieder Probleme mit der Meinungsfreiheit bekommen. Das war leider ein Irrtum. Im Jahr 2020, dem 30. Jahrestag der Vereinigung, ist die Meinungsfreiheit in Deutschland praktisch abgeschafft.

Wer sich in Deutschland im Jahr 2020 mit einem Grundgesetz in der Hand auf einen öffentlichen Platz stellt, wird von der Polizei aufgefordert, das zu unterlassen. Auch allein entfalte man mit dem Grundgesetz in der Hand »Versammlungscharakter« – und Versammlungen sind zu Corona-Zeiten wegen der Ansteckungsgefahr verboten. So geschehen in Berlin, wo, wie auch an anderen Orten, Grundgesetze, die öffentlich zum Mitnehmen ausgelegt waren, von der Polizei eingesammelt wurden. Sich auf das Grundgesetz zu berufen ist fast so gefährlich, wie damals in der DDR mit der Verfassung zu argumentieren. Nur Gefängnis droht noch nicht. Dafür gab es in Sachsen bereits Überlegungen, Kritiker, genannt »Corona-Leugner«, in Irrenanstalten zu sperren. Nicht zur Behandlung, wie die Sächsische Staatsregierung schnell beteuerte, sondern zum zeitweiligen Aufenthalt. Nur geharnischter öffentlicher Protest hat verhindert, dass der Plan zur Ausführung kam.

Abgesehen von diesem Extrem wird jeder Abweichler von den politisch korrekten Vorgaben der Meinungsmacher in Politik und Medien, jede Kritik an der Regierungspolitik inzwischen unter Kuratel gestellt. Das geht bis hin zu der totalitären Forderung, Kritikern die Grundrechte nach Art. 18 GG zu entziehen, wie jüngst der Ex-Generalsekretär der CDU Peter Tauber gefordert hat und Innenminister Horst Seehofer jetzt »prüfen« will. Dass beide damit keineswegs wirkliche Verfassungsfeinde, sondern Verteidiger von Demokratie und Rechtsstaat meinen, zeigt schon die Aufzählung Taubers, der Mitglieder seiner eigenen Partei genannt hat. Sein Vorgänger im Amt des Generalsekretärs, Ruprecht Polenz, hat sogar zu »Säuberungen« in der Partei aufgerufen und sich damit in stalinistische und maoistische Traditionen gestellt.

Wirklich beunruhigend ist aber, dass aus der Union kein Widerspruch kam. Damit ist klar, dass die Union als Korrektiv zu rot-rotgrünen antidemokratischen Bestrebungen ausfällt.

Je mehr die Meinungsfreiheit eingeschränkt wird, desto stärker wird der Einsatz der deutschen Politik und der deutschen Medien für Meinungsfreiheit außerhalb Deutschlands. Journalisten und Politiker überbieten sich mit Bekenntnissen und Forderungen von Meinungs- und Pressefreiheit in der Türkei, in Ungarn, in Polen oder in Russland. Wie scheinheilig diese Bekenntnisse jedoch in der Realität sind, erkennt man schon daran, dass China nicht kritisiert wird, wenn es dabei ist, die Meinungsfreiheit in Hongkong gewaltsam zu unterdrücken.

Für die Medien typisch war ein Kommentar von Georg Restle vom WDR in den *Tagesthemen*. Nach der Anrede: »Liebe Türken in Deutschland« (sic!) verurteilte Restle die Abschaffung der Pressefreiheit und die Verfolgung von Andersdenkenden in der Türkei. Er kenne viele Türken und Kurden, in Deutschland und in der Türkei, die sich nicht mehr trauten, offen auszusprechen, was sie dächten. In der Türkei könne man den Job verlieren, wenn man sich frei äußerte.

»Freiheit nur für die Anhänger einer Regierung, nur für die Mitglieder einer Partei ist keine Freiheit, Freiheit ist immer die Freiheit der Andersdenkenden«. Dieser Satz von Rosa Luxemburg gilt universell.

Nur nicht mehr in Deutschland.

Heute weiß praktisch niemand mehr, dass dieser zu Lebzeiten Luxemburgs nicht veröffentlichte Satz nur die Freiheit innerhalb der eigenen kommunistischen Klientel meinte. Aber genau da sind wir wieder, nur dass die Klientel heute eine bunte ist.

Was mich verblüfft hat, ist, wie sehr die Kritiker der Türkei, Ungarns, Russlands oder Polens die Missstände im eigenen Land übersehen. Sie sehen den Splitter im Auge der anderen, übersehen aber den Balken im eigenen Auge.

An der Spitze der Scheinheiligen steht Kanzlerin Merkel, die 2019 in einer Aschermittwochsrede Respekt vor der Meinung des anderen einforderte und behauptete, »wir« seien stolz darauf, streiten zu können. Büttenreden sollen die Karnevalisten zum Lachen bringen. Ich weiß nicht, ob jemand bei diesen Worten der Kanzlerin gelacht hat. Wenn, muss dieses ihm im Hals stecken geblieben sein, spätestens, wenn er sich erinnerte, dass gerade in Merkel-Deutschland nicht mehr diskutiert, sondern auf Linie gebracht wird.

2. Verschärfungen in Zeiten der Corona-Krise

In Zeiten der Corona-Krise wurde die Meinungsfreiheit offen unter Kuratel gestellt. Wer auch nur den geringsten Zweifel an der Regierungspolitik anmeldete, musste sich warm anziehen. Verschwörungstheoretiker, Rechter, Irrer, das waren die meist gebrauchten Bezeichnungen für Andersdenkende, dicht gefolgt von Nazi, was besonders häufig in den sozialen Netzwerken auftauchte. Aber natürlich will man nicht zugeben, dass die Meinungsfreiheit abgeschafft wurde.

Eine beliebte rhetorische Figur der Propaganda gegen die Meinungsfreiheit ist, dass Menschen, die doch frei in der Öffentlichkeit ihre Meinung äußern und beklagen, es gäbe keine Meinungsfreiheit, sich selbst widersprächen und damit lächerlich machten.

Ja, man kann noch sagen, was man will, wenn man den Mut dazu aufbringt. Aber dann muss man damit rechnen, wie es einem Arzt in Sachsen-Anhalt passiert ist, dass der Deutschlandfunk bei der Leitung der Klinik, in der er beschäftigt ist, anruft und um Stellungnahme bittet, was die Leitung von seinen Aktivitäten hält. Oder der DLF nennt eine protestierende Ärztin in ihrer Heimatstadt bei vollem Namen, sodass jeder googeln kann, wo sich ihre Praxis befindet.

Was könnten die Motive des DLF für ein solches Vorgehen sein: Tut er das, damit es einen Besuch der Antifa bei der Ärztin gibt? Oder politisch-korrekte Patienten fernbleiben?

Das sind handfeste Versuche von Medien, die mit den Zwangsgebühren der Bürger finanziert werden, die Meinungsfreiheit abzuwürgen!

3. Die Feinde der Meinungsfreiheit

Bei der Unterdrückung der Meinungsfreiheit spielt die Antifa eine immer größere Rolle.

Das musste der Unternehmer Michael Ballweg in Stuttgart erfahren, der Technik für eine Querdenken-Demo zur Verfügung stellen wollte. Auf den LKW wurde ein Sprengstoffanschlag verübt, der nur zufällig kein Menschenleben kostete. Wenn die freien Medien nicht wären, hätte die Öffentlichkeit nichts von diesem Anschlag der Antifa erfahren. Die Mainstream-Presse berichtete erst davon, als das Verbrechen nicht mehr zu verschweigen war.

Ähnlich war es mit einer mörderischen Prügelattacke gegen Menschen, die zur Querdenken-Demo am 16. Mai 2020 gehen wollten. Einer davon, ein Daimler-Betriebsrat, der auch Mitglied der als politisch rechts denunzierten Gruppe »Zentrum Automobil« ist, die zu den traditionell eher linken Gewerkschaften in Konkurrenz steht, liegt noch heute im Koma.

Die Antifa hat inzwischen auf ihrer Plattform *Indymedia* eine Art Bekennerschreiben veröffentlicht, in dem wörtlich steht:

»Es geht uns mit körperlichen Angriffen darum, das öffentliche Auftreten der Faschisten soweit wie möglich zu unterbinden. Wir treiben den gesundheitlichen, organisatorischen und materiellen Preis dafür in die Höhe. Sie sollen mit Schmerzen, Stress und Sachschaden rechnen und dadurch möglichst isoliert, gehemmt, desorganisiert und abgeschreckt werden.«

Solche öffentlichen Gewaltankündigungen und Geständnisse erschrecken unsere Politiker und die staatstragenden Medien allerdings keineswegs. Es gab von deren Seite noch nie eine Forderung, die Antifa zu verbieten. Im Gegenteil, ihre Finanzierung soll »verstetigt« werden, wie es im Politikerdeutsch heißt. Renate Künast von den Grünen hat im Bundestag gefordert, dass die Antifa zuverlässig Geld bekommen soll, ohne lästige Projektanträge stellen zu müssen. Wozu die Antifa fähig ist, sahen wir in den vergangenen Monaten in den USA, wo sie in vielen Städten eine Spur von Verwüstung hinterließ.

Aber nicht der Terror der Antifa, angezündete Autos, zerbombte Lkw, zerstörte Büros, Anschläge auf Wohnhäuser und ins Koma geprügelte Menschen finden unsere Politiker und Medien erschreckend. Nein, erschreckend finden sie, dass die Identitären nach der Antifa-Prügelattacke auf dem Haus des Deutschen Gewerkschaftsbunds (DGB) in Stuttgart ein Banner anbrachten, das auf die Verbindung von DGB und Antifa hinwies. So etwas löst Verbotsforderungen bei der SPD aus, die zu dem ins Koma geprügelten Daimler-Betriebsrat schweigt. Auch Kanzlerin Merkel hat kein Wort über diese Gewalttat verloren. Diesmal hat die Antifa ja auch kein Stöckchen hingehalten, das eine angebliche Hetzjagd zeigt, sondern selbst den Knüppel geschwungen.

4. Freier Journalismus?

Angeblich soll es in Deutschland gefährlich für Journalisten sein, sich brav zum informellen Regierungssprecher zu machen. »Publizieren wird zur Mutprobe«, behauptet eine Studie der Uni Bielefeld. »Die Journalisten werden angegriffen, weil sie Journalisten sind. Der Hass richtet sich gegen den Berufsstand«, behauptet Studienleiter Zick. Wie aussagekräftig diese Studie ist, in der die absolute Mehrheit der angefragten Journalisten nicht geantwortet hat, sich also offensichtlich nicht bedroht fühlt, ist zumindest zweifelhaft. Von 1300 an Journalisten verteilten Fragebögen wurden lediglich 400 ausgefüllt.

Man hat in den überregionalen Medien jedenfalls noch nichts gehört von angezündeten Journalistenautos, zerstörten Journalistenbüros, auf offener Straße attackierten Reportern, beschmierten Wohnhäusern von Journalisten oder politisch motivierten Wohnungseinbrüchen bei Presseangehörigen.

Solche Erfahrungen bleiben den Mitgliedern der AfD vorbehalten. Diese müssen sogar damit leben, dass Linksradikale das Personal von Gaststätten oder Hotels bedrohen, die es noch wagen, ihnen Versammlungsmöglichkeiten zu bieten. Sie müssen es ertragen, dass ihre Nachbarschaft von linksradikalen »Aktivisten« per Handzettel im Briefkasten oder per Poster im Flur darüber »aufgeklärt« wird, neben einem Mitglied der AfD zu wohnen, mit der Aufforderung, sich zu »wehren«. Wie soll das eigentlich geschehen? Etwa indem der gerechte Bevölkerungszorn dafür sorgt, dass die Angeprangerten aus ihren Wohnungen geworfen werden? Oder indem man dafür sorgt, dass sie nicht mehr in Hotels unterkommen oder privat Restaurants besuchen? Wenn Lehrer erfahren, dass Eltern von Schülern bei der AfD sind, kommt es schon mal zu Aufforderungen, sich für seine Eltern zu schämen. Das ist Realität in Deutschland. Protest dagegen gibt es selten. Kein Journalist ist bisher auf die Idee gekommen, daran zu erinnern, dass die gegen die AfD praktizierten Methoden zum Handwerk der düstersten Zeit in unserer Geschichte gehören.

Im Gegenteil. Seit die AfD in den Bundestag eingezogen ist, fallen die letzten Schamschranken. Eine Journalistin des *Spiegel*, der sich einst das »Sturmgeschütz der Demokratie« nannte, forderte die Antifa per Twitter auf, zur »Handarbeit« gegen AfD-Politiker zu schreiten. Dieser Aufruf zur Gewalt erhielt keinen Widerspruch von der Mehrzahl der Mainstream-Journalisten. Inzwischen richtet sich die »Handarbeit« nicht nur gegen AfD-Mitglieder, sondern gegen Regierungskritiker jeder Couleur.

Doppelmoral ist inzwischen alltäglicher Standard in Deutschland.

5. Maas' Netzwerkdurchsetzungs- oder Zensurgesetz

Als er Justizminister war, hat Außenminister Heiko Maas den sogenannten »Hatespeech« per Gesetz verboten. Aber »Drecksäcke« kann man beruhigt sagen, wenn es gegen »Nazis« gerichtet ist. Nazi ist inzwischen jeder, der sich den politisch-korrekten Sprach- und Verhaltensregeln nicht beugt. Nazis sind auch alle, die bei der letzten Bundestagswahl die AfD gewählt haben, wobei die spannende Frage unbeantwortet bleibt, ob die eine Million Wähler, die von der CDU zur AfD gewechselt sind, schon vorher Nazis waren oder es erst wurden, als sie ihr fatales Kreuz auf dem Wahlzettel gemacht haben. Das trifft natürlich auch auf die Wähler zu, die ehemals SPD, Grüne oder Linke gewählt haben.

Den Willen, sich für die Freiheit der Andersdenkenden in Deutschland einzusetzen, vermisse ich bei den Politikern und Meinungsmachern unseres Landes. Wer auf die Website des Justizministeriums geht, kann bereits sehen, wie der nächste Angriff von Noch-Justizminister Maas auf die Meinungsfreiheit aussieht. Er wird dort zitiert mit: »Feinde der Demokratie muss der Staat nicht finanzieren. Wir nehmen die Andeutung des Bundesverfassungsgerichts zum Entzug der staatlichen Parteienfinanzierung sehr ernst.«

Der Satz gilt nicht für die Antifa, die großzügig aus dem 105-Millionen-Topf des Familienministeriums für den »Kampf gegen Rechts« finanziert wird. Nach der Gewaltorgie der Antifa in Hamburg, anlässlich des G20-Gipfels, war kurzzeitig eine Streichung der Mittel für die Antifa im Gespräch. Das war nur, um die Öffentlichkeit irrezuführen. Tatsächlich ist es nicht dazu gekommen. Die »Verstetigung« der Antifa-Finanzierung wird dagegen so sicher kommen wie das Amen in der Kirche.

Den besten Beweis dafür, wie schlecht es um die Meinungsfreiheit in Deutschland bestellt ist, ist das bereits erwähnte Maas'sche Zensurgesetz, das vom Kabinett Merkel bestätigt und im Bundestag durchgepeitscht wurde. Es schreibt drastische Strafen für die Betreiber sozialer Netzwerke vor, die gemeldete »Hass-Postings« nicht umgehend löschen. Dabei gibt es keine Prüfung mehr, ob es sich tatsächlich um strafwürdige Inhalte handelt. Kein Gericht ist mehr zwischengeschaltet. Der Betreiber muss selbst entscheiden, ob er löscht. Weil drastische Strafen von bis zu 50 Millionen Euro angedroht sind, gab es bereits Löschorgien, noch bevor das Gesetz in Kraft trat. Eine Klage dagegen hat unser Verfassungsgericht nicht angenommen, obwohl es erhebliche Bedenken gegen die Verfassungsmäßigkeit des Gesetzes gibt. Im Rechtsausschuss des Deutschen Bundestages hatten bei einer Anhörung sechs von zehn Experten die Verfassungsmäßigkeit des Gesetzentwurfs bezweifelt. In Kraft gesetzt wurde es trotzdem. Und das, obwohl feststeht, dass dieses Gesetz nicht europarechtskonform ist. Noch mehr: Es ist mit den Richtlinien der UNO nicht vereinbar.

Dieses Netzwerkdurchsetzungsgesetz, dessen Namen auch Justizminister Maas »bescheuert« fand, hat ihm eine Demütigung der Vereinten Nationen eingebracht. Die Kritik des Sonderbeauftragten der UN für die Meinungsfreiheit, David Kaye, war vernichtend. Das Gesetz wecke schwerwiegende Bedenken hinsichtlich seiner Eingriffe in die Meinungsfreiheit und des Rechts auf Anonymität. Insbesondere sieht der Sonderbeauftragte Verstöße gegen den Internationalen Pakt über bürgerliche und politische Rechte (UNO-Pakt II), den auch die Bundesrepublik ratifiziert hat.

Während es anerkannt sei, dass auch Unternehmen eine Verantwortung zur Wahrung der Menschenrechte haben, dürften »Zensurmaßnahmen nicht an private Rechtsträger delegiert werden«. Dies reflektiert exakt die Kritik, die auch hierzulande wiederholt laut wurde.

Indem der Gesetzesentwurf hohe Strafen (vorgesehen sind bis zu 50 Millionen Euro) für Zuwiderhandlungen vorsehe, könnte dies eine rechtswidrige Behinderung des Rechts auf freie Meinungsäußerung darstellen. Die Höhe der Strafen wecke auch Bedenken hinsichtlich der Verhältnismäßigkeit. Die Strafen könnten soziale Netzwerke dazu veranlassen, auch rechtmäßige Inhalte zu löschen. Dieses Risiko erscheine umso höher, als rigide Fristen von 24 Stunden bzw. 7 Tage für das Löschen vorgegeben seien. Dies könne zu einer Überregulierung führen, um Bußgelder zu vermeiden. Eine solche »vorbeugende Zensur« würde mit dem Recht kollidieren, Informationen aller Art im Internet zu suchen, zu erhalten oder weiterzugeben. Ferner, so der Sonderbeauftragte, habe er Bedenken wegen des Mangels an gerichtlicher Kontrolle hinsichtlich der auf die sozialen Netzwerke delegierten Pflicht zur Löschung.

»Die auf die privaten Unternehmen verlagerte Verantwortung, die Inhalte Dritter ohne gerichtliche Überprüfung zu entfernen, ist nicht mit den internationalen Menschenrechten vereinbar.« Viele Inhalte seien im Übrigen nur aus dem Kontext zu verstehen, den die sozialen Medien gar nicht selbst bewerten könnten.

6. Schwerverbrechen »Hass-Posting«

Was als »Hass-Posting« oder »Hassrede« gilt, wird stetig noch willkürlicher bewertet – für kritische Kommentare und Bemerkungen bleibt immer weniger Platz. Die Kampagne gegen das Lied *Marionetten* des populären Sängers Xavier Naidoo hat offenbart, dass inzwischen auch Kritik an Politikern dazugehört. Die »staatsfeindliche

Hetze« aus dem DDR-Strafrecht hat ihre demokratische Auferstehung erfahren.

Wer der ehemaligen Ministerpräsidentin von NRW, Hannelore Kraft, bescheinigt, die Ausstrahlung eines Toastbrotes zu haben, den trifft die volle Härte des Rechtsstaates, und er muss Tausende Euro Strafe zahlen. Vor Gericht findet sich wieder, wer aus Sicht der Internetüberwacher ein falsches Bild gelikt hat. Auch hier über 1000 Euro Strafe. Viel mehr Nachsicht kann man erwarten, wenn man einen Obdachlosen anzündet, eine 13-Jährige vergewaltigt oder seiner Ehefrau die Kehle durchschneidet, vorausgesetzt, man ist kein Biodeutscher. Wir haben in weiten Teilen eine Justiz, die anscheinend nach Gesinnung urteilt, was ein Merkmal von Diktaturen ist.

Allgemein ist derzeit deutlich zu erkennen, dass die Gewaltenteilung in Deutschland nicht mehr funktioniert. Die Medien kontrollieren nicht mehr die Regierung und die Staatsorgane, sondern bekämpfen die demokratische Opposition. Deutschland bewegt sich immer mehr im gleichen Takt. Wer ausschert, wird mindestens schief angesehen, aus der Gemeinschaft der Anständigen ausgeschlossen, öffentlich angeprangert und immer häufiger körperlich bedroht. Inzwischen ist die Antifa schon dazu übergegangen, Menschen auf offener Straße zu attackieren. Aber schlimmer und gefährlicher als diese Extremisten sind die »Eliten«, die sich klammheimlich oder offen über die Einschüchterung von politischen Konkurrenten freuen.

7. Ausblick

Deutschland 2020 ist nur noch auf dem Papier eine Demokratie, in der Praxis ähnelt es immer mehr einer Gesinnungsdiktatur.

Was ich beispielhaft an Deutschland erläutert habe, trifft auf ganz Westeuropa zu. Widerstand gibt es hauptsächlich in den ehemaligen Ostblockländern. Hier haben die Menschen vor einem Vierteljahrhundert die Freiheit unter Gefahr für Leib und Leben erkämpft. Sie sind offenbar sensibler für die Gefahren, die der Freiheit drohen. Ein Vierteljahrhundert nach dem Zusammenbruch des Ostblocks stehen wir wieder vor einer geschichtlichen Wahl: diesmal ist es der ideologische Eiserne Vorhang, den wir entweder erfolgreich abschaffen oder von dem wir versklavt werden.

Die Situation ist ernst, aber nicht hoffnungslos. Was den Menschen in der Friedlichen Revolution 1989/1990 gegen eine bis an die Zähne bewaffnete Militärmacht gelungen ist – nämlich ihr die Legitimation zu entziehen –, sollte gegen die Ideologen von heute auch möglich sein. Erforderlich ist dafür nur von genügend vielen Menschen die energische Einmischung in die eigenen Angelegenheiten.

BERNHARD PICHLER

Kreative Zerstörung als ökonomische Chance?

1. Derzeitige Situation: zentralistische Zerstörung

»Zerstörung« ist in der aktuellen Situation eines der zentralen Schlag-
wörter, denn es werden auf nahezu der ganzen Welt Freiheit und
Wirtschaft zerstört. Irgendwie fällt es in dieser außergewöhnlichen
Situation auch schwer, von einer »Krise« zu schwadronieren und somit den hierfür zuständigen Verantwortungsträgern das Wort zu reden, denn laut Wirtschaftslexikon[1] ist eine Krise per Definition die
Bezeichnung für einen plötzlichen und *unerwarteten Zusammenbruch* der Konjunktur. Wenn also alle Regierungssprecher und
Hauptstrommedien unaufhörlich den Begriff »Corona-Krise« in die
Köpfe der Menschen einzubringen versuchen, liegen sie falsch, denn
der Zusammenbruch kam nicht unerwartet – er wurde verordnet,
und zwar von der Regierung! Dies sowohl in Österreich als auch in
anderen Ländern, zumeist weltweit.

Die Begründung für diese Zwangsverordnungen ist klassisch,
nicht wörtlich, aber sinngemäß: »zum Wohle aller«. Diese Zwangsmaßnahmen erinnern an einen Ausspruch der deutschen Kanzlerin
Angela Merkel, die ihre Verordnungen in einer anderen dramati-
schen Angelegenheit einst ebenso als »alternativlos« bezeichnete. Jedoch kann jeder Mensch mit Verstand und nur ein klein wenig Le-
benserfahrung feststellen, dass der Begriff »alternativlos« in kaum
einer Entscheidungssituation zutreffend ist, sondern eher als ein Synonym für »kreativlos« zu bewerten ist – wenn nicht gar für »unwil-
lig« oder »befangen«.

Offensichtlich bleiben derzeit aber die zahlreichen Fachärzte, die
unzähligen Virologen, die bekannten Professoren an medizinischen
Fakultäten, die renommierten Gesundheitsjournalisten und realistischen Ökonomen ungehört, die von absolut überzogenen Maßnah-

men sprechen und dazu appellieren, diese schnellstmöglich aufzuheben. Denn diese Maßnahmen zerstören die Wirtschaft, und die Wirtschaft hat gegen die aktuell zerstörerisch vorgehende Staatsgewalt tatsächlich wenig Alternativen. Ähnliche staatliche Vorgehensweisen sind (historisch) bekannt aus (teilweise ehemaligen, teilweise aktuellen) kommunistischen, faschistischen und andersartig totalitären Regimen.

Die unterschwelligen Töne, wie sie von führenden Politikern in der EU und darüber hinaus zu beobachten sind, sollen uns jedoch exakt auf diese totalitäre Frequenz einschwingen: die Frequenz der »Anmaßung von Wissen«[2], folglich der »Anmaßung von Macht« und schließlich der »Anmaßung der Freiheitsbeschränkungen«.

In diesem Zusammenhang sollte man jedoch immer berücksichtigen, dass die Wirtschaft mit einem Pflänzchen zu vergleichen ist, das nur blühen und gedeihen kann, wenn es Licht, Dünger und Wasser hat, jedoch zugrunde geht, wenn man ihm den Nährboden entzieht. Was einem Pflänzchen Nährboden, Licht, Dünger und Wasser, ist der Wirtschaft die Freiheit. Carlos Gebauer formuliert: »Was dem Bürger Toilettenpapier und Nudeln, sind der Politik derzeit offenbar Kontaktverbot und Warenhausschließung.«[3]

Den Kern der Sache hat der Publizist und Rechtsanwalt Tassilo Wallentin punktgenau erkannt: »Es ist in der Politik die Rede davon, dass unsere Welt nach Corona nicht mehr dieselbe sein wird. Das stimmt so nicht: Nach Abklingen der Pandemie werden die Menschen ihr Leben im Wesentlichen so leben wie zuvor. Sie werden wieder arbeiten, reisen und essen gehen – ohne Einschränkung, sofern man sie lässt. Denn die Bedrohung liegt weniger in der medizinischen Gefährlichkeit von Corona. Die wahre Bedrohung liegt darin, dass das Virus der Politik als willkommener Vorwand dient, um unsere Grund- und Freiheitsrechte einzuschränken.«[4]

Vielleicht wollte Wallentin in seinem eben zitierten Artikel »Freiheit, die ich meine« auch eine Referenz auf den bereits verstorbenen österreichischen Politiker Jörg Haider abgeben. Denn in dessen Buch

Die Freiheit, die ich meine ist nachzulesen: »In der Verfassungsurkunde Österreichs ist festgelegt: ›Alles Recht geht vom Volke aus.‹ In Deutschland: ›Alle Staatsgewalt geht vom Volke aus.‹ Aber man hat vergessen festzulegen, dass dies auch zum Wohle des Volkes auszuüben sei.«[5]

2. Kreative Zerstörung

Allerdings gibt es nicht nur die angeordnete, zentralistische – also negative – Zerstörung, sondern auch eine kreative oder schöpferische – also positive – Zerstörung. In den Wirtschaftswissenschaften wurde der Begriff »schöpferische Zerstörung« (auch »kreative Zerstörung« genannt) von Joseph A. Schumpeter (1883–1950) geprägt. Erstmals fand dieser Begriff bereits Erwähnung in seinem Werk von 1912: *Theorie der wirtschaftlichen Entwicklung*[6]. Der Ökonom Schumpeter legte in seiner bahnbrechenden Theorie, die sich zugleich mit naturrechtlichen Kernaussagen überschneidet, dar, dass der Mensch aufgrund seiner Kreativität und seines freien Geistes (den der Mensch naturgemäß hat) ständig neue Innovationen entwickelt. Durch diesen Entwicklungsprozess verbessern sich alle menschlichen Lebensbereiche kontinuierlich, solange man der Entwicklung des freien Wettbewerbs und Warenhandels ihren Raum lässt.

Beispielsweise wurde historisch gesehen eine Kutsche durch eine Motorkutsche und anschließend durch ein Auto abgelöst, wobei das Auto selbst wieder in mannigfachen Varianten innovativerer Versionen erscheint. Das gleiche Prozedere gilt für Telegraf – Telefon – Handy – Smartphone, oder Schreibmaschine – E-Schreibmaschine – Home-PC – Notebook, oder für einen Nadeldrucker bis hin zu einem 3-D-Drucker etc. All diese Entwicklungen kannte Schumpeter zwar nicht, hat diese jedoch indirekt prophezeit, und zwar einzig und allein durch die Erkenntnis, dass sich der Mensch weiterentwickelt und den Drang zur Verbesserung hat. Durch die Weiterentwicklung werden ehemalige Innovationen, die einst nützlich waren, aber überholt sind, zurückgelassen. Dadurch ergibt sich der Begriff der »kreativen Zerstörung«, bei der jedoch die Gesamtheit profitiert, im Regelfall auch immer der flexible Geschäftsmann oder Arbeitnehmer. All diese marktphilosophischen Prinzipien sind aber nur möglich durch eine freie Marktentwicklung, also durch freie Menschen. So beschreibt Schumpeter:»Unter ›Entwicklung‹ sollen hier nur solche Veränderungen des Kreislaufs des Wirtschaftslebens verstanden werden die die Wirtschaft aus sich selbst heraus erzeugt, nur eventuelle Veränderungen der ›sich selbst überlassenen‹, nicht von äußerem Anstoße getriebenen, Volkswirtschaft.«[7] Nach der Ansicht Schumpeters gilt Freiheit als Voraussetzung erfolgreichen unternehmerischen Tuns. Seiner Theorie entsprechend wird wirtschaftliches Wachstum durch Wellen von Innovationen angetrieben, die Pionierunternehmer in einer freien Wirtschaft einführen.

Es wird also eine positive, freie Entwicklung der Zerstörung des Alten beschrieben, die nur aus dem Grund erfolgt, um etwas Verbessertes, Neues zu bringen – bzw. da die alte Version freiwillig abgelöst wurde von der verbesserten, neuen Version, von der alle profitieren.

Das Gegenteil ist aber in der aktuellen Situation der Fall: Die Zerstörung erfolgt weder freiwillig, noch lässt irgendetwas auf die Annahme schließen, dass sich daraus ein Vorteil für alle ergeben könnte. Im Gegenteil, je länger das freie wirtschaftliche Handeln zwanghaft blockiert ist – man spricht von einem »Shutdown« –, desto negativer werden die Folgen für die Gesamtwirtschaft ausfallen.

3. Umfang und Ursachen einer drohenden Finanzkrise

Für anwachsende wirtschaftliche Probleme den Terminus einer »Corona-Krise« zu verwenden ist also falsch, nicht nur, weil der Shutdown künstlich angeordnet wurde, sondern weil dadurch offensichtlich auch die wahren ökonomischen Brandherde verschleiert werden, die seit Langem unter der Decke brodeln.

So ist beispielsweise die desaströse »Derivatebilanz«[8] der Deutschen Bank seit Jahren bekannt und gilt selbst bei notorischen Optimisten als nicht reparierbar. Derivate dienen eigentlich der sinnvollen Absicherung von Risiken durch Risikotransfer im Rahmen des Risikomanagements. Sie weisen ein hohes Maß an vertraglicher Freiheit auf. Mit Derivaten lassen sich daher auch Entwicklungen überzeichnen, zweifach, dreifach, hundertfach. Man kann auf steigende oder fallende Entwicklungen setzen. Mit kleinem Einsatz kann man riesige Gewinne machen oder enorme Verluste einfahren. Der Markt für Derivate hat sich aber verselbstständigt, völlig von seinem eigentlichen Zweck entfernt. Heute dienen die Papiere überwiegend als Wetteinsätze für Spekulationsgeschäfte zwischen den Finanzinstituten. Mit jedem Weiterverkauf werden erneut Zinsen und Gebühren berechnet, das Geschäft scheint ins Unermessliche zu wachsen.

Damit eine Bank möglichst viel dieser gut verzinsten Papiere kaufen kann, braucht sie viel Geld: In früheren Zeiten verschaffte sie sich dieses Geld bei anderen Banken im Rahmen eines sogenannten Repos. Auf dem Repo-Markt (»Repo« von »Repurchase Agreement« = Rückkaufvereinbarung) können Wertpapiere unmittelbar in billige Liquidität verwandelt werden, indem sie pro forma verkauft werden und ein feststehender Rückkauftermin vereinbart wird. Die Repos sind eine Art Lebenselixier für die Banken: Die einen bekommen schnell Geld für spekulative Geschäfte, die anderen kassieren überdurchschnittlich hohe Zinsen.

Die Verlockungen dieses »Finanzcasinos« sind groß: Mit der Idee von Derivaten und Repo-Geschäften haben die Banken das Grundprinzip des Geldes ohne Sicherheiten zur (scheinbaren) Perfektion gebracht, zu einer Maschine, die aus sich selbst funktioniert und keine Grenzen kennt. Das Vorgehen beruht auf dem Prinzip Schuldner-Gläubiger. Der eine nimmt, der andere gibt. Immer im Kreislauf, immer weiter – losgelöst von jeglicher realwirtschaftlichen Entwicklung.

Über die aktuelle »Derivatebombe« der Deutschen Bank wurde sowohl in den Fachmedien als auch in den Zeitungen Deutschlands bereits vor 2–3 Jahren berichtet. Aktuell wird dieses Thema erneut, jedoch wesentlich tiefgreifender, vom Mises Institute in dem Buch *Anatomy of the Crash* aufgegriffen. Demnach hat die Deutsche Bank

Derivate im Wert von umgerechnet ca. 50 Billionen US-Dollar ver-
bucht, im Falle einer Krise wäre eine Rettung durch die Politik nicht
mehr möglich. Hierbei würde es sich nicht nur um eine Krise der
Deutschen Bank, sondern um den Zerfall des Euro selbst handeln.[9]

In ein ähnlich tönendes prophetisches Horn bläst seit Längerem
der Ökonom und Bankeninsider Markus Krall, der bereits 2017 in
seinem Buch *Der Draghi-Crash* einen Kollaps der deutschen Banken
exakt für das Jahr 2020 voraussagte. In seinem »Realwirtschaftskri-
mi« beschreibt er deutlich, dass es sich bei dieser bevorstehenden
Wirtschaftskrise nicht um ein Marktversagen handelt, sondern um
ein zwingendes Resultat schlechter, zentralistischer Geldwirtschaft.
Obwohl dieses Thema mehr oder weniger fortgeschritten auf alle
Länder der Welt übertragbar ist, konzentriert sich der Autor auf die
EU, insbesondere auf Deutschland. Speziell verstärkt durch eine
Niedrigzins- bis hin zu einer Null- oder gar Negativzinspolitik der
EZB, bleiben den Banken kaum noch Einnahmequellen mehr in den
Bereichen ihres Kerngeschäfts. Trotzdem bleiben den Banken ihre
Fixkosten – diese ergeben sich hauptsächlich im Personalbereich –,
die sie jedoch nicht abbauen können, da sie für die dadurch entstehenden Abfindungen keine überschüssigen Reserven mehr zur Verfügung hätten. Die Banken würden also durch die einzig mögliche
Kosteneinsparung – Personalabbau – ihre vorgeschriebenen Min-
destreserven ebenso automatisch dezimieren und würden dadurch
automatisch den Zusammenbruch ihres eigenen Geschäftsmodells
zusätzlich beschleunigen. Aus dieser Zwickmühle führt kein Ausweg,
denn die Politik sieht tatenlos zu.[10]

In dem zuvor bereits zitierten Buch *Anatomy of the Crash* wurde
eine Bankenkrise bei uns für November 2020 prognostiziert.[11] Diese
Einschätzung ist nicht eingetreten, könnte sich aber in geraumer Zukunft bewahrheiten, denn als Vorbote kann ein Einbruch des Repo-
Marktes (bereits beschriebene Interbankenfinanzierung) festgestellt
werden. In dem Buch *Die Kreditgeldwirtschaft* wird erläutert: »Seit der
Interbanken-Markt nicht mehr richtig funktioniert, springen die staat-

lichen Zentralbanken ein: Sie übernehmen die Finanzierung. Mit dem Gelddrucken der EZB und aller anderen Zentralbanken werden nun die Steuerzahler unmittelbar in Haftung genommen: Sie müssen die Sicherheiten liefern, die der Derivate-Repo-Markt nicht mehr hergab. Und die großen »Zockerinstitute« zeigen sich weiterhin sehr kreativ in der Erfindung immer neuer Derivate. Diese werden auf dem gewohnten Weg von Schulden und Krediten weiter mit Profit umgewälzt.«[12]

De facto befindet sich das Finanzsystem bereits jetzt am Beginn des Zusammenbruchs, weil der sogenannte Repo-Markt (Interbankenmarkt) nicht mehr funktioniert. Dies bedeutet, dass die Banken untereinander kein Geld mehr anlegen, weil sie sich untereinander keine Bonität mehr zumessen. Man kann abschätzen, dass es ab dem Zusammenbruch des Repo-Marktes nur noch einige Monate bis zum offiziellen Finanzcrash dauert. Nur sind diesmal – im Unterschied zu 2008 – die Dimensionen derart gigantisch groß, dass Rettungsaktionen von vornherein ausgeschlossen sind. Ob man den Zusammenbruch aber exakt für November prophezeien kann, bin ich mir nicht sicher, insbesondere aufgrund der Einflussnahme am Geldmarkt durch die Alchemistenküche der EZB.

Das bedeutet aber, dass es für einen kommenden Finanzabsturz kein realistisch funktionierendes Sicherheitsnetz – in Form eines Umverteilungsnetzwerkes – gibt, das maßgebliche Hilfestellungen bieten könnte. Sollte man aus politischem Kalkül heraus trotzdem »Rettungen« durchführen wollen, würde das zu einer massiven Zwangsbelastung und -enteignung sowie zu einer Verarmung der Bevölkerung führen. Der Einschätzung von Markus Krall, dem vermutlich führenden Experten bei diesem Thema, ist nichts hinzuzufügen, wenn er sagt, die zu erwartende Bankenkrise wäre die schlimmste Wirtschaftskrise seit mindestens 90 Jahren.

4. Staatliches Zwangsgeldsystem

Nun kann man natürlich sagen, dass die »Corona-Krise« für diese dramatische, sich anbahnende Finanzkrise verantwortlich sei. Corona hin oder her, manch einer mag aus Angst vor dem angeblich »tödlichen Virus« die Eingriffe in die Freiheitsrechte der Menschen für notwendig halten und sogar begrüßen. Klar ist jedoch: Sowohl juristisch als auch ethisch stellen diese Zwangsverordnungen einen ultimativen Eingriff in die Grund- und Freiheitsrechte dar. Völlig unabhängig davon, ist diese »Krise« jedoch maximal der vorgezogene Auslöser des Unvermeidlichen, einer Situation, die so oder so eingetreten wäre, nämlich eines Währungskollapses.

Das ist aber nichts Neues, und schon gar nichts Einzigartiges. Die Geschichte des staatlichen Papiergeldes ist eine Geschichte des Scheiterns, von den historischen Anfängen bis heute. Alle staatlichen Papiergeldwährungen sind entweder kläglich gescheitert oder spektakulär zusammengebrochen. Voltaire soll gesagt haben: »Der Wert des Papiergeldes kehrt früher oder später zu seinem inneren Wert zurück: null.« Deckungsloses staatliches Papiergeld kann eben beliebig vermehrt werden. Es ist zwar eine Binsenweisheit, aber man kann es nicht oft genug wiederholen: Angebot und Nachfrage bestimmen nicht nur die Güterpreise einer Volkswirtschaft, sondern auch den Preis des Geldes – also die Kaufkraft. Je mehr davon angeboten wird, desto wertloser wird es.

In dem Band *Wie wir unsere Zukunft verspielen* ist zu lesen: »Die staatliche Geldpolitik verursacht ständige Finanz- und Wirtschaftskrisen. Die Politik missbraucht die Geldpolitik: Es geht ihr um den finanziellen Treibstoff für die schamlose Wählerbestechungsdemokratie unseres schuldeninduzierten Wohlfahrtsstaates, der ständig umverteilt und nivelliert, seine Bürger entmündigt, überwacht und kujoniert.«[13]

Diese treffliche Beschreibung ist aktueller als je zuvor.

5. Ausblick

Wie hart der Einschlag der zu befürchtenden Krise in die reale Wirtschaft sein wird, hängt von mehreren Faktoren ab. Einer der ausschlaggebenden Faktoren ist die Frage, welche Zwangsverordnungen die Regierungen zukünftig beschließen und wie lange diese andauern werden. Auch wenn Zwangsschließungen von Kaufhäusern, mit der Voraussetzung der Einhaltung gewisser Auflagen, im Sommer 2020 vorübergehend wieder aufgehoben wurden, gibt es noch immer starke wirtschaftliche Hemmnisse, beispielsweise im Tourismus. Der österreichische Bundeskanzler Sebastian Kurz (ÖVP) und sein grüner Vizekanzler Werner Kogler – also jene Politiker, die die totalitären Zwangsverordnungen in Österreich in erster Linie zu verantworten haben – haben ja angekündigt, dass es »nach Corona« nie wieder so sein würde wie zuvor. Das gibt wenig Raum für die Hoffnung, dass die Politik zur Vernunft kommen könnte. Man muss leider jederzeit mit neuen Verordnungen, Zwangsmaßnahmen und Eingriffen in die Freiheitsrechte der Menschen rechnen.

Ein weiterer Faktor, den es zu berücksichtigen gilt, ist der Umgang mit der zu erwartenden Banken-, Finanz- und daraus folgenden Währungskrise. Wie zuvor bereits angeführt, würde ein Bankenzusammenbruch in Deutschland – wie auch in anderen Staaten der Währungsunion – nicht aufgefangen werden können und würde zu einem Zusammenbruch des Euro selbst führen. Staatliche Währungen, insbesondere wenn sie nicht durch einen Gegenwert wie beispielsweise Edelmetalle wertgedeckt sind – wenn sie also nur bedrucktes Papier sind –, behalten ihren Tauschwert nur aufgrund des gutgläubigen Vertrauens der Menschen. Zudem möchte der Staat die Bewohner auf dessen Gebiet, also die Bürger, zur Bürgschaft für dessen Schulden heranziehen. Dies ist auch insofern möglich, soweit dies von den »Bürgern« akzeptiert wird. Staaten können aber auch ihre Kreditwürdigkeit verlieren, so wie wir das möglicherweise in Kürze erleben werden. Wenn Staaten ihre Kreditwürdigkeit verlieren und auch nicht mehr »ausgekauft werden«, gibt es wieder mehrere Möglichkeiten: Entweder man druckt unendlich viel Geld (so wie es die EZB bereits macht), verursacht nebenbei eine Inflation, verursacht eine Verarmung der Bevölkerung und zieht das Leidensszenario in die Länge, oder man macht einfach einen (Staats-)Schuldenschnitt – also im Idealfall mit einer uneinbringlichen Abschreibung der staatlichen Schulden, ohne dabei die Bürger zu belasten und auszuquetschen – und einen Neubeginn mit einer gedeckten Währung.

Letzteres Szenario würde einen Staatskonkurs beschreiben. Das muss jedoch nicht zwangsläufig eine Katastrophe bedeuten, sondern kann auch eine Chance und einen »Lichtblick« für einen Neubeginn darstellen und könnte relativ harmlos verlaufen. Speziell sollte man darauf besonderen Wert legen, von Beginn an eine neue, goldgedeckte Währung einzuführen (oder im Idealfall sogar Währungswettbewerb zuzulassen –das bedürfte aber einer ausführlicheren Beschreibung, die an dieser Stelle nicht möglich ist). Hierfür kann es saubere Übergangsszenarien geben.

Robert Nef: »Die Folgen eines Staatskonkurses sind vor allem für die Gläubiger einschneidend, für den betroffenen Staat aber insgesamt entlastend. Konkurs ist ein Ende mit Schrecken, das den Schrecken ohne Ende ersetzt und einen neuen Anfang ermöglicht. Erholen kann sich ein Land ohne erhebliche Rohstoffreserven nur, wenn es das in der Bevölkerung vorhandene Humankapital aktiviert. Dazu gehören Unternehmergeist, Erfindergeist, Bildungsbereitschaft, Sparwillen, Fähigkeit, eine Durststrecke durchzustehen, Kommunikationsfähigkeit, Flexibilität, Geduld, Tüchtigkeit und Fleiß. All diese Voraussetzungen sind [...] vorhanden, aber sie werden durch ein politisches Fehlsystem gelähmt und durch bevormundende Experten in falsche Bahnen gelenkt. Diese auf die Dauer überlebenswichtigen Eigenschaften könnten nur durch einen wirklichen Neubeginn aktiviert werden.«[14]

Bleibt die Frage: Kann es in kommenden Szenarien zu einer Hyperinflation kommen? Inflation basiert nicht auf der Ausweitung der Geldmenge an sich, sondern auf der Ausweitung der Menge ungedeckten Geldes. Diese Ausweitung findet derzeit sowohl von der EZB als auch von den einzelnen Zentralbanken in hohem Maße statt. Die Inflation, die die Zentralbanken eigentlich bekämpfen sollten und wollten, ist nun in erster Linie durch sie vorprogrammiert.

Obgleich Inflation seit Einführung unserer Währung (bereits des Schillings in Österreich oder der D-Mark in Deutschland) aufgrund der gängigen Zentralbankpolitik ohnedies stattfindet und die Verstärkung dieses Vorgangs zukünftig scheinbar als unausweichlich gilt, muss es andererseits aber nicht zwangsläufig zu einer Hyperinflation kommen. Die USA und insbesondere Japan, die seit Jahrzehnten ungehemmt Geld drucken, zeigen, dass dem nicht zwangsläufig so ist. Weimar, das gerne als Beispiel genommen wird, endete deshalb in der Hyperinflation, weil durch den Weltkrieg, die Rheinlandbesetzung und die hohen Reparationszahlungen seine Produktionsbasis zerstört wurde. Im Prinzip hängt aber auch hier alles von der Leistungsfähigkeit der privaten Wirtschaft ab. Niemand wird wohl leugnen, dass sich die Steuersenkungen (= hohes Staatsdefizit) unter Trump positiv auf die Wirtschaft ausgewirkt haben.

Konkret hängt ein künftiges Szenario also einfach davon ab, ob man guten Willens ist, das Beste für Wirtschaft und Gesellschaft zu erzielen und umzusetzen. Anders ausgedrückt, ob man nach einer zentralistischen Zwangszerstörung, die leider aktuell stattfindet, den natürlichen Mechanismen einer kreativen/schöpferischen Zerstörung ihren freien Lauf lässt. Die grundlegenden Handlungsparameter sind in diesem kurzen Artikel bereits angeführt. Um sie aber nochmals deutlich zu formulieren: Die Triebfeder von Entwicklung und Wohlstand ist das freie Handeln der Menschen. Je mehr man dieses reguliert, insbesondere auch durch staatliche Pleitewährungen oder Herunterfahren der Wirtschaft (»Shutdown«), desto weniger kann sich Wohlstand entwickeln. Oder der Wohlstand wird sogar zerstört.

Hierzu sei abschließend der Ökonom Thorsten Polleit zitiert, der eine einfache, grundlegende Wahrheit präzise formuliert: »Die Erkenntnis, dass der Mensch handelt – dass er nicht nicht handeln kann –, macht es verständlich, warum Individuen freiwillig miteinander kooperieren; warum sie nicht fortwährend miteinander streiten und sich bekämpfen, sondern das friedliche Miteinander suchen.«[15] Diese friedliche Interaktion von Menschen – auch Freiheit genannt – ist der einzige Pfad aus der Krise und ist der Gegenpol zu einer totalitären Neuen Weltordnung, die alle Menschen (mit Ausnahme ganz weniger Profiteure) in die Knechtschaft und Verarmung stürzen würde. Lassen wir es nicht so weit kommen! Entscheiden wir uns für eine Zukunft in Freiheit, Gerechtigkeit und Wohlstand!

6. Quellenverzeichnis

6.1. Literatur

Bishop, Tho (Hrsg.): *Anatomy of the Crash. The Financial Crisis of 2020,* Mises Institute, Auburn, Alabama (2020). Darin: Macleod, Alasdair: »The Ghosts of Failed Banks Have Returned«.

Braunschweig, Christoph / Pichler, Bernhard: *Die Kreditgeldwirtschaft. Hintergründe und Irrtümer von Geld- und Finanzwirtschaft,* Springer Gabler, Wiesbaden 2018.

Escherle, Hans-Jürgen / Kaplaner, Klaus, / Neuburger, Rahild: *Großes Wörterbuch Wirtschaft. Grundwissen von A–Z,* Silver Line, Compact Verlag, München 2005.

Haider, Jörg: *Die Freiheit, die ich meine,* Ullstein Verlag, Frankfurt am Main / Berlin 1993.

Krall, Markus: *Der Draghi-Crash. Warum uns die entfesselte Geldpolitik in die finanzielle Katastrophe führt,* 2. Auflage, FinanzBuch Verlag, München 2017.

Pichler, Bernhard / Braunschweig, Christoph / Asanger, Michael: *Wie wir unsere Zukunft verspielen. Die fatalen Illusionen unserer Wohlfahrtsgesellschaft,* ZurZeit-Edition, Band 26, W3-Verlag, 2017.

Polleit, Thorsten: *Mit Geld zur Weltherrschaft: Warum unser Geld uns in einen dystopischen Weltstaat führt – und wie wir mit besserem Geld eine bessere Welt schaffen können,* FinanzBuch Verlag, München 2020.

Schumpeter, Joseph, A.: *Theorie der wirtschaftlichen Entwicklung,* Duncker & Humblot, Leipzig 1912.

Wallentin, Tassilo in *Krone Bunt:* »Freiheit, die ich meine«, Krone-Verlag, Wien, 12. April 2020.

6.2. Onlinequellen

Gebauer, Carlos A. in *Achgut.com:* »Macht die Tore auf!« (21. April 2020), *https://www.achgut.com/artikel/macht_die_tore_auf/P20#comment_entries.*

Laenderdaten.info: »Ausbreitung des Corona-Virus in Kambodscha«
(13. Dezember 2020),
https://laenderdaten.info/Asien/Kambodscha/gesundheit.php.

Robert Nef: »Staatskonkurs als Chance«, 10. Februar 2015, *Finanz und
Wirtschaft, https://www.fuw.ch/article/staatskonkurs-als-chance/.*

Alle Onlinequellen wurden am 11. Januar 2020 aufgerufen.

6.3. Anmerkungen

1. vgl. Escherle, Hans-Jürgen / Kaplaner, Klaus, / Neuburger, Rahild:
   Großes Wörterbuch Wirtschaft. Grundwissen von A–Z (2005), S. 223.
2. Ein Begriff, der von F. A. Hayek geprägt wurde.
3. C. Gebauer in *Achgut.com:* »Macht die Tore auf!« (21. April 2020),
   https://www.achgut.com/artikel/macht_die_tore_auf/P20#comment_entries.
4. Tassilo Wallentin in *Krone Bunt:* »Freiheit, die ich meine«
   (12. April 2020), S. 14.
5. Jörg Haider: *Die Freiheit, die ich meine* (1993), S. 230.
6. Ausführlicher: Joseph A. Schumpeter: *Theorie der wirtschaftlichen
   Entwicklung* (1912).
7. Ebd., S. 103.
8. Derivate sind Finanzprodukte, die von Kassenpapieren wie zum Beispiel
   Aktien oder festverzinslichen Wertpapieren abgeleitet sind und deren
   Preise oder Kurse unter anderem auch durch die Wertentwicklung der
   Ausgangsinstrumente bestimmt werden.
9. Vgl. Alasdair Macleod: »The Ghosts of Failed Banks Have Returned«,
   in: Tho Bishop (Hrsg.): *Anatomy of the Crash. The Financial Crisis of 2020*
   (2020), S. 58 f.
10. Ausführlicher: Markus Krall: *Der Draghi-Crash. Warum uns die entfesselte
    Geldpolitik in die finanzielle Katastrophe führt* (2017).
11. Vgl. Alasdair Macleod: »The Ghosts of Failed Banks Have Returned«, in:
    Tho Bishop (Hrsg.): *Anatomy of the Crash. The Financial Crisis of 2020*
    (2020), S. 66.
12. Christoph Braunschweig / Bernhard Pichler: *Die Kreditgeldwirtschaft.
    Hintergründe und Irrtümer von Geld- und Finanzwirtschaft* (2018), S. 88.
13. Bernhard Pichler, / Christoph Braunschweig / Michael Asanger:
    *Wie wir unsere Zukunft verspielen. Die fatalen Illusionen unserer
    Wohlfahrtsgesellschaft* (2017), S. 94.
14. Robert Nef: »Staatskonkurs als Chance«, in: *Finanz und Wirtschaft*
    (10. Februar 2015), *https://www.fuw.ch/article/staatskonkurs-als-chance/.*
15. Thorsten Polleit: *Mit Geld zur Weltherrschaft: Warum unser Geld uns
    in einen dystopischen Weltstaat führt – und wie wir mit besserem Geld eine
    bessere Welt schaffen können* (2020), S. 48.

Teil 8

Ausblick

CHRISTOPH BRAUNSCHWEIG

Ökonomie und Gesellschaft in der Krisis

1. Wirtschaftliche Selbstzerstörung

Die deutsche Wirtschaft wird weltweit zu Recht wegen ihrer Qualität und Zuverlässigkeit geschätzt und wegen ihres Erfolgs beneidet. Die duale Ausbildung und die hervorragenden deutschen Facharbeiter gelten auf der ganzen Welt als Vorbild. Der Exporterfolg der deutschen Unternehmen spricht für sich selbst!

Doch die allgemeinen Rahmenbedingungen vor allem seitens der Politik verschlechtern sich zunehmend, und das inzwischen in einem beunruhigenden Maße. Die Zeichen der allgemeinen Wirtschafts- und Gesellschaftskrise sind unübersehbar: Überregulierung, wuchernde Staatsbürokratie, groteskes Steuersystem, unverantwortliche staatliche Interventionen und Wettbewerbsverzerrungen, Banken- und Staatsschuldenkrise, überbordende Energiekosten aufgrund wahnwitziger »Umwelt- und Klimapolitik«, allgemeine Fortschrittsfeindlichkeit, ungeregelte Masseneinwanderung, überlastete Sozialsysteme bei gleichzeitig maroder Infrastruktur usw.

Im Zuge der Lockdown-Krise finden Forderungen nach mehr Sozialismus in Form von höheren Steuern, mehr staatlicher Lenkung und mehr Umverteilung immer mehr Anhänger. Die offenbar bereits vor vielen Monaten geplante und nunmehr systematisch betriebene Corona-Hysterie scheint seitens der politisch-medialen Herrschaftsklasse als Vorwand für kommende Zwangsmaßnahmen zu dienen, die unter normalen Umständen nicht umsetzbar wären.

Die Diskrepanz zwischen dem hohen Niveau der deutschen Wirtschaft und der wirtschafts- und gesellschaftspolitischen Realität ist geradezu erschreckend. Der wirtschaftliche Erfolg Deutschlands steht seit jeher in bemerkenswertem Kontrast zu seiner politischen Schwäche bzw. Unmündigkeit.

Alle ordnungspolitischen Grundsätze der Marktwirtschaft, wie zum Beispiel der stringente Zusammenhang zwischen Risiko und Haftung, wurden einfach über Bord gekippt. Die Finanzwirtschaft ist in die Hände von zwielichtigen Finanzsyndikaten übergegangen. Wettbewerb und Marktwirtschaft werden zugunsten einer neuen Form von Staatskapitalismus und Planwirtschaft zurückgedrängt. Eine der zwangsläufigen Folgen ist unter anderem die deutliche Vergrößerung der Schere zwischen Armen und Reichen.

Immer mehr Top-Führungskräfte fühlen nunmehr, zumindest instinktiv, dass das gesamte westliche Wirtschafts- und Finanzsystem – aufgrund der bewussten Missachtung aller ordnungspolitischen Grundsätze der Marktwirtschaft – in einen regelrechten Modus der Selbstzerstörung geraten ist. Der Zusammenbruch wird de facto nur noch durch permanente »Rettungsmaßnahmen«, die man auch als Konkursverschleppung bezeichnen kann, zeitlich hinausgezögert. Besonders auffällig ist, dass diese ökonomische Krisis einhergeht mit einer allgemeinen gesellschaftlichen Krisis.

Seit 2010 versucht die Politik, die Schulden- und Eurokrise irgendwie in den Griff zu bekommen. Doch es ist kein Ende in Sicht – trotz aller Garantien, neuer Kredite und Versprechen. Im Gegenteil: Die Krise schreitet immer weiter voran. Die Situation ist gekennzeichnet durch das Zusammentreffen unterschiedlicher, aber eng miteinander verzahnter Krisen. Die Pfeiler unseres Wohlstandes stehen im schlammigen Grund eines riesigen Schuldenmeeres. Die Finanz- und Sozialsysteme steuern dem Zusammenbruch entgegen – sie werden längst nur noch mit budgetpolitischen Tricks aufrechterhalten. Obwohl Steuer- und Sozialabgaben Rekordhöhen erreichen, steigen die Staatsschulden unaufhörlich weiter, werden die Armen immer ärmer, bereichern sich staatlich privilegierte Gruppen ungeniert, schrumpft die Mittelschicht, verlassen immer mehr junge Leistungsträger das Land.

2. Währungsunion – ein vorprogrammiertes Scheitern

Die EU erodiert wegen der nicht funktionierenden Währungsunion, zudem werden rechtsstaatliche Prinzipien und demokratische Legitimation im Rahmen der angeblich »alternativlosen Eurorettung« einfach über Bord geworfen. Das Ziel der meisten EU-Länder besteht darin, Deutschland als Ressource zu nutzen und dabei gleichzeitig immer weiter zu verzwergen. Und die Deutschen haben den ihnen zugewiesenen Schuldkomplex verinnerlicht. Selbstverständlich wollen sie »solidarisch« sein. Solidarisch retten sie korrupte Eliten und Banken, die zu Casinos mutiert sind, vergessen aber nachzurechnen, ob sie sich dies überhaupt leisten können. Und diejenigen, die tatsächlich unter der Krise leiden, gehen sowieso leer aus. Der Euro entwickelt sich zudem mehr und mehr zu einem Spaltpilz Europas. Das gilt nicht nur in wirtschaftlicher, sondern auch in politischer und kultureller Hinsicht. Großbritanniens ehemaliger Außenminister William Hague: »Es war Wahnsinn, dieses System zu schaffen. Jahrhundertelang wird darüber als eine Art historischen Monuments kollektiven Wahnsinns geschrieben werden.«

Die EU-Spitzen suchen ihr Heil jetzt offensichtlich in einem staatszentralistischen Moloch. Damit zerstören sie Vielfalt und Wettbewerb – gerade das, was den Erfolg des freiheitlichen Europa begründet.

Die Akzeptanz der Politik beruht in erster Linie auf ihrer Sinnentleerung, ihrer Reduktion auf die reine Machterhaltung, dem Wegdrücken aller wichtigen und notwendigen Grundsatzentscheidungen. Stattdessen herrschen mehrheitsfähiger Opportunismus und quotenfähiger Populismus.

Das Coronavirus ist nicht Ursache von Finanz- und Konjunkturkrise, sondern ein Katalysator, der den Regierenden unter anderem dazu dient, einerseits die pantagruelische Verschuldung noch weiter zu erhöhen, andererseits Luft aus den Vermögenspreisblasen abzulassen, um den »Crash« weiter hinauszuzögern.

Die aktuelle internationale Schulden- und Finanzkrise sowie die Eurokrise sind im Grunde die Folge einer seit Jahren andauernden krisenhaften Entwicklung in Wirtschaft und Gesellschaft – es handelt sich um eine Krise des dominanten Wirtschafts- und Lebensstils des westlichen Demokratiemodells: Die vorsätzliche Abkehr vom ordnungspolitischen Denken musste zwangsläufig zur Überschuldung führen.

3. Die angebliche »Kapitalismuskrise«

In Politik und Massenmedien wird das Lied der »Kapitalismuskrise« orchestriert, obwohl es der Staatssektor war, der die Schulden- und Eurokrise verursacht hat. »Die von der Occupy-Bewegung angeklagten ›Finanzgangster‹ sind die Nutznießer und Verschärfer der weltweiten Finanzkrise, nicht aber deren Ursache«, schreibt Wolf Biermann, der nicht gerade als lupenreiner Kapitalismusanhänger gilt. Die Voodoo-Ökonomie der internationalen Finanzindustrie hat zur größten Finanzblase aller Zeiten geführt. Die Finanzsyndikate dienen der Politik zur Schuldenfinanzierung und verdienen selbst prächtig mit. Sie konnten der Versuchung, Geld nur mit Geld (und nicht mit der Wertschöpfung von Gütern und Dienstleistungen) zu verdienen, nicht widerstehen. Je mehr sich der hypertrophierte Finanzsektor von der Realwirtschaft abgekoppelt hat, desto mehr Sitten des ehrbaren Kaufmanns gingen dabei zwangsläufig über Bord. Wer von »Kapitalismuskrise« spricht, muss in Wahrheit von »Staatskapitalismuskrise« westlicher Prägung sprechen. Wer mehr ausgibt, als er einnimmt, geht pleite. Karl Marx hätte es gewusst.

Die »Keynesianer« glauben, dass man sich reich konsumieren und arm sparen kann. Deshalb beruft sich die Politik so gern auf die Deficit-Spending-Theorie von John Maynard Keynes. Friedrich A. von Hayek und die *Austrians* haben hingegen immer wieder betont, dass nur Wettbewerb, Marktwirtschaft, Privateigentum, Rechtsstaatlichkeit, ein ausgeglichener Staatshaushalt und eine stabile Währung die Massen wohlhabend machen – und somit ihre persönliche Freiheit sichern.

Allzu viele Ökonomen lieben jedoch die falschen Ideen, weil es sich mit ihnen im Schlagschatten der Politik und unter vollen Segeln des Zeitgeistes ganz reputierlich leben lässt. Sie sind zu Kreislaufingenieuren und Technikern der Wirtschaft verkommen und stumpf geworden gegenüber den ungeheuren sozialphilosophischen Fragen unserer Zeit, die auch der streng theoretischen Arbeit der Ökonomie erst Sinn, Würde und Tiefe geben. Sie erkennen nicht, dass man Staat und Währung nicht trennen kann. Ihre überspezialisierte makroökonomische Kurvenklempnerei mutiert zur reinen Hilfswissenschaft des Wohlfahrtsstaates. Sie betreiben mathematisierte Metaphysik statt Ökonomie. Widerspruch wird von den Mainstream-Ökonomen nicht geduldet. »Man ist viel, viel besser dran, wenn man mit der Mehrheit irrt, statt allein recht zu behalten«, heißt es so treffend bei John Kenneth Galbraith.

War die Volkswirtschaftslehre früher gerade dafür bekannt, im Sinne Hayeks und der »Österreichischen Schule« ein umfassendes Verständnis komplexer, fachübergreifender Zusammenhänge zu vermitteln, ist sie heute weitgehend in ein zusammenhangloses Spezialwissen ohne erkennbaren Realitätsbezug zerfallen. Besonders auf dem Gebiet der Geldtheorie und Geldpolitik ist das Maß der Ignoranz der staatsfrohen Mainstream-Ökonomen erschreckend. Die keynesianische Staatsverschuldungsmanie und Interventionsgläubigkeit haben zwar langfristig fatale Folgen, aber sie leuchten (leider) dem Kioskbetreiber um die Ecke scheinbar ein, der glaubt, sein Wohlstand hinge vom Gesamtnachfragevolumen ab.

Die Ökonomik ist zu einem intellektuellen Spiel geworden, das nur um seiner selbst willen gespielt wird und nicht wegen seiner praktischen Bedeutung für das Verständnis der wirtschaftlichen Welt. In der Planwirtschaft des staatlichen Wissenschaftsbetriebes werden Kreativität und Verantwortung durch vorgegebene Standards und Sollziffern ersetzt.

4. Die demokratische Krankheit

Ein Kern unserer Krisis in Wirtschaft und Gesellschaft ist die »demokratische Krankheit«, also die kollektive Unvernunft von Wählern und Politikern, die sich in verhängnisvoller Weise voneinander abhängig zeigen. Für die Politiker ist das Verteilen auf Pump, die Verschuldung zulasten kommender Generationen wegen der sofort wählerwirksamen Auswirkungen über die Maßen verlockend. Der Wähler, der einerseits die Politiker verachtet, hält andererseits mit seinem Anspruchsverhalten ihnen gegenüber genau diesen Teufelskreis in Gang. Unter der politischen Losung der sozialen Gerechtigkeit kennt die Hybris und Anmaßung der Funktionäre der Sozialstaatsbürokratie keinerlei Begrenzungen.

Die Vernunft ist nicht das wesentliche Merkmal des Sozialstaatsbürgers, vielmehr ist er eher Sklave seiner antrainierten Leidenschaft für soziale Gerechtigkeit. Dem Wettbewerbsprinzip der Marktwirtschaft wohnt laut Winston Churchill das »Laster« der ungleichen Verteilung der Güter inne; dem Sozialismus hingegen wohnt die »Tugend« der gleichmäßigen Verteilung der Güter inne. Der Sozialneid ist eine menschliche Urmacht, er war es zu allen Zeiten in allen Kulturen.

Der von den Massenmedien erzogene und ständig indoktrinierte Bürger degeneriert zum »fröhlichen Sklaven« (Norbert Bolz). Der Sozialstaat kauft den Bürgern die Freiheit ab – für das Versprechen der Sicherheit und Gleichheit. Es wird ein soziales Gefängnis errichtet, das vorsorgender Sozialstaat heißt. Dieses Gefängnis braucht keine Ketten und Schließanlagen. Die Angst vor der Freiheit – und die damit verbundene Pflicht zur Selbstverantwortung – schließt die Menschen ein. Denn nicht Freiheit wollen die meisten, sondern das Glück der (vermeintlichen) Sicherheit und der Bequemlichkeit. Freiheit dagegen ist anstrengend; man muss sie in heller, wacher Lebensführung leisten. Die verwaltete Welt ist deshalb für viele eine Wunschvorstellung. Der Paternalismus des vorsorgenden Sozialstaates wird ihnen nicht nur aufgezwungen, sondern sie begehren ihn auch, denn er entlastet sie von der Bürde der Freiheit.

Mit seinem Terror der Wohltaten rückt dann der vorsorgende Sozialstaat den Menschen derart auf den Leib, dass die Distanz der Kritik eingezogen wird. Man hat es dann mit Menschen zu tun, die den Politikern (zu Recht) misstrauen und zugleich alles von ihnen bzw. vom Staat haben wollen. Das bedeutet aber: Nicht die Politikverdrossenheit ist das Problem, sondern die infantile Haltung der Bürger gegenüber dem Staat.

Die politische Klasse des Wohlfahrtsstaates ist von einem sich selbst entfremdeten Populismus beherrscht. Pragmatischer, orientierungsloser Machterhalt kennzeichnet diese Postdemokratie, in der Wahlen nichts mehr bewirken. Der Wähler fertigt denjenigen Politikern, die die Wähler nur als Sprungbrett und Goldesel für ihre eigene Karriere und/oder für die Erfüllung ihrer ideologischen Zwangsvorstellungen brauchen, brav einen Blankoscheck aus, der dann zulasten des Wählers eingelöst wird.

Gleichzeitig wird der Bürger zur Sozialstaatsvöllerei gegen jede ökonomische Vernunft verführt bzw. erzogen und mutiert als Steuerzahler zu einem Schuldner mit untilgbarer Schuld. Jedes sozial-sozialistische System breitet ein graues Schmutztuch der Langeweile und Vulgarität aus, das getreue Abbild unserer trostlosen Führungsfiguren in der Politik.

Diese Art der Wohlfahrtsstaatspolitik erzeugt Unmündigkeit, also genau den Geisteszustand, der den Politikern bzw. den politischen Parteien in die Hände spielt, damit sie sich ihrerseits den Staat regelrecht zur Beute machen können. Der demokratische Despotismus entlastet den einzelnen Sozialuntertan vom Ärger des Nachdenkens genauso wie von der Mühe des Lebens. Ein Netz präziser, kleinteiliger Vorschriften liegt über der Existenz eines jeden und macht ihn auch in den einfachsten Angelegenheiten abhängig von der allmächtigen Sozialstaatsbürokratie. In der Tat bringt die »fröhliche Sklaverei« unter kapitalistischen Bedingungen fast allen einen akzeptablen Lebensstandard und Lebenssicherheit.

Die meisten Leute neigen zum Sozialismus, weil sie die gleiche Verteilung des Unglücks der ungleichen Verteilung des Glücks vorziehen. Mit der Freiheit verlieren viele den Mut – und mit dem Mut die Motivation. Dann weckt die Freiheit anderer nur noch Wut. Wer die Freiheit als eigene Möglichkeit versäumt hat, hasst die Freiheit anderer. Aber dieser Hass verkleidet sich als paternalistische Wohltat. Der vorsorgende Sozialstaat entzieht seinen Bürgern zwangsläufig die Freiheit, um sie auf nivelliertem Niveau zu versorgen, sie zu erziehen, sie zu steuern und zu kontrollieren und um sie vor sich selbst zu schützen.

Der von der Sozialstaatsbürokratie permanent gegängelte und weitgehend entmündigte Bürger entwickelt im Laufe der Zeit entweder eine Form von Apathie oder eine Form von Frust und Wut, die ihn zum »Wutbürger« werden lässt. Das Drehbuch der Empörungen schreiben die staatsaffinen Massenmedien. Der deutsche Wutbürger erregt sich über die Zumutungen technischer Großprojekte und angeblicher Ungerechtigkeiten in höchster Negationslust und ist jederzeit bereit zur Selbstjustiz. Vormittags protestiert er empört über Billigfleisch in den Lebensmittel-Discountern, nachmittags kauft er bei Aldi ganz selbstverständlich sein preiswertes Minutensteak ein. Seine Infantilität und Unmündigkeit zeigen sich darin, dass ihn andererseits der schleichende Niedergang der Marktwirtschaft, die ihm einzig Wohlstand und Freiheit garantiert, nicht weiter interessiert. Der deutsche Wutbürger bewegt sich irgendwo zwischen Wellness, Wahnsinn und Wohlleben. Die stille, nachdenkliche und nüchterne Analyse hat gegen die Empörungsrituale und die Angstmacherei, die in den sorgsam orchestrierten täglichen Fernsehtalkshows zelebriert wird, keine Chance. Das Fernsehen zeigt es jeden Tag: Deutschland ist das Land, in dem die typisch Halbgebildeten anmaßend sind. Und die Halbbildung ist nicht die Vorstufe zur Bildung, sondern deren Todfeind.

5. Unwissenheit und »die Anmaßung von Wissen«

Diese Gesellschaft, die sich selbst gern als Wissensgesellschaft bezeichnet, ist in Wirklichkeit eine Gesellschaft der Info-Dementen. Die Selbstgefälligkeit der gut situierten, grün angehauchten Hedonisten steht für ein müdes Land, das geprägt ist von Saturiertheit, Trägheit, Visionslosigkeit und einem pervertierten Besitzstandsdenken. Das ehemals klassische Bildungsbürgertum wurde abgelöst durch ein akademisch zertifiziertes, aber intellektuell deformiertes Diplom-Proletariat. Man hat sich in einen Zustand der Lebens- und Denkunfähigkeit hineinpäppeln lassen. Und unser ideologisiertes Bildungssystem mit seiner neuen Lernkultur der »Vermittlung von Kompetenzen« bringt in zunehmendem Maße »Kompetenzkrüppel« hervor, die erschreckend wenig wissen, weil sie zwar alles googeln können, aber unfähig sind, sich in Sachverhalte zu vertiefen, geschweige denn in Zusammenhängen (selbstständig) zu denken.

Die westlichen Wohlfahrtsstaaten zeigen, dass man demokratisch geführte Länder friedlich und mit besten Absichten wirtschaftlich und moralisch ruinieren kann – ganz allmählich, sozusagen auf Raten.

Das Parlament degeneriert zu einer Entnahmegesellschaft mit beschränkter Haftung. Der Wohlfahrtsstaat in Form einer »Wählerbestechungsdemokratie« führt durch seine unsolide Finanzierung sein eigenes Ende herbei. Im weiten Mantel der staatlichen Fürsorge wird die Entmündigung des Einzelnen geschickt verdeckt. Das weiche Klima des herrschenden Sozialprotektionismus korrumpiert die Menschen, die entsprechend radikalen Widerstand gegen jedwede in Aussicht gestellte Leistungsverringerung bekunden. »Von der Schacherdemokratie zum Backschisch-Staat«, so beschrieb Roland Baader die Moral des modernen Wohlfahrtsstaates. Er spricht von einer »Strauchdieb-Ethik« jener »Sozialprodukt-Mafia«, die meist jenseits produktiver Arbeit steht und sich unter dem kapitalistischen Wohlfahrtsschirm schnell vermehrt. Charakteristisch für das Prinzip des Wohlfahrtsstaates ist es, dass die ständig wachsende Anzahl von Transferempfängern es in der Hand hat, sich auch auf Kosten anderer

Gruppen (Leistungseliten) zu bereichern. Die Regierung versteht sich diesbezüglich in erster Linie als eine Art Umverteilungsdienstleister.

Eine sich immer schneller drehende Verschuldungsspirale ist die zwangsläufige Konsequenz unseres Wohlfahrtsstaatsprinzips. Dieses Prinzip gilt nun in der EU auch auf Staatenebene: Im Ministerrat der EU können die Nehmerländer die Geberländer überstimmen und zu Zahlungen zwingen. Die Schuldenkrise befindet sich bald im Endstadium, kann sich zeitlich aber noch erheblich in die Länge ziehen. Aller Aktionismus der Politik dient im Endeffekt nur der Konkursverschleppung, wodurch die regierenden Politiker einen Zeitaufschub erlangen, ehe sie die tickende Zeitbombe der Überschuldung an ihre Nachfolger weiterreichen. Letztlich müssen die Staatsschulden gegen die Privatvermögen ausgebucht werden. Erst dann merken die meisten Menschen, dass die Staatsschulden ihre eigenen Schulden sind.

6. Umverteilung und Verlust von Wohlstand und Freiheit in Deutschland und EU-Europa

Die milliardenschweren Geldspritzen der EZB für die Banken haben die grundlegenden Probleme, die Überschuldung von Staaten, Staatsbetrieben, Banken und Bürgern nicht gelöst – vielmehr verschlimmern sie sich nur noch weiter. Die EZB ist auf Geheiß der Regierungen auf Inflationskurs, um Staatsbankrotte um jeden Preis zu verhindern. Sie leiht den Banken extrem billiges Zentralbankgeld, damit diese damit höher verzinsliche Staatsanleihen (vornehmlich der Krisenländer) kaufen und deren Zinsen nach unten drücken. Darüber hinaus kauft die EZB selbst in großem Stil Staatsanleihen und bezahlt mit gedrucktem Geld. Dadurch wird versucht, die Staatsschulden wegzuinflationieren. Früher nannte man in seriösen Finanzkreisen solche Maßnahmen schlicht *Finanzpornografie*.

Die keynesianisch vergiftete staatliche Wirtschaftspolitik führt in Verbindung mit dem staatlichen Zwangsgeld in die Überschuldung. Der einzelne Bürger versteht nicht, dass er vom Staat nichts geschenkt bekommt. Es gibt kein »free lunch« – es gibt nichts umsonst. Letztlich wird der nivellierende und schuldeninduzierte Wohlfahrtsstaat genauso enden wie der Sozialismus: in der Pleite!

Der sozial-sozialistische Wohlfahrtsstaat führt durch seine schamlose Verschuldungssucht sein eigenes Ende herbei: »Vernunft wird Unsinn, Wohltat Plage!«, würde Mephisto sagen.

Es ist nicht zu übersehen: Die zahlreichen Illusionen und Irrtümer unserer (in Teilen) dekadenten Wohlfahrtsgesellschaft gefährden inzwischen Freiheit und Wohlstand ganz konkret.

Fatalerweise ziehen die meisten Menschen die Gleichheit der Freiheit vor – am Ende verlieren sie dann beides. Herbert Spencer (1820–1903): »Ein sozialer Wohlfahrtsstaat verteilt die Anteile am gemeinsamen Arbeitsertrag nach Bedürftigkeit statt nach Leistung, verhindert so den natürlichen Wettbewerb und führt zu einem Verfall der Gesellschaft. Außerdem entsteht eine totale Bürokratie, und die Führer verfolgen vor allem persönliche Ziele.«

Im realen Leben zerfällt die Infrastruktur genauso wie das Bildungssystem. Unser Steuersystem gilt weltweit als Irrwitz, das deutsche Volksvermögen wird in Brüssel verpfändet, die »Political Correctness« schreibt vor, was man denken und sagen darf. Und allzu viele Bürger sind zu feigen Karrieristen geworden, während selbst ernannte Intellektuelle ihr Seelenheil in der bösartigen Verleumdung von Kapitalismus, Marktwirtschaft und bürgerlichem Leben finden. Die schneidigen Manager finden ihr Seelenheil in ihrer Rastlosigkeit und üben sich (zumindest nach außen) in karrierefördernden Opportunismus. Das Wertemanagement der modernen Utilitaristen in den Konzernvorstandsebenen und in der Politik ist ein »Business für Erfolgreiche« (Gertrud Höhler), die ihre persönliche Interessenlage stets über ein generell verbindliches Wertesystem stellen. Die Abstinenz gegenüber Werten, Normen und Ideen ist geradezu ihr Karrieretreibsatz. Die politische Klasse regiert nach einer Art »Demokratur«: Rechtsnormen und Verfassungswerte, Verträge und Wettbewerbsfreiheit, ethische Standards und moralischer Grundkonsens werden bedenkenlos tagesaktueller Politik untergeordnet. Vertrauensbruch, gebrochene Versprechen, Drohungen, Täuschungsmanöver usw. kennzeichnen diesen ethischen Relativismus. Dieses weitgehend wertentleerte Konzept politischer und gesellschaftlicher Führung endet letztlich in einer Aporie: dem Ruf nach einer vermeintlich rettenden Zentralgewalt.

Die Grundfrage der politischen Philosophie lautete lange: Wer soll regieren? Die viel wichtigere Frage hat offensichtlich Friedrich von Hayek in seinem Werk *Die Verfassung der Freiheit* gestellt: »Wie kann man eine Regierung einigermaßen unter Druck halten, dass sie keine allzu schlimmen Dinge tut?« Alexis de Tocqueville: »Die Menschen schreiten auf zwei verschiedenen Wegen auf die Knechtschaft zu. Der Hang zum Wohlstand hält sie davon ab, sich um die Regierung zu kümmern, und die Liebe zur Wohlfahrt macht sie von den Regierenden immer abhängiger.«

Die deutsche Bundesregierung und die Landesregierungen nutzen die künstlich geschürte »Corona-Hysterie« offenbar, um die bürgerlichen Grundrechte einfach einzukassieren, eine bisher nie da gewesene Überwachung der Menschen, eine Entschuldung des Staates auf Kosten der Bürger sowie einen Impfzwang anzuschieben. Noam Chomsky: »Die Mehrheit der Bevölkerung versteht nicht, was wirklich passiert. Und sie versteht noch nicht einmal, dass sie es nicht versteht.« Die unheilige Allianz aus »Gutmenschen«, staatlich alimentierter Sozialindustrie und Wirtschaftslobbyisten sorgt dafür, dass Deutschland seine Zukunft verspielt – und es nicht einmal merkt.

Unsere egalitäre Massendemokratie weist inzwischen wirklich verblüffende Parallelen zur Niedergangsphase des Römischen Reiches auf. Es gilt offenbar die Erkenntnis von Gustave Le Bon: »Nie haben die Menschen nach Wahrheit gedürstet. Von den Tatsachen, die ihnen missfallen, wenden sie sich ab und ziehen es vor, den Irrtum zu vergöttern, wenn er sie zu verführen vermag. Wer sie zu täuschen versteht, wird leicht ihr Herr, wer sie aufzuklären versucht, stets ihr Opfer.«

Der britische Politologe Anthony Glees bezeichnete Deutschland denn auch als »Kernland des Irreseins«. Im Deutschlandfunk sagte er, das deutsche Volk gebärde sich »wie ein Hippie-Staat, der nur noch von Gefühlen geleitet wird«, sodass viele meinen, »die Deutschen haben ihr Gehirn verloren«. Eine verquere Gesinnungsethik hat jede Verantwortungsethik verdrängt. Man muss wohl Psychologe sein, wie es Gottfried Benn war, um die »deformierte« deutsche Seele zu verstehen.

Der namhafte Physiologe Hans Schäfer (1906–2000) hat einmal in einem Vortrag eher beiläufig gesagt: »Die Welt wird nicht untergehen, allenfalls das Abendland.« So lautet die Botschaft eines Nicht-Katastrophen-Propheten bzw. Nicht-Verschwörungstheoretikers. Sie läuft auf das Gleiche hinaus; man muss nur die leisen Töne hören. Die Ohren dröhnen nicht davon, aber wer genau hinhört, der erzittert unwillkürlich. Roland Baader: »Noch tanzt die EU wie an einem schönen Sommerabend. Die Wissenden beginnen aber bereits zu frösteln, denn sie erkennen die dunklen Wolken, die am Horizont aufziehen.«

Die »Erbengeneration« übt sich in trotziger Realitätsverweigerung, gibt sich einer befremdlichen »Weltfrömmigkeit« hin, träumt naiv von der »Klimarettung« und lässt sich gern von der Unterhaltungsindustrie ablenken. Das Dschungelcamp steht für eine Art von dekadenter Bequemlichkeitsverblödung.

Es droht die konkrete Gefahr des völligen Verlustes von Freiheit, Wohlstand und auch von persönlicher Sicherheit bzw. Unversehrtheit. Die verwöhnten und leistungsschwachen Anspruchsenthusiasten aus der Erbengeneration (Ferdinand Piech nannte diese spaßorientierten Konsumjunkies die »verdammte Erbengeneration«) werden sich vermutlich eines nicht allzu fernen Tages wundern, wenn sie plötzlich in den Abgrund blicken!

BARBARA KOLM

Hayek, Freiheit und die Krise

Die Freiheit ist das höchste Gut unserer Zivilisation. So wurde sie von einem ihrer wichtigsten Verteidiger gepriesen: Friedrich August von Hayek. Im 20. Jahrhundert unterminierten in Europa totalitäre Regime die Freiheit. Auch in der freien Welt wurde ihre Bedeutung hinterfragt. So erklärt sich das Paradox der Freiheit, dass sie mit jeder Generation neu verteidigt werden muss, gegen Unvernunft ebenso wie Gedankenlosigkeit.

Mit analytischem Scharfsinn und Augenmaß tut Hayek genau das in all seinen Werken. Damit gab er uns die Werkzeuge, mit denen wir für eine bessere und freiere Welt kämpfen können.

Heute leiden Europa und der Rest der Welt unter dem Covid-19-Virus, gegen das mit einer wackligen und ineffizienten Scheinlösung durch Shutdown, also den Stillstand unserer Wirtschaft und dem Alltagsleben, vorgegangen wird, begleitet von unglaublichen Einschränkungen der individuellen Freiheit. Die Warnungen der Anhänger der Österreichischen Schule wurden am Anfang der Krise ignoriert, die Stimmen der Vernunft wurden in eine Kassandra-Rolle gedrängt. »Was passiert, wenn eine zweite Welle kommt?« »Wie lang kann die Wirtschaft im Stillstand bleiben?« Solche Fragen waren vor einem halben Jahr ebenso vorausschauend, wie sie es noch heute sind. Massive Neuverschuldung und Arbeitslosigkeit, mangelnde Innovation (und mangelnder Innovationswille) sowie die anderen erwarteten Ergebnisse sind mit der gleichen Berechenbarkeit, mit der die Donau ins Schwarze Meer fließt, eingetreten.

Auch ohne Covid-19 bedrohen seit Jahren große strukturelle Probleme Europas Wohlstand.

Das unter 3 Prozent liegende Wirtschaftswachstum in Europa ist seit Langem problematisch. Seit der Dotcom-Blase im Jahr 2001 und der Finanzkrise im Jahr 2008 gefällt sich Europa nicht nur darin, selbst minimales Wachstum als Erfolg zu werten, sondern das Wachstumsbestreben wird vielfach sogar als Grundübel und Ursache von Problemen von Klimawandel bis Prekariat geortet. Anders in Asien: Dort beobachten wir im Schnitt zwischen 5 Prozent und 7 Prozent höheres Wachstum.

In diesem Zusammenhang müssen auch die Schieflagen unserer Staatshaushalte und die wachsende Staatsverschuldung betrachtet werden. Eine Staatsschuldenkrise brachte schon vor Jahren den möglichen Zusammenbruch des Euro zur Diskussion. Unter den aktuellen Umständen – mit negativen Wachstumsraten – ist eine einfache und schmerzlose Lösung nicht zu erwarten.

Gefahrenpotenzial bergen auch die sehr hohen Arbeitslosenzahlen in vielen Staaten der Europäischen Union. Man spricht besonders in Südeuropa von einer verlorenen Generation, der durch die Kurzsichtigkeit der politischen Elite die Perspektiven gestohlen wurden, was mit hoher Wahrscheinlichkeit in Zukunft zu großen sozialen Unruhen führen wird. Steuern belasten natürlich auch überall auf dem alten Kontinent die Wirtschaftsstandorte. Österreich war vor der Covid-Krise im EU-Mittelfeld, was die Wirtschaftsleistung betrifft, hat aber Dank Lockdown und wegen der starken Abhängigkeit von der Tourismusindustrie enorme Einbrüche erlitten und muss mit einer langen Erholungsphase rechnen. Steuerreformen zur Entlastung, Vereinfachung und Standortfreundlichkeit müssten jetzt umgesetzt werden.

Innovation wird dringend benötigt, aber gerade in diesem Bereich hindern uns ein überbordendes Regelwerk und ein Mangel an Freiheit daran, mit Asien Schritt zu halten. Mehrere Studien zeigen die Überlegenheit des süddeutschen Raums, Norwegens und Südschwedens im Bereich Innovation. Aber der Rest Europas (inklusive Österreich) bleibt im Rückstand. Die Notwendigkeit der schöpferischen Zerstörung im Schumpeter'schen Sinn ist allerdings gerade in der aktuellen Krise gegeben.

Zu diesen zahllosen Problemen finden wir bei Hayek passende Lösungen. Zuallererst würde er wohl die zunehmende Zentralisierung hinterfragen. Einer Krise kann nicht mit »more Europe« (sprich: mehr Brüsseler Bürokratie) begegnet werden. Im Gegensatz dazu sollten wir uns an Hayeks Warnung aus seiner Nobelpreis-Dankesrede vor der Anmaßung von Wissen erinnern. Wir wähnen uns im Zustand der vollständigen Information, immun gegen Fehler. Beides ist schlichtweg falsch. Wir täuschen uns, denn wir übersehen den Unterschied zwischen Information und Wissen, geschweige denn Weisheit.

Auch eine vollständige Information ist trotz aller moderner Technologien unmöglich. Hayek und andere Denker der Österreichischen Schule erkannten, dass Informationen und Märkte nicht von statischem Wesen sind, sondern dynamische Prozesse, und dass die vielen Millionen verstreuter Informationen nur »erkannt« werden können, indem diese Abermillionen von Individuen frei interagieren dürfen. Die heutige Anmaßung von Wissen ist daher nicht nur ein grundsätzliches Missverständnis, sondern stellt auch eine beängstigende Arroganz dar, die uns als Individuen die Freiheit nimmt und uns darin einschränkt, den Problemen unserer Zeit und der Zukunft zu begegnen.

In diesem Zusammenhang muss auch die Rolle von Dezentralisierung in der Politik erwähnt werden, die für Hayek und die Österreichische Schule von großer Bedeutung ist. Moderne Technologien erleichtern in diesem Bereich vieles. Gleiches gilt für Produktionsfaktoren, die dort zugewiesen werden können, wo sie am produktivsten sind, das heißt, wo sie am meisten leisten können. Auch in der Bildung ist Dezentralisierung sinnvoll: Die aktuelle Krise zeigt, dass die Angebote der Bildungseinrichtungen bei zentraler Lenkung nach unten nivelliert werden. Für die Österreichische Schule der Nationalökonomie ist die Disruption, die uns zu elektronischer Wissensvermittlung gezwungen hat, zwar eine Störung, aber vielmehr noch eine Gelegenheit, die nicht vergeudet werden darf.

Der Nutzen von Dezentralisierung in der Wirtschaft ist belegt durch historische Evidenz. Sie beweist die grundlegende Richtigkeit der von Hayek und Mises entwickelten Konjunkturtheorie, der Theorie der Booms and Busts (Austrian Business Cycle Theory). Für Hayek war die Great Depression keine Überraschung, die Österreichische Schule hat ebenso die Ölkrise vorhergesehen. Die Logik des Business Cycle ist ganz einfach: Eine Blase muss platzen, oder wie man auf Englisch sagt: *What goes up must come down.* Die Frage ist, welche ist die nächste Blase: Immobilien, Technologie (Bitcoin), oder gar noch eine Schuldenblase? Hinzu kommt die Schwäche des Bankensektors in einigen Ländern Europas, besonders in Italien.

Ob es um die Dezentralisierung der Wirtschaft oder der Politik oder um die Gefahren der Anmaßung von Wissen geht, die individuelle Freiheit steht immer im Mittelpunkt Hayek'schen Denkens. Unermüdlich kämpfte er auf der Ebene der Ökonomie und der Philosophie für die Freiheit. Er schrieb über seine eigene Epoche, aber mit der Betonung auf Wissen und Märkte als dynamische Prozesse, die sich erst im Laufe der Zeit entfalten, schrieb er auch über unsere Epoche und darüber, wie wir die Dynamik unserer eigenen Zeit besser verstehen können.

Damit lehrt er uns, Spontaneität zu berücksichtigen und Kreativität zuzulassen.

Statt eines Schlusswortes einige Zitate

»In Zeiten der universellen Täuschung wird das Aussprechen der Wahrheit zur revolutionären Tat.«   *George Orwell*

»Die Denker der Österreichischen Schule sind die einzigen Helden der Neuzeit. Sie wissen, dass sie in ihrem intellektuellen Kampf für gesundes Geld – und somit den Fortbestand der Zivilisation – keinen einzigen Verbündeten haben, weder in der Politik noch in der Wirtschaft, weder bei den Banken noch bei den anderen Ökonomen, weder in den Medien noch bei ihren Mitbürgern.«   *Roland Baader*

»Würden die Menschen das Geldsystem verstehen, hätten wir eine Revolution noch vor morgen früh.«   *Henry Ford*

»Das System von Bretton Woods, das von 1945 bis 1973 Bestand hatte, baute auf zwei Vorschlägen auf: dem Keynes-Plan und dem White-Plan. Beide hatten zum Ziel, eine einheitliche Weltwährung für die Zeit nach dem Zweiten Weltkrieg zu schaffen. Im Keynes-Plan war das ganz offensichtlich.«   *Thorsten Polleit*

»Seit Jahrhunderten, sogar seit Jahrtausenden, haben die Menschen es hingenommen, dass einige wenige der Mehrheit ihr Diktat aufzwingen. Aber die Welt ist reif für einen Sinneswandel hinsichtlich der Aufgaben und der angemessenen Größe des Staates.«   *Ron Paul*

»Sozialismus und Freiheit schließen einander definitionsgemäß aus.«
Friedrich August v. Hayek

»Sozialismus ist ein Überfluss an Staat. Das bleibt auch der einzige Überfluss.«   *Roland Baader*

»Wer die Freiheit aufgibt, um Sicherheit zu gewinnen, wird am Ende beides verlieren.«   *Benjamin Franklin*

»Wer Sicherheit der Freiheit vorzieht, bleibt zu Recht ein Sklave.«
Aristoteles

»Dass in die Ordnung einer Marktwirtschaft viel mehr Wissen von Tatsachen eingeht, als irgendein einzelner Mensch oder selbst irgendeine Organisation wissen kann, ist der entscheidende Grund, weshalb die Marktwirtschaft mehr leistet als irgendeine andere Wirtschaftsform.«   *Friedrich August v. Hayek*

»Lebenszeit. So heißt das kostbarste Gut der Menschheit. Und das Monster, welches das meiste davon auffrisst, heißt ›Staat‹. Umso seltsamer ist, dass alle das Monster lieben – oder zumindest für notwendig halten. Die Drachentöter sind ausgestorben.«   *Roland Baader*

»Der beste Weg zum Fortschritt ist der Weg in die Freiheit.«
John F. Kennedy

»Die glücklichen Sklaven sind die erbittertsten Feinde der Freiheit.«
Marie von Ebner-Eschenbach

»Der Insasse eines Gefängnisses genießt die ›Freiheit von Not‹ in vollkommener Weise, aber er würde sich mit Recht verhöhnt fühlen, wenn wir ihm das als echte Freiheit rühmen würden, um die er zu beneiden wäre.«   *Wilhelm Röpke*

»In der Marktwirtschaft ist das Gewinnmotiv das Leitprinzip. In der Zwangswirtschaft ist es die Disziplinierung. Es gibt keine dritte Möglichkeit. Wenn ein Mensch nicht vom Wunsch getrieben wird, Geld auf dem Markt zu verdienen, dann muss ihm ein Gesetz vorschreiben, was er zu tun hat und wie er es zu tun hat.«   *Ludwig von Mises*

Teil 9

Anmerkungen

Über die Autoren

Asanger, Michael Dr. Michael Asanger ist Mitglied und Mitgründer des Hayek-Clubs Salzburg und des Hayek-Clubs Linz. Er studierte Wirtschaftswissenschaften an Universitäten unterschiedlicher Länder und Kontinente.

Er ist selbstständiger Unternehmer in Lateinamerika und Sachbuchautor mit besonderem Fokus auf die Österreichische Schule der Nationalökonomie.

Ber, Dieter Der Autor des Buches *Klimasozialismus* war mehr als 30 Jahre im internationalen Marketing, der Planung und dem Vertrieb von Investitionsgütern tätig. Dabei hatte er Geschäftsbeziehungen in Europa, Asien, den arabischen Ländern sowie Nord- und Südamerika. Als Oberst der Reserve ist er vertraut mit internationaler Sicherheitspolitik, verbunden mit Aufenthalten und Studien an der National Defense University in Washington, D.C., mit der Thematik: »Formulierung sicherheitspolitischer Strategien« sowie »Management und Allokation von Ressourcen«.

Braunschweig, Christoph Der Wirtschaftswissenschaftler Christoph Braunschweig hat mehrere betriebswirtschaftliche Fachbücher sowie diverse Sachbücher im Bereich der politischen Ökonomie und der Geldwirtschaft veröffentlicht. Nach einer Bankausbildung, einem wirtschaftswissenschaftlichen Studium (inklusive Promotion) und einer mehrjährigen Geschäftsführertätigkeit in der freien Wirtschaft liegen die Arbeitsschwerpunkte im Rahmen seiner Professur (Staatliche Wirtschaftsuniversität Jekaterinburg) vor allem in den Bereichen Allgemeine BWL, Geldtheorie und Politische Ökonomie.

Dedié, Günter Dr. Günter Dedié ist promovierter Physiker und war beruflich in der Systementwicklung von IT-Produkten bei Siemens und Océ tätig. Er ist Übersetzer und Autor mehrerer naturwissenschaftlich-technischer Fachbücher, Herausgeber der Facebook-Seite *www.emergenz-netzwerk.de* sowie der gleichnamigen YouTube-Seite. Er ist Autor der Bücher *Die Kraft der Naturgesetze* (2014) und *Gesellschaft ohne Ideologie – eine Utopie?* (2019). 10 Jahre DDR-Erfahrung prägten seine liberale Weltanschauung. Er ist Mitglied der Hayek-Clubs München und Salzburg.

Dürr, David Prof. Dr. iur. David Dürr, LL. M. studierte unter anderem an der Harvard Law School. Er ist Rechtsanwalt und Notar bei Swiss-Legal Dürr + Partner, Basel, emeritiert an der Universität Zürich. In seinen Publikationen kombiniert er gern Theorie mit Praxis: zum einen in seinen früheren Lehrtätigkeiten als Universitätsprofessor für Privatrecht und Rechtstheorie, zum anderen als Wirtschaftsanwalt und Notar. Theorien und nicht zuletzt Staatstheorien sollten seines Erachtens möglichst viel mit Wirklichkeit zu tun haben, sonst entwickeln sie ein zweifelhaftes Eigenleben.

Gebauer, Carlos A. Carlos A. Gebauer arbeitet als Rechtsanwalt, Fachanwalt für Medizinrecht und freier Publizist in Düsseldorf. Seit 2015 ist er stellvertretender Vorsitzender der deutschen Friedrich A. von Hayek-Gesellschaft. Der hier abgedruckte Text basiert auf einem Referat, das er für Stipendiaten der FDP-nahen Friedrich-Naumann-Stiftung für die Freiheit im Oktober 2019 in deren Theodor-Heuss-Akademie, Gummersbach, gehalten hat.

Grözinger, Robert Robert Grözinger wurde 1996 Libertärer und hat seit 2001 zahlreiche Artikel für das deutsche libertäre Magazin *eigentümlich frei* (ef) geschrieben; 2 Jahre lang war er Chefredakteur des englischsprachigen Online-Ablegers von ef, *equity & freedom*. Er ist Autor von drei Büchern. Eines erschien mit dem Inhalt des vorliegenden Artikels in englischer Sprache. Von den anderen beiden ist eines über den US-Präsidentschaftskandidaten Ron Paul (erschienen

2008), das andere über Christentum und Kapitalismus – *Jesus, der Kapitalist* (erschienen 2012).

Habermann, Gerd Prof. Dr. Gerd Habermann ist Initiator der deutschen Hayek-Gesellschaft, dort geschäftsführendes Vorstandsmitglied und Vorsitzender der Hayek-Stiftung für eine freie Gesellschaft, außerdem Honorarprofessor an der Universität Potsdam. Unter seinen diversen Publikationen sind besonders *Der Wohlfahrtsstaat* (3. Auflage, 2013) und *Knechtschaft oder Freiheit? Ein Handlexikon für liberale Streiter* (2011) bekannt geworden. In Kürze erscheint sein neuestes Werk: *Wer wir sind. Freiheit und Wettbewerb in der deutschen Geschichte* (Lau-Verlag, Reinbek).

Klaus, Václav Václav Klaus ist Politiker, Wirtschaftswissenschaftler und Publizist. In seiner politischen Karriere bekleidete er die höchsten Staatsämter der Tschechischen Republik. Er war Finanzminister (1989–1992), Vorsitzender des Bürgerforums (1990–1991), Ministerpräsident (1992–1998) und Vorsitzender des Abgeordnetenhauses (1998–2002). Als Höhepunkt seiner politischen Karriere war er von 2003 bis 2013 Staatspräsident der Tschechischen Republik. Seither veröffentlichte er zahlreiche Kommentare, Artikel und Bücher zu wirtschaftlichen und gesellschaftlichen Themen in Europa.

Kolm, Barbara Dr. Barbara Kolm ist Präsidentin des Hayek Instituts, Direktorin des Austrian Economics Center, gründete die Free Market Road Show und ist seit 2018 Vizepräsidentin der Österreichischen Nationalbank. Kolms Expertise hat internationale Nachfrage nicht nur als Keynote-Rednerin, sondern auch für universitäre Lehrverpflichtungen und Forschungstätigkeit. In den USA gilt sie als bedeutendste Vertreterin der Europäischen Free Market Community.

Krall, Markus Dr. Markus Krall ist ein bekannter Vertreter und Befürworter der Erkenntnisse von Friedrich A. v. Hayek und der Österreichischen Schule der Nationalökonomie. Beruflich beriet er 30 Jahre lang Banken, Versicherungsunternehmen, Aufsichtsbehörden und Regierungen in über dreißig Ländern auf vier Kontinenten. In Deutschland arbeitet die Mehrzahl der Banken mit Kreditrisikosystemen, die unter seiner Federführung entwickelt wurden. Seit 2019 ist er CEO der Degussa. Seine Vorschläge und Gedanken zur Finanz- und Eurokrise fanden international große Beachtung.

Lengsfeld, Vera Vera Lengsfeld studierte Geschichte und Philosophie. Sie war Mitarbeiterin der Akademie der Wissenschaften der DDR, Mitbegründerin eines der ersten halblegalen Oppositionskreise der DDR und Mitorganisatorin aller wichtigen Veranstaltungen der Friedens- und Umweltbewegung der DDR. Wegen ihrer Aktivitäten wurden zwei Parteiverfahren gegen sie eingeleitet, die den Ausschluss aus der SED, Berufsverbot und Reiseverbot nach sich zogen. 1988 wurde sie wegen »versuchter Zusammenrottung« zu einem Monat Haft verurteilt und anschließend in den Westen abgeschoben. Sie ist ehemaliges Mitglied des Deutschen Bundestages und wurde mit dem Bundesverdienstkreuz geehrt.

Pichler, Bernhard Bernhard Pichler gründete 2014 den Hayek-Club Salzburg, dessen Präsident er seither ist. In diesem Rahmen bemüht er sich um die Organisation philosophischer und ökonomischer Vorträge und Diskussionen, um ein besseres Verständnis für Freiheit und Marktwirtschaft in der Öffentlichkeit zu erzielen.
Er absolvierte unterschiedliche Ausbildungen und Studien, unter anderem Sozialwirtschaft, Business Administration (MBA), Jurisprudenz (Legal Studies), und promovierte in Wirtschaftswissenschaften. Zudem ist er Mitglied der Friedrich A. von Hayek-Gesellschaft.

Sonnleitner, Walter Prof. Dkfm. Dr. Walter Sonnleitner ist Publizist, Wirtschafts- und Lebensberater nach Eigendefinition. Er war für den Großteil seines Berufslebens als Redakteur im ORF-Fernsehen tätig.